京都大学の経営学講義

いま日本を代表する経営者が考えていること

京都大学名誉教授
投資研究教育ユニット代表・客員教授
川北英隆

農林中金バリューインベストメンツ
常務取締役(CIO)
奥野一成

発行：ダイヤモンド・ビジネス企画　発売：ダイヤモンド社

はじめに
京都大学特別講義の目的
名だたるトップが哲学と戦略を語る場

「どうして日本電産の時価総額が三〇倍になっているかわかるか？」

永守重信社長が、日本電産を含む複数の日本企業群の長期のチャートを見せながら、京都大学経済学部の学生たちに対して問い掛けました。そして伏し目がちに何も言わない学生たちを一瞥《いちべつ》して、「君らみたいなエリートが日本電産には来ないからや」と言い放ちました。経済学部の学生たちで溢れかえった学部最大の「法経第七番教室」の空気が一瞬にして永守社長に支配された瞬間でした。

その後も続く「永守節」に引き込まれていく学生たちの心に、永守社長の野心の炎が燃え移る気配を感じながら、もしかしたらこの講義を受けた若者のうちの数人が世界を変えるかもしれない、という期待をもちました。

この「企業価値創造と評価」という講義は、京都大学経済学部の川北英隆教授（現・名誉教授）と農林中央金庫グループがタッグを組んで二〇一四（平成二六）年春にスタートした経済学部生、院生を対象とする特別講義で、三年目を終了しました。この講義の最大の特色は、毎年世界を代表する五

〜六人の経営者にご登壇いただき、学生向けにその経営哲学、経営戦略について自由に述べてもらうという点です。登壇者には質疑応答にも対応していただきます。冒頭のくだりは二〇一四年五月二九日に日本電産株式会社（本社・京都市）の永守社長にご登壇いただいたときの一コマです。

この講義では、毎回出席確認の意味もありアンケートを実施しています。しかし昨年あたりから、集計するアンケート数よりも明らかに出席者の方が多くなっています。きっと単位取得を目的としない学生や、他学部の学生も紛れ込んでいるのでしょう。経済学部卒業生の話では、どうやら学部生同士のSNSで評判になっているらしいとのことです。

これまでの登壇者の皆様

「企業価値創造と評価」の講義の構成は、企業価値創造を担う者として企業経営者五〜六人、企業価値評価を担う者としてファンドマネージャー三〜四人、その間のインフラ構築を担う者として政府、コンサルタント三〜四人、川北教授を含めたアカデミック一〜三回というバランスを維持しています。企業価値について経営者、運用者両方の視点からバランスよく学んでもらいたいという意図からこのような構成になっています。

過去三年の登壇者は図表0－1の通りです。

図表0-1 ｜ 京都大学経済学部講義「企業価値創造と評価」 過去3年の登壇者

	組織・企業名	講義者
2014年度	京都大学	川北英隆　教授
	京都大学	加藤康之　教授
	農中信託銀行	奥野一成　企業投資部長
	オムロン株式会社	立石文雄　取締役会長
	野村総合研究所	堀江貞之　上席研究員
	日本電産株式会社	永守重信　代表取締役社長
	株式会社産業革新機構	能見公一　代表取締役社長
	株式会社ジェイ・ウィル・パートナーズ	佐藤雅典　代表取締役社長
	経済産業省	福本拓也　経済産業政策局企業会計室室長
	株式会社堀場製作所	堀場　厚　代表取締役会長兼社長
	株式会社島津製作所	服部重彦　代表取締役会長
	株式会社ワコールホールディングス	塚本能交　代表取締役社長

	組織・企業名	講義者
2015年度	京都大学	川北英隆　教授
	京都大学	加藤康之　教授
	農林中金バリューインベストメンツ（NVIC）	奥野一成　運用担当執行役員
	株式会社野村総合研究所	堀江貞之　上席研究員
	株式会社クボタ	木股昌俊　代表取締役社長
	リンナイ株式会社	内藤弘康　代表取締役社長
	株式会社京都銀行	柏原康夫　代表取締役会長
	小林製薬株式会社	小林一雅　代表取締役会長
	株式会社MonotaRO	瀬戸欣哉　取締役会長
	株式会社大阪取引所	山道裕己　代表取締役社長
	京セラ株式会社	久芳徹夫　代表取締役会長
	フィデリティ投信株式会社	三瓶裕喜　ディレクターオブリサーチ

	組織・企業名	講義者
2016年度	京都大学	川北英隆　教授
	京都大学	加藤康之　教授
	株式会社野村総合研究所	堀江貞之　上席研究員
	農林中金バリューインベストメンツ（NVIC）	奥野一成　常務取締役CIO
	コモンズ投信株式会社	伊井哲朗　代表取締役社長兼CIO
	積水ハウス株式会社	和田　勇　代表取締役会長兼CEO
	日本生命保険相互会社	大関　洋　取締役執行役員
	ホシザキ電機株式会社	坂本精志　代表取締役会長兼社長
	ラッセル·インベストメント株式会社	喜多幸之助　コンサルティング部長
	大和ハウス工業株式会社	樋口武男　代表取締役会長
	シスメックス株式会社	家次　恒　代表取締役会長兼社長
	カルビー株式会社	松本　晃　代表取締役会長兼CEO
	経済産業省	福本拓也　産業資金課長兼新規産業室長

（講義順、役職などは当時のもの）

大学はもっと自由に経営の現場と連携すべき

（1）文系学部での産学連携は重要

欧米の大学院（MBA）で教える学問（ファイナンス、マーケティング、マネジメント、起業など）は実務に密着しているように感じています。学生は学部を卒業してから五〜一〇年程度実務経験を積み問題意識を強くもっている人が多くいます。

一方、教える側も実業界での経験が豊富な教授、講師が担当していて、彼らの多くは数年間教えるとまた実業界に戻るケースも見られます。

したがって、授業も指導側が一方的に教えるというより、学生たちで答えのない事例について考え、それに示唆を与えるというものになっています。例えば私が経験したファイナンスの修士クラスでは、日進月歩のファイナンス理論に多く接しながら、現実に起こっている問題をどのように理論的に解釈するのかを学びました。

経営者も大学によくやって来ます。月に何回かは必ず投資銀行やコンサルティング会社の経営者や幹部が講演・講義を行なっており、そのクラスでは学生が何の遠慮もなく、経営者と議論を交わします。

私はその講義の内容以前に、大勢の前で第一線で活躍する経営者と学生たちが議論する様子に物お

図表0-2 ｜ 欧米の大学院（MBA）はそれぞれに個性をもつ

強い分野	大学院（MBA）
Management	Harvard
Entrepreneurship/Venture	Stanford
Finance	Wharton
Modern Finance Theory	Chicago
Value Investing	Columbia

じしたものです。非常に忙しいスケジュールを縫って、学生と楽しそうに議論する経営者には尊敬の念を覚えるとともに、実業界とアカデミックの距離がとにかく近いと感じました。

また、欧米のＭＢＡは皆非常に個性的です。それぞれの大学院が得意分野をもち、特徴のある人材を輩出しています。例えば、「Value Investing（バリュー投資）」を極めたい学生は、コロンビア大学に集まります。

ベンジャミン・グレアム氏が教鞭を執《と》り、ウォーレン・バフェット氏が学んだコロンビア大学はValue Investingの塔として志のある学生を集め、卒業生は世界中に散らばるValue Investingのファンドに就職していきます（もちろんそれ以外の学生もたくさんいますが）。

コロンビア大学以外の大学もそれぞれに特色があるように思います。わかりやすいところでは、ハーバードはトップマネジメント、スタンフォードは起業家、ウォートンはファイナンスといった具合です（図表0－2）。

このように、欧米のＭＢＡの取り組みは経営における諸課題の研究・

教育を産学が密接に連携して行なっているといえます。一方、日本でも「産学連携」が叫ばれていますが、主としてヘルスケアや理工学等の理系学部などを対象としているようにみえます。

もちろん日本でも文系学部に対して寄附を行なって連携する取り組みもありますが、全体としては企業の「CSR（企業の社会的責任）」の枠組みを出るものではないように感じています。大学関係者と話していると、昨今では「文系学部不要論」といった論調もあるとのことで、由々しき事態だと考えています。

確かに文系学部の取り組む社会科学は、自然科学のような明確さをもたず、そこには正解などあり得ません。

例えば投資・運用の世界で、必ず勝つ方法が発見されることは絶対にありません。理論ばかり研究していても一銭にもならないので、実務家の中に理論を軽視する傾向があるのもうなずけます。だからといってファイナンス理論を知らないで相場に臨むことは、定石を知らずにマージャンをやるようなものです。本当の勝機は理論と現実の間にしかないのだと信じています。だからこそ社会科学の中でも産学連携が必要なのです。

（2）京都独自の気風

京都は七九四（延暦一三）年以来、明治政府ができるまで天皇が居住した千年の都であり、今もなお日本の文化・伝統においては中心的な地域の一つであることに異論のある人はいないでしょう。日本人にとっては修学旅行のメッカであるとともに、その歴史、文化、伝統は海外からの認知も高く、海外のメディアでも世界でもっとも人気のある観光都市に選ばれたりもしています。

またビジネス面でも、オムロン、京セラ、島津製作所、日本電産、堀場製作所、ワコールなど世界と伍《ご》して戦える企業を多く輩出してきました。

初年度の講義では、これらの京都を代表する世界企業の経営者にご登壇いただきましたが、異口同音に京都がもつ「人真似をしない」、「ユニークさを重んじる」といった土地柄を、独特な強さをもつ京都企業を生んできた理由に挙げていました。

そのような土地に育まれた京都大学は自由な校風の中で、学生も一風変わった人が多かったように記憶しています。

個人的な経験ではありますが、よく言えば「自分の軸をもっている」、悪く言えば「わがまま」、「空気が読めない」友達が多かったように思います。かく言う私も会社では変人の部類なのではないでしょうか（自分ではわかりませんが）。

（3）京都大学を企業価値投資のメッカに

川北教授とはある本の執筆を通じて知り合うことができました。川北教授は日本生命で投資実務に携わられ、実務と理論を熟知されたこの世界の第一人者です。以前から日本株投資における個別企業選択の重要性を説かれており、我われの投資スタイルとの親和性を感じるとともに川北教授の知見の深さに感銘を受け、一緒に仕事ができれば素晴らしいだろうな、と勝手に考えるようになりました。

ミーティングを繰り返し、文系学部における産学連携についての問題意識、京都という土地の独自性などについて意見交換をする中で、京都大学での講座開催、素晴らしい経営者の登壇などのアイデアが自然と湧き上がってきたのです。

川北教授とは将来的に「京都大学を企業価値投資のメッカに」という想いを共有しています。

先述したように、アメリカでは各大学が独自性を発揮した教育を行ない、有為な人材を輩出しています。この取り組みが将来の素晴らしい経営者と運用者を育む触媒になることを信じています。

本書は二〇一六（平成二八）年度前期にご登壇いただいた経営者の講義をできるだけ忠実に再現したものなので、純粋に講義録として楽しんでいただけます。

また各章末には、長期投資家の視点からの簡単なコラムを付記しています。登壇した企業経営者の講義を議論の入り口として、長期投資の切り口を提供することで、投資に対しての思考を深めるきっかけにしていただければと思います。

さぁ、ようこそ京都大学へ。

二〇一七年二月一六日

農林中金バリューインベストメンツ 常務取締役（ＣＩＯ）奥野一成

目次

第二章

オリジナリティーを重視した自社開発製品を直販で売る。　56

独自の〝仕掛け〟でオンリーワンから「世界トップ」を狙う

ホシザキ株式会社 代表取締役会長兼社長　坂本精志

第一章

環境を考えたまちづくりを海外へ輸出。

日本で培った知見と技術を武器に世界を魅了する環境配慮型住宅

積水ハウス株式会社 代表取締役会長兼CEO　和田 勇

現在の住宅業界が取り組むべき社会課題

今日は、積水ハウスが今取り組んでいる事業や、住宅業界が今後どうなっていくのかについて話をさせていただきます。

積水ハウスは「人間愛」を企業理念にしています。「人間愛」を実現するために、三つのスローガンを設定しています。一つめに基本姿勢として「真実・信頼」を、二つめに事業の意義として「人間性豊かな住まいと環境の創造」。そして三つめに目標として「最高の品質と技術」です。

弊社が設立されたのは一九六〇（昭和三五）年。設立以降、現在までの日本国内の累積建築戸数は約二二八万戸になります。昨年（二〇一五年）一年間で約四万八〇〇〇戸を建築し、その総売上高はもうすぐ二兆円に達しようとしております。

それではまず初めに、現在、住宅業界を取り巻く事業環境についてお話しします。世の中には、社会課題と呼ぶべき問題が山積していますが、私は常々、住宅はそれら社会課題のど真ん中に位置していると申し上げております。住宅を通じて解決できる社会課題はたくさんあるのです。例えば、防災対策。日本では大地震が頻繁に起こっていますが、こうした災害の際、住宅は生命と財産を守るシェルター機能を持ち、人々に安全・安心を与えるという非常に大事な役割があります。積水ハウスの家に住んだら安全だ、安心だという気持ちをもっていただくことが重要なのです。先般の熊本地震に際して、積水ハウスの住宅は一軒の半倒壊もありませんでした。東日本大震災でも津波で流された住宅もありましたが、地震の揺れによる半倒壊はありませんでした。

さらに我われ住宅業界にとって、コミュニティー（地域社会）の再生も大きな課題です。最近は住宅地域での犯罪が目立ちますが、その原因は古くからあったコミュニティーが壊れてしまっているからだと考えられます。住民同士の繋がりが強いコミュニティーをつくることは、住宅地域での犯罪抑止にもっとも効果的です。近年、家を造る際によく門や塀を作って隣から見えないようにすることも多かったのですが、現在では逆にこれが犯罪を引き起こす遠因となりかねません。泥棒が入ってもすぐわからないわけですね。積水ハウスはその対策として、分譲地などを通じてコミュニティーの構築を念頭にした建設を行なっています。例えば、一〇〇戸の団地に門塀を作らずに、一体になるような造り方をするのです。

また、住宅というのは環境問題でも大変重要な位置を占めます。この間パリで開催されたCOP21（国連気候変動枠組条約締約国会議）の協定もあって、日本はCO_2を二〇一三年比で二六％削減しますと世界に約束しました。しかしこれは住宅ベースで考えて一戸当たりCO_2の排出を約四〇％削減しなければ達成できない数字です。

続いてエネルギー問題もあります。特に東日本大震災以降、喫緊の課題となっており、太陽光発電などが急速に普及しました。我が社も徹底的に追究しようというスタンスでおり、現在では建築住宅のうち約八〇％は、計算上エネルギー収支がゼロになる「エネルギーゼロ住宅」として建設しています。

さらに、廃棄物の削減も住宅業界にとっての大きな課題です。今まではスクラップ・アンド・ビルドということで、建築後二五年ほどで建て替えを繰り返していました。これを何とか改め、既存住宅というものをリノベーションすることによって市場を活性化していかなければならないと思っています。

こうした社会的な課題を解決するために、住宅業界は国の様々な省庁と一緒に足並みをそろえて取り組んでいます。

まず、住宅業界の管轄は国土交通省にあります。業界団体である住宅生産団体連合会は国土交通省の所管です。プレハブ建築協会、少子化対策のキッズデザイン協議会は経済産業省、高齢者住宅推進機構は厚生労働省、既存住宅の流通活性化のための優良ストック住宅推進協議会は国土交通省と、それぞれ所管は分かれています。環境問題はもちろん環境省です。他にも数多くの所轄官庁との関わりがありますが、これらを一般に住宅業界に関連する主な国の団体と捉えてください。

私もいくつかの団体の長をしているのですが、どこに行っても省庁が絡んできます。それだけ住宅産業というのは非常に大きな国の産業の要になってきているということだと思っています。

アベノミクスは住宅から

アベノミクスでも住宅は重要なキーワードの一つになっているんです。例えば「一億総活躍社会」の中で「多世代同居の推進」というものがあります。近居とか三世代同居などともいわれますが、子育てを家族で支え合うためのこの「多世代同居の推進」もやはり住宅がベースになってきます。加えて日本版ＣＣＲＣ（Continuing Care Retirement Community／多世代交流型コミュニティーのまちづくり）も「一億総活躍社会」における施策の一つです。これは大都市の高齢者の地方移住を促す構想ですが、そうした高齢者に期待することの一つとして、地域の子育てがあります。積水ハウスも東京の中野区で実現しようとしています。

また、アベノミクスでは良質な保育施設の整備を掲げています。しかし東京などの密集地では、街の真ん中に保育所を設置することが困難です。我が社はそれを解決するために、郊外に向けて人々を引っ張っていくような施設の建築に注力しています。

賃貸型の特別養護老人ホームの整備も「一億総活躍社会」に盛り込まれました。これはサ高住（サービス付き高齢者向け住宅）と呼ばれる分野ですが、その整備にも力を入れております。

また国土強靱化のために、耐性の低い住宅の建て替え促進も「一億総活躍社会」でうたわれています。これらの住宅は震災などでの倒壊が懸念され、その対策としての建て替えを推進するのもやはり住宅会社の使命だと考えております。

観光立国も「一億総活躍社会」で挙げられているテーマです。政府は訪日外国人客によるインバウンド消費を拡大するために地方民泊を促進しています。また、現在ホテルが非常に少なくなってきています。積水ハウスではスターウッドグループとマリオットグループという世界的な二つの大きなホテルグループと提携し、新たなホテルの整備に努めています。

両社は今度、マリオットがスターウッドを買収する形で合併する予定です。世界一のホテルチェーンとなるのですが、我が社も彼らと一緒に国内で五、六カ所、ホテルの開発を検討しています。

住宅というのは単純に一戸建て住宅だけでなく、多岐にわたる要素を含んでいます。今後もいろいろな面で成長産業になっていける素地がたくさんあると予測しております。

内需の柱になるべき住宅建設

住宅というのは「内需の柱」とよくいわれます。例えば、二〇万戸の住宅建設があった場合、生産誘発額で約一〇兆円、それから就業誘発で八〇万人分の職ができるなどの内需があります。また税収効果として二兆円が見込めます。我が国の産業の中でも非常に大きな柱であることは事実です。消費

積水ハウスの本社が入る梅田スカイビル（大阪府大阪市）。

積水ハウス株式会社

大阪府大阪市北区に本社を置く住宅メーカー。積水化学工業株式会社ハウス事業部を母体とし、1960年に積水ハウス産業株式会社を資本金1億円にて設立（1963年に積水ハウス株式会社に商号変更）。売上高1兆8,588億円（2016年1月期）、累積建築戸数228万戸、従業員数約2万3,000人。年間の建築戸数は約4万8,000戸（2015年2月～2016年1月）。

和田 勇（わだ・いさみ）

積水ハウス株式会社 代表取締役会長兼CEO

1965年、関西学院大学法学部卒業。同年に積水ハウス入社。営業畑を歩み、中部第一営業部長などを経て、1991年に取締役　中部営業本部長。1994年に常務兼西部営業統括本部長、1996年の専務兼西日本営業統括本部長を経て、1998年に代表取締役社長に就任。2008年から現職。一般社団法人住宅生産団体連合会の会長も務める。

図表1-1 ｜ 住宅投資額の推移

平成25年新設住宅投資は15.4兆円、リフォーム投資は6.1兆円（住宅投資全体の28.4%）

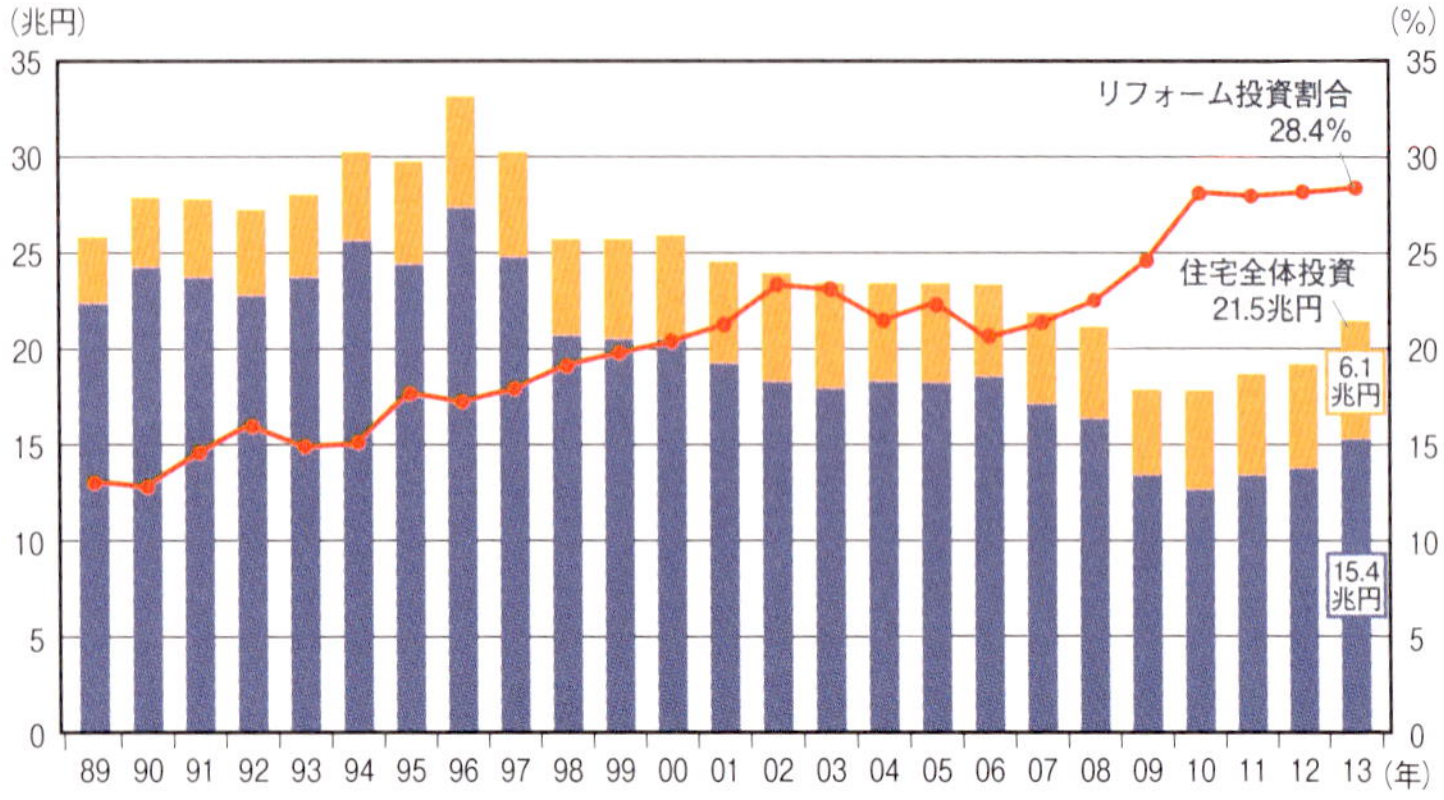

リフォーム投資（左軸）……（公財）住宅リフォーム・紛争処理支援センターによる推計値（分譲マンションの大規模修繕など、共有部分のリフォーム、賃貸住宅所有者による賃貸住宅のリフォーム、外構などのエクステリア工事は含まれない）

新設住宅投資（左軸）………国民経済計算における住宅投資額―増改築工事費（（公財）住宅リフォーム・紛争処理支援センターによる推計値）

リフォーム投資割合（右軸）…リフォーム投資／（新設住宅投資＋リフォーム投資）

出典：「国民経済計算年報」（内閣府）（公財）住宅リフォーム・紛争処理支援センター

税が五%から八%になって、日本経済が停滞してきたのも、住宅と自動車の売上が大きく落ち込んだことが要因でした。

住宅への需要はどのように推移しているかを見てみると、平成になってどんどん新築への投資額が減ってきた一方、リフォームはだんだん増えています。今後もっとリフォームを増やしていくために、先ほど話したリノベーションを活性化していかないといけないわけです（図表1－1）。

人の一生というのは予測が立ちにくいものです。二〇歳が二〇年後、四〇歳となったとき、さらに二〇年後に六〇歳となったとき、それぞれまるで違

図表1-2 ｜ 消費税と住宅市場動向

新築住宅着工戸数(総数)は減少傾向にある

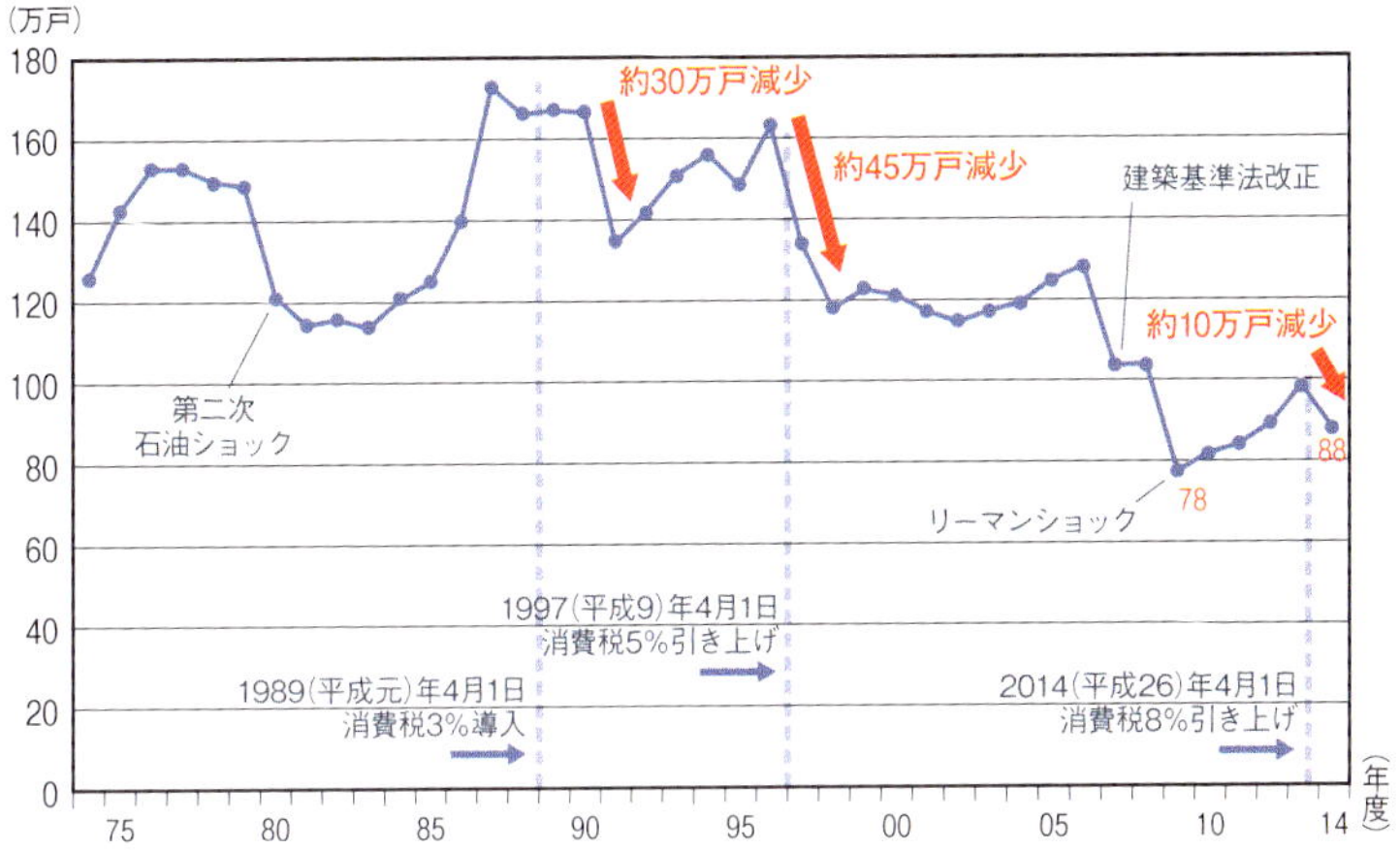

う生活環境に身を置いているでしょう。家族構成もかなり変わるし人間の住まいのあり方もだんだん変わっていくと思います。それに合わせて住まいの姿を変えていくのがリノベーションという考え方の土台です。

では、住宅市場は順調に伸びてきたのかというと、そうではありません。先ほども少し触れたように消費税の影響をダイレクトに受けてきました。

一九八九（平成元）年当時の新築住宅着工戸数（総数）は年間一七〇万戸ほどだったのですが、消費税の導入後一気に約三〇万戸も減りました。次いで一九九七（平成九）年に五％に引き上げられた後には約四五万戸も減ってしまいました。

その後リーマンショックなど厳しい環境もありましたが、何とか上昇基調を取り戻し、二〇一四（平成二六）年に消費税が八％になる前には九九万戸まで持ち直しましたが、増税でまた約一〇万戸の減少を見てしまったのです（図表1－2）。

我われの業界としては、住宅を軽減税率の対象にすることを国に強く陳情してきましたが、「住宅を軽減税率の対象にするかどうかは消費税一〇％になったら考えよう」という見解のようです。消費税一〇％といいますと五〇〇〇万円の家の場合五〇〇万円となります。非常に問題なのは、住宅というのは、所謂すぐに消費されるような商品ではないということです。つまり五〇年も住むものの対価を一度で払いなさいということです。また固定資産税のような資産課税もあります。住宅業界としては、もっと住宅というものの特殊性を考慮した上で、税制を抜本的に考え直してもらいたいということを要望しているわけです。

そうした陳情の結果、消費税が一〇％になったときには住宅資金の生前贈与を三〇〇〇万円まで非課税にすることを政府税制調査会に認めてもらいました。消費税の引き上げが二年半延びたとはいえ、さらにいろいろと形を変えて攻めていかなければと思っています。繰り返しになりますが、住宅業界というのは税制に非常に左右される業界なのです。だからこそ、国と一体になっていろいろな策を考えていかなければいけないと痛感しています。

世界の消費税状況を見ても、消費税が住宅にそのままかかっているのは日本だけなんです。

アメリカやドイツでは原価に対する消費税はかかりますが、それ以外の租税は設定されていません。イギリスではゼロ税率、フランスは所得階層によって変わってきて、年収約九〇〇万円以上の人は一九・六％という高い税率ですが、それ以下の人は七％。イタリアは四％。カナダでは還付制度も

図表1-3 ｜ 欧米先進諸国の住宅における消費税

欧米先進諸国では、住宅に対する消費税の恒久的な軽減措置は一般的であり、我が国においても恒久的な負担軽減措置として軽減税率を導入すべきである。

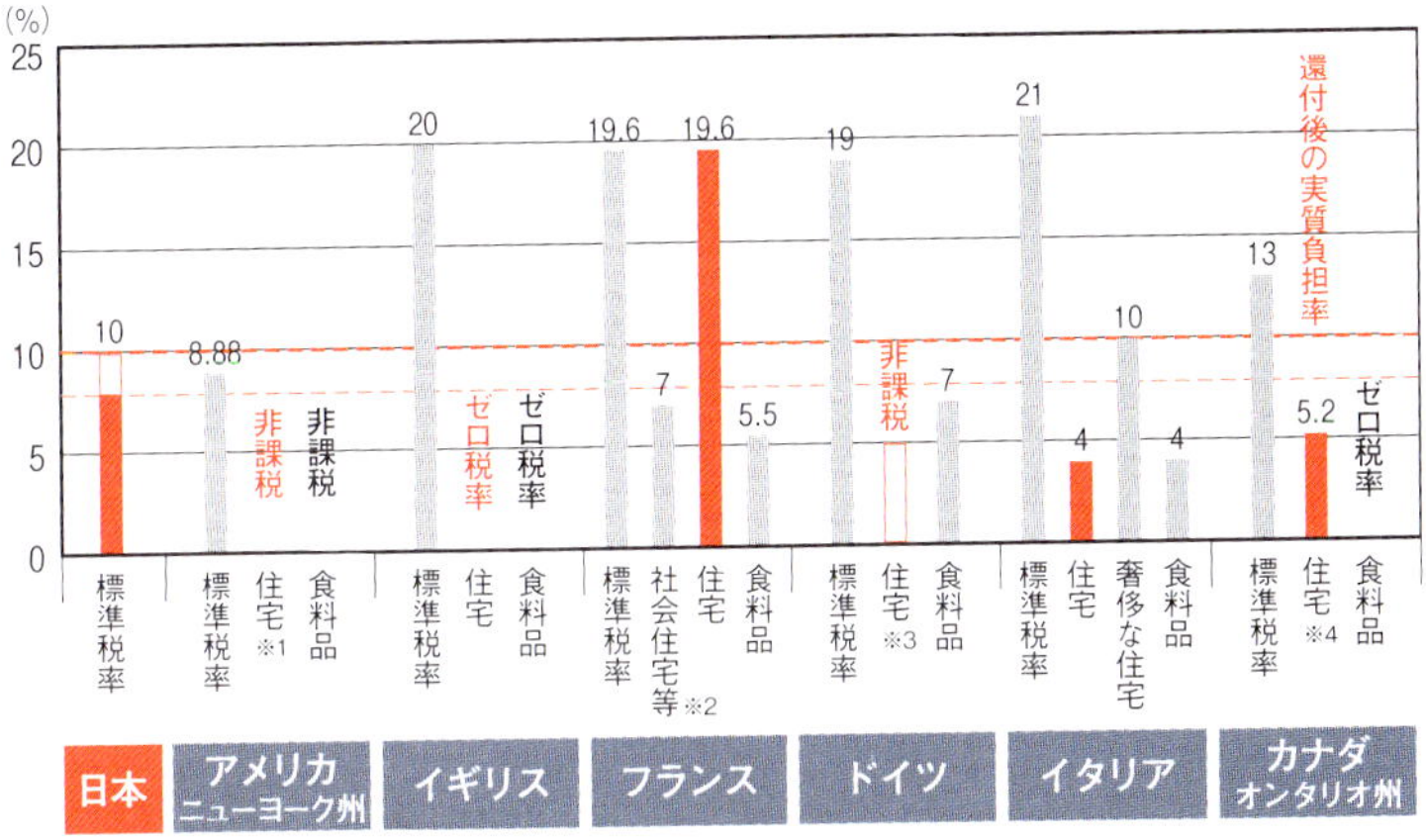

※1 アメリカでは50州中46州が売上税を採用し、いずれも住宅は非課税。※2 フランスの社会住宅などの年収制限は、パリの4人世帯の場合で6.7万ユーロ（年収約900万円）。※3 ドイツでは原材料の消費税額5％程度が販売原価に参入される。※4 カナダでは他の州でも還付制度がある。※5 各国とも一部の食料品（レストランでの食事など）に対しては標準税率などの高い税率を課している。

2012年12月1日現在・（一社）住宅生産団体連合会調査

あり実質負担は五・二％。このように世界の税率というのは国によって全然違います（図表1－3）。

今回は、消費税の引き上げが二年半延びたことで、一〇％になったときに業界側でどのように対応していくかということを考えるための猶予期間をいただきました。

今回の二年半の延期により、アベノミクスで日本経済は回復していくものと期待しております。ちょうど東京五輪の直前に当たり、景気がもう少し良くなっていると予想されるため、政府はそこで一〇％を吸収しようという方針のようです。

安倍首相も環境問題として積極支援

次に環境について詳しく取り上げたいと思います。まずは現状から申し上げますと、我が国全体の電力消費の三分の一は家庭部門によるものです。そして家庭部門のCO_2の排出量を経年的に見てみるとなだらかな右肩上がりになっているのですが、二〇一二（平成二四）年に急激に上がりました。その理由として原発がなくなったことが挙げられます。結果、火力発電の割合が九割に上り、CO_2排出が非常に増えているわけです（図表1－4）。

実は、昨年（二〇一五年）の一一月二六日にエネルギーをテーマにした官民対話の機会がありました。住宅業界から私が呼ばれ、安倍総理の前で新築でのエネルギーゼロ住宅を徹底しましょうと申し上げました。そして、省エネ機器の高性能化、あるいは低コスト化に努めなければいけないことも申し上げました。

燃料電池という言葉を聞いたことがあると思います。太陽光発電パネルというのは、一戸建て住宅なら屋根に載せられますが、マンションなどでは設置が難しい。しかし、各戸のベランダに燃料電池をつけることで、太陽光発電に代わる機能をもたせることができます。

経済産業省は家庭用燃料電池の普及目標として二〇三〇年までに五三〇万台を目標としているんですが、現在のペースでは達成は難しい。さらに普及させるために、製造コストを下げることにもっと

図表1-4 ｜ 環境において住宅が担う役割

家庭部門の電力消費割合は全体の約３分の１であり、
また東日本大震災後、火力発電が占める割合が９割となった今、
家庭部門でのCO_2排出量は増加傾向をたどっている。

部門別電力消費割合

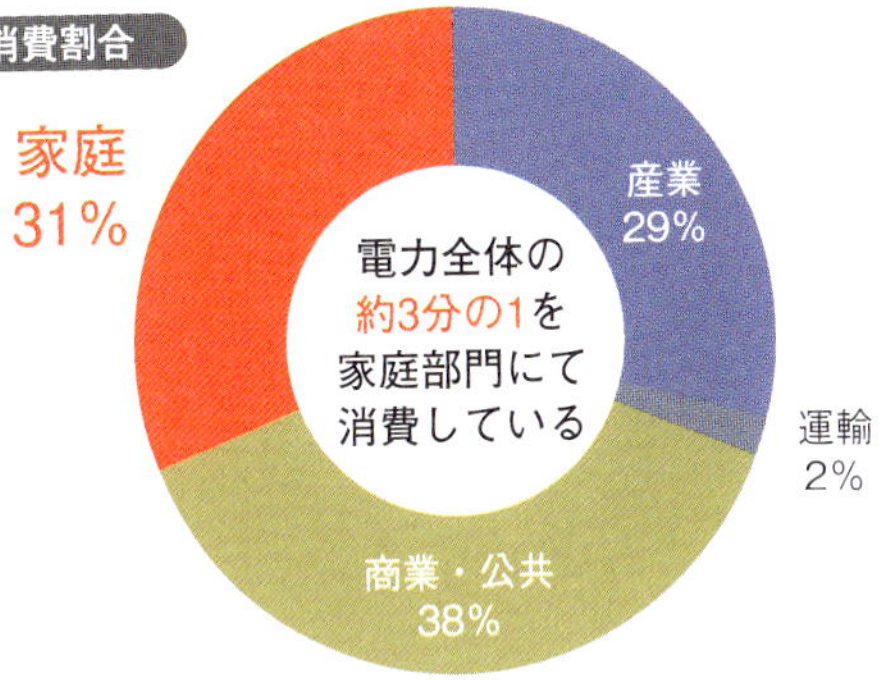

家庭部門のCO_2排出量の増加比

※2014年CO_2排出量は速報値

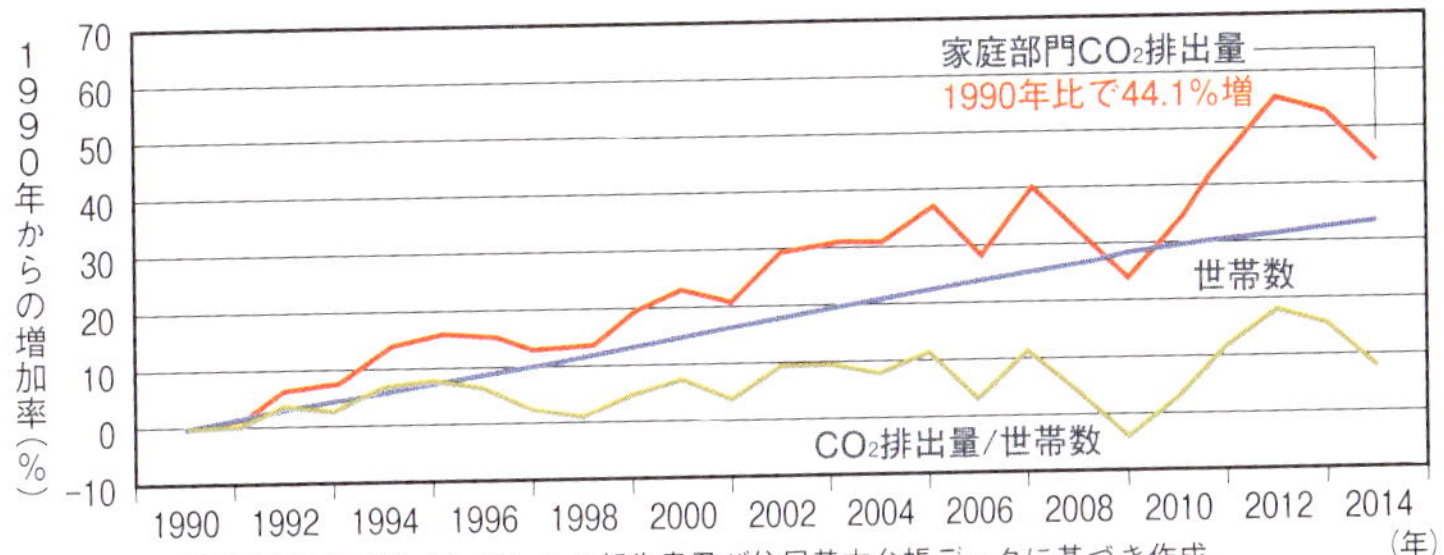

日本国温室効果ガスインベントリ報告書及び住民基本台帳データに基づき作成

2015年11月COP21開催⇒日本は2030年に2013年比26%CO_2削減目標
家庭部門は、2030年までに39.3%CO_2削減を求められる

地球温暖化防止に対する住宅メーカーの責務は大きい

尽力しなければならないと総理に申し上げました。今は一台一八〇万円ぐらいするんです。これを五〇万円ぐらいに引き下げたら短期間のうちに普及します。生産者側に何かインセンティブを与えるような、投資減税などが必要だと考えています。

今までは手作りみたいな状態で生産数も限られていましたが、これが大量に作れれば、世界中に輸出できるようになります。恐らく今のスピード感でやっていたら、また韓国や中国にやられてしまいますよ、というようなことを総理に申し上げて、何とか五〇万円まで引き下げるように努力をしていただきたいとお願いしました。

それからもう一つ、総理に申し上げたのがリノベーション推進についてです。新築住宅の売値が下がってきてはいるものの、現在、一戸建て住宅は年間約二八万戸しか建築されていません。一方ですでに日本には六〇〇〇万戸の家があるんです。いくら新築を省エネ住宅にしても、住宅全体の割合としては〇・五％です。だから古い家の省エネリノベーションを推進しないとだめなんです。

副総理、国土交通大臣、経済産業大臣などからもご意見をいただき、最後に安倍総理は「エネルギー環境政策は新しい投資の拡大に繋がっていく」と結論付け、二〇二〇年に新築一戸建て住宅の過半数をZEH《ゼッチ》化（ゼロ・エネルギー・ハウス化）すること、省エネリフォームを倍増することなどを約束してくれました。これから我われ住宅業界が重要な役割を担ってくるのは当然ですが、国としてもこの分野に目を向けているということがはっきりわかりました。

北海道洞爺湖サミットの「ゼロエミッションハウス」

積水ハウスは一九九九（平成一一）年に「環境未来計画」を発表し、他社に先駆けて企業活動の基軸に環境を据えることを宣言しました。その取り組みのうちいくつかを紹介します。

今の住宅というのはペアガラス（複層ガラス）を使用することが多いのですが、昔はほとんど単板ガラスでした。そこで積水ハウスでは二〇〇〇（平成一二）年からペアガラスを標準仕様としましたが、当社が標準にしたことで業界全体で普及が飛躍的に進みました。

そもそも家というものは、壁が多く窓がなければないほど冬は暖かくて夏涼しいんです。昔の蔵がその好例です。しかし、住宅には窓ガラスがあるので、その機能が損なわれてしまっているわけです。だったら、ガラスから熱が入ってこない、熱が伝わらないようにしようということで、ペアガラスというものを標準仕様にしました。

さらに二〇〇三（平成一五）年には、断熱性能「次世代省エネルギー基準」を標準化しました。これにより住宅の断熱性能が格段に上がり、先ほど話したCO_2の排出量削減に大いに役立つわけです。

そして、二〇〇五（平成一七）年には京都議定書遵守行動である「アクションプラン20」の実施を始め、「サステナブル（持続可能）宣言」というものも出しました。少し前後しますが二〇〇一（平成一三）年からは生物多様性の動きも本格化しました。住宅を造るときにいちばん問題となるのは、住宅を建てるために山を切り開いて壊してしまった後に木を植えるといった対応をしないことです。だか

2008年7月の北海道洞爺湖サミットで、積水ハウスはゼロエミッションハウスの建設に参加した。

ら、まず我が社は一戸の住宅において必ず五本の樹を植えましょうという「五本の樹計画」に取り組みました。累積すると今では一一〇〇万本ほどの木を植えてきました。するとその場所ごとに自生した樹を植えることで元来生息していた鳥やちょうが戻ってきたのです。

二〇〇八（平成二〇）年の北海道洞爺湖サミット（主要国首脳会議）の際に、積水ハウスは会場近くに五〇坪ほどの「ゼロエミッションハウス」を建築しました。

それはエネルギーゼロ住宅のはしりみたいなものだったのですが、G8各国のファーストレディがお茶会をする映像が世界に配信され、「環境」というものが大きくクローズアップされるきっかけになりました。

さらに二〇一〇（平成二二）年に横浜で行なわ

環境配慮型住宅「グリーンファースト」仕様の「観環居」

れたAPEC（アジア太平洋経済協力）首脳会議のときには「観環居」と名付けた、車と住宅が接合するような住宅を提案しました。

また、ゼロエミッションで出たものを回収する施設を関東工場内に造ったりしてエコファーストに徹底的に取り組んでいます。

また我が社では阪神大震災の教訓からその後、なるべくエネルギーを自分たちでつくるような住宅を広めようということで、防災住宅というものを推進していたのですが、東日本大震災の後に、省エネ、創エネというものをセットした、今のZEH（ネット・ゼロ・エネルギー・ハウス）に相当する住宅を発売しました。このような活動や住宅が世の中に評価されるようになって、世界中の関係者にも積水ハウスの環境意識の高さを認識していただいているというのが今の状況です。

環境対策に力を入れたことによって得た知見と技術により、我われは新しい事業として、外国に環境というものを売り込もうとトライしています。

グレッグ・ノーマンとの協力

環境性能の高い住宅技術を売り文句に、海外への進出にトライしました。最初に進出したのはオーストラリアです。なぜオーストラリアかというと、環境に非常に厳しい国という印象があったからです。以前は、オーストラリアで飛行機を降りる際には必ず靴の裏を消毒された記憶があります。外来の種子などを持ち込まないようにするためです。

この環境意識の高い風土の中で環境をテーマにした家づくり、まちづくりをしようということで、シドニーとブリスベンを中心に一戸建て・マンション開発事業を展開しています。最初の開発地域はシドニー湾の「ウエントワースポイント」。以前、シドニー五輪の会場があった場所ですが、そのすぐ近くに約三〇〇〇戸を建設しました。大変評判がいいのは、日本の里山を模したまちづくりをしたことでした。その評判のおかげで周辺では次々と新しいプロジェクトが出てきております。

オーストラリアというのは、家を造るときにほとんど植栽をしません。開発する際に木々を伐採してしまうことが多く、そこへぽつんと家だけ建てるのです。まちや分譲地を造る場合でも裸山の分譲地を造るケースが多いのですが、我が社は日本の里山をイメージし、マンションの間に植栽をしまし

ベスト・トール・ビルディング・ワールドワイズ賞を受賞したCentral Park（Sydney, NSW）

た。これが非常に好評で、もうほとんど完売しています。

シドニーの中心部では、約五万八〇〇〇㎡の土地に住宅一四〇〇戸、公園六三〇〇㎡、商業施設は一万八〇〇〇㎡から成る複合施設「セントラルパーク」を建設したのですが、その際になんとビルの中に木を植えました。植栽は夏には温度を下げ、冬には温度を上げる効果が非常に高い。それが大変評判になって、世界最高の高層ビルを表彰するベスト・トール・ビルディング・ワールドワイズ賞を二〇一四年に受賞することができました。

現在、オーストラリアでは積水ハウスが環境に対して非常に一生懸命取り組んでいるという評価が高まり、我われがマンションを造るとすぐに売れてしまいます。「セントラルパーク」も今や観光名所となっており、シドニー市長からもお褒めの言葉をいただきました。

オーストラリアの有名なゴルファーにグレッグ・ノーマン氏がいますが、彼が我が社の住宅を目の当たりにして非常に感激してくれました。現在ノーマン氏はゴルファーというよりは事業家として世界中で様々な事業を展開しています。その一環として分譲地の供給も扱っており「一緒に何かやろう」という話になりました。

オーストラリアというのは分譲地を造るときには必ず横にゴルフ場やプールなどを設置しなければいけないのですが、そのゴルフ場をノーマン氏に監修していただくようになりました。そうすると、一気に住宅の価値が上がります。オーストラリアの英雄であるノーマン氏監修のまちづくりという触れ込みでPRすると、付加価値が二割ぐらい違うのです。ノーマン氏は先日も来日し、我が社の工場を見て感激して帰っていきました。このように、積水ハウスが取り組む、環境を考えたまちづくりは国際的に大変評価が高いのです。

また我が社では、オーストラリアのブリスベン近郊の山の中で、現在日本国内でも注目されているスマートグリッドをやろうとしています。スマートグリッドとは、電力の流れを供給側・需要側の両方からコントロールして最適化する送電網のことです。電気を地産地消するまちづくりをしようということで、間もなく完成となります。

次にシンガポールでの取り組みをご紹介します。シンガポールというのは非常に小さな国ですが、ここで今八カ所ほど住宅建設を展開しています。ここでも環境を徹底的に重視したまちづくりをしてきました。とても好調でよく売れております。特に意識したのは面の環境です。マンション群を建て、プールの脇にたくさんの植栽をしています。

他に、人工のダムを造って町並みをよくしたり、商業ドームを造ったり、狭い土地を有効利用するまちづくりによって、高い評価をいただいています。

環境を考えたまちづくりを輸出

次にアメリカでの事業展開です。西海岸を中心に五〇カ所ほどでプロジェクトが進行中です。どのような事業を展開しているかというと、面で捉えたまちづくりをする分譲地開発型の事業を四二プロジェクト展開しています。それから所謂賃貸住宅であるマルチファミリー型を一二カ所で展開しています。ここでもやはり環境を重んじた取り組みをしております。

プロジェクト地の選定においても調査を重ねた上で、土地の安いヒューストンなどでは分譲住宅を、地価の高い地域では分譲ではなく賃貸住宅をそれぞれ開発しています。サンノゼ、サンディエゴ、サンフランシスコ、シアトル、デンバー、ポートランド、ロサンゼルスの地域が後者に当たります。

シンガポールでの事業展開同様、単に家を建てるだけではなく、街全体を面として捉えた開発にトライしています。ワシントンD・Cの空港近郊では、商業施設も含めたより大きなまちづくりをめざしております。

また、シアトル郊外に通称「タコマ富士」という、日本の富士山に似た山があるんですが、その麓に約八〇〇〇区画の分譲地を造っているところです。郊外に住みたいという人は、敷地や建物の面積が広い所でゆったりと生活したいという希望をもっています。そこできれいなまちづくりというのがキーワードになります。ここでは町並みをきれいにし、トレッキングコース（ハイキングコース）を設けたりしています。

総じて言えることですが、これからの時代は単体でモノを作るのではなくて「環境」というものを考えながら、まちづくりをしていくことがどの先進国でも当然のように求められていくでしょう。

中国は、まだやや苦戦しているのですが、ＰＭ２・５の入ってこない住宅の提供に尽力していますす。中国人はその国民性か、モデルルームでどんなにいい家を見せてもなかなか信用してくれません。実物は違うだろうと考えるようです。そこで、実際の建物の中にモデルルームを造りました。例えば、一〇階建てのマンションの二階をモデルルームとし、「五階もここと同じ造りです」と説明します。ところが「二階と五階は違うだろう」と言い返してきて信用しないんです。

ただ、中国にはその国民性を超える訴求ポイントがありまして、それがＰＭ２・５です。住居内にＰＭ２・５が入ってこないというのを実感すると、必ず買ってくれます。そして、いい家だといって自分の身内に紹介します。広告などを出してもなかなか信用してくれないのですが、口コミは信用してくれる。時間はかかっていますが、着実に認められつつあります。

図表1-5 ｜ 積水ハウスの経営戦略 ～「住」に特化した成長戦略

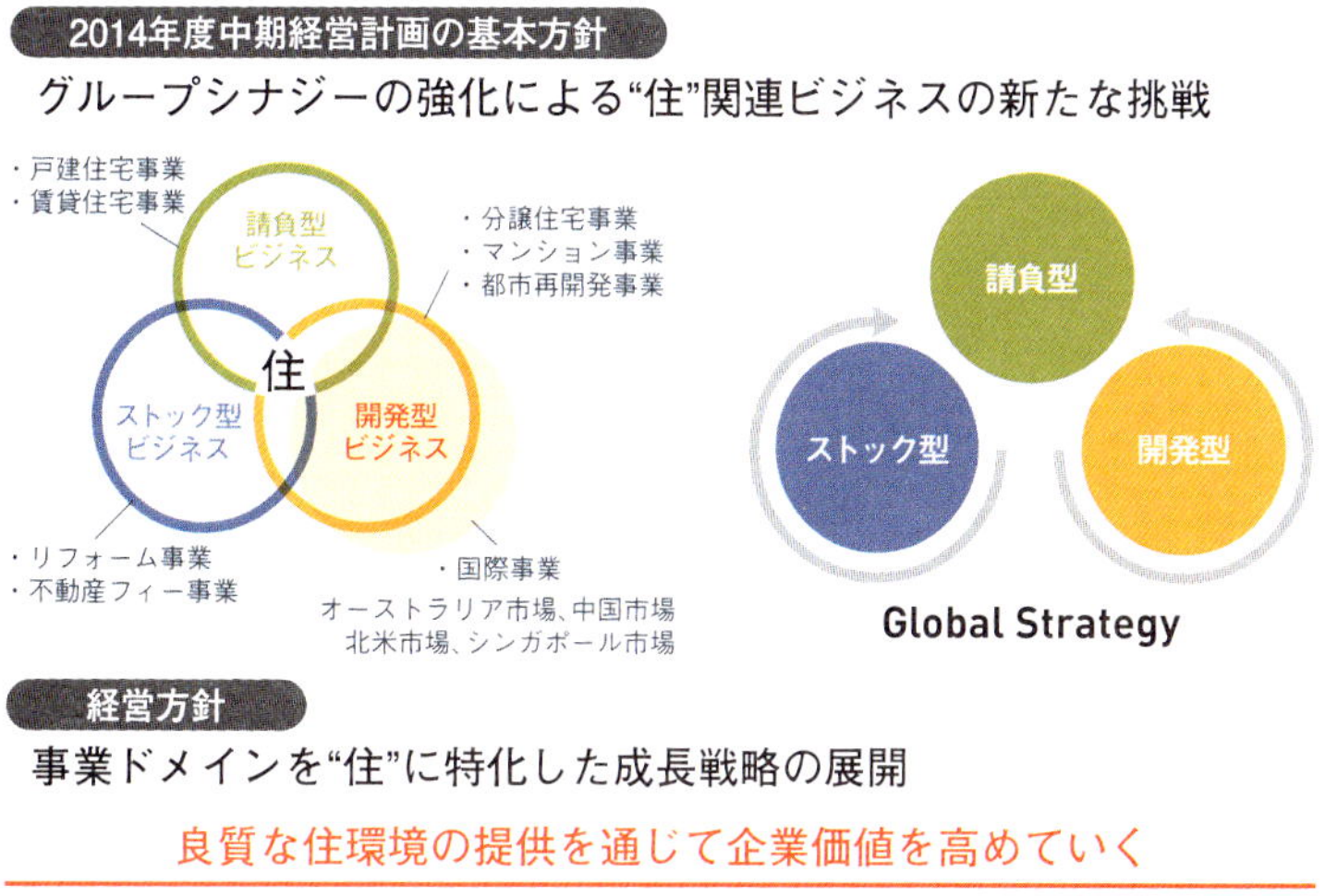

サステナブル社会をめざす戦略

ここからは、積水ハウスの事業戦略についてお話しします。我われのビジネス・フィールドは三つあります（図表1－5）。

まず、請負型ビジネス。これは昔からの賃貸住宅・一戸建て住宅が中心です。次がストック型といい、不動産フィービジネス（賃貸住宅経営支援）やリフォームです。そして三つめが開発型で、マンションや都市再開発、国際事業に当たります。これらをうまく組み合わせることによって事業は拡大していき、この中からまた新しい事業の芽が出てきて、四つめ・五つめの柱が育ってくることを期待しているわけです。

戦略の考え方としては、CSV（Creating Shared Value／共有価値の創造）戦略、すなわち共有価値の創造をベースにしています。共有価値とは、自分たちさえ良ければいいのではなくて、お客さんも喜び、社会も喜び、そして我が社にもプラスになるということで、六つの柱を立てて実行しています（図表1－6）。

一つめは住宅のネット・ゼロ・エネルギー化です。ネット・ゼロ・エネルギーとは、これまでの省エネに加え「創エネルギー」システムを導入し、自宅で消費するエネルギー量より自宅でつくるエネルギー量が多い住まいづくりのことをいいます。これはまさしく社会も喜び、我が社の売上にも貢献しています。

二つめに生物多様性の保全です。先ほど話した「五本の樹計画」などもここに含まれます。

三つめに生産・施工品質の維持・向上。原則として質のいいもの、長期に住んでもらえるものを造りたいという願いは常にあります。

四つめが住宅の長寿命化とアフターサポートの充実です。海外のハウスメーカーにはアフターサービスはありませんが、我が社では海外でもアフターサービス制度を作って推進していきたいのです。

五つめがダイバーシティ（多様性）の推進です。これは女性や高齢者、身障者などに活躍してもらえる社会をめざそうという企業としての取り組みで、女性の現場監督をはじめ多様な方々が活躍しています。

そして最後の六つめが、先ほど例を挙げた海外への事業展開です。

これら六つのことを事業戦略として、多様なステークホルダーに対して四つの価値を創造します。それは経済価値、環境価値、社会価値と住宅事業者ならではの視点「住まい手価値」です。こういう

図表1-6 ｜ 積水ハウスグループのCSV戦略

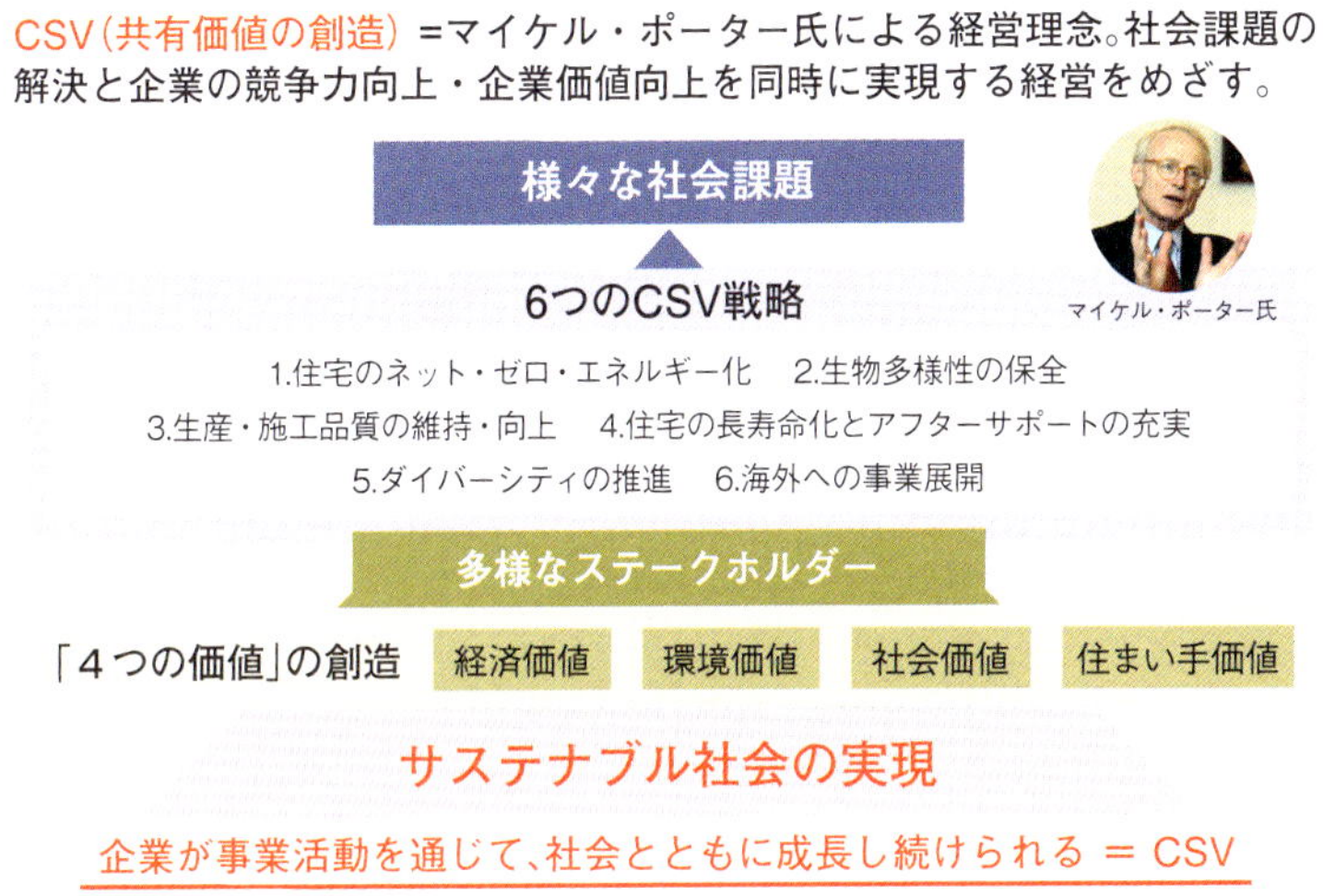
CSV（共有価値の創造）＝マイケル・ポーター氏による経営理念。社会課題の解決と企業の競争力向上・企業価値向上を同時に実現する経営をめざす。
様々な社会課題
マイケル・ポーター氏
6つのCSV戦略
1.住宅のネット・ゼロ・エネルギー化
2.生物多様性の保全
3.生産・施工品質の維持・向上
4.住宅の長寿命化とアフターサポートの充実
5.ダイバーシティの推進
6.海外への事業展開
多様なステークホルダー
「４つの価値」の創造
経済価値
環境価値
社会価値
住まい手価値
サステナブル社会の実現
企業が事業活動を通じて、社会とともに成長し続けられる ＝ CSV

写真：Newscom／アフロ

ものを実現することによって、サステナブルな社会を実現させることが我われの事業戦略の根本です。

新たな査定方法で住宅が生き返る

住宅産業のこれからについてお話しします。

一九六九（昭和四四）年からの日本の住宅投資というのは累計で約八九三兆円もあるわけです。しかし、そのうち今現在資産として残っているのは約三五〇兆円だけ。国富が約五四三兆円も消えてしまっているのです（図表1－7）。原因は戦後から続いてきたスクラップ・アンド・ビルドです。

住宅は古くなったからといって壊すのではなく、リノベーションすることによって、投資したものを生き返らせることができます。そして、

図表1-7 ｜ 住宅投資額と資産額

日本では、住宅の現存資産額が過去40年間の累計投資額を約543兆円も下回る
⇒リノベーション事業の可能性

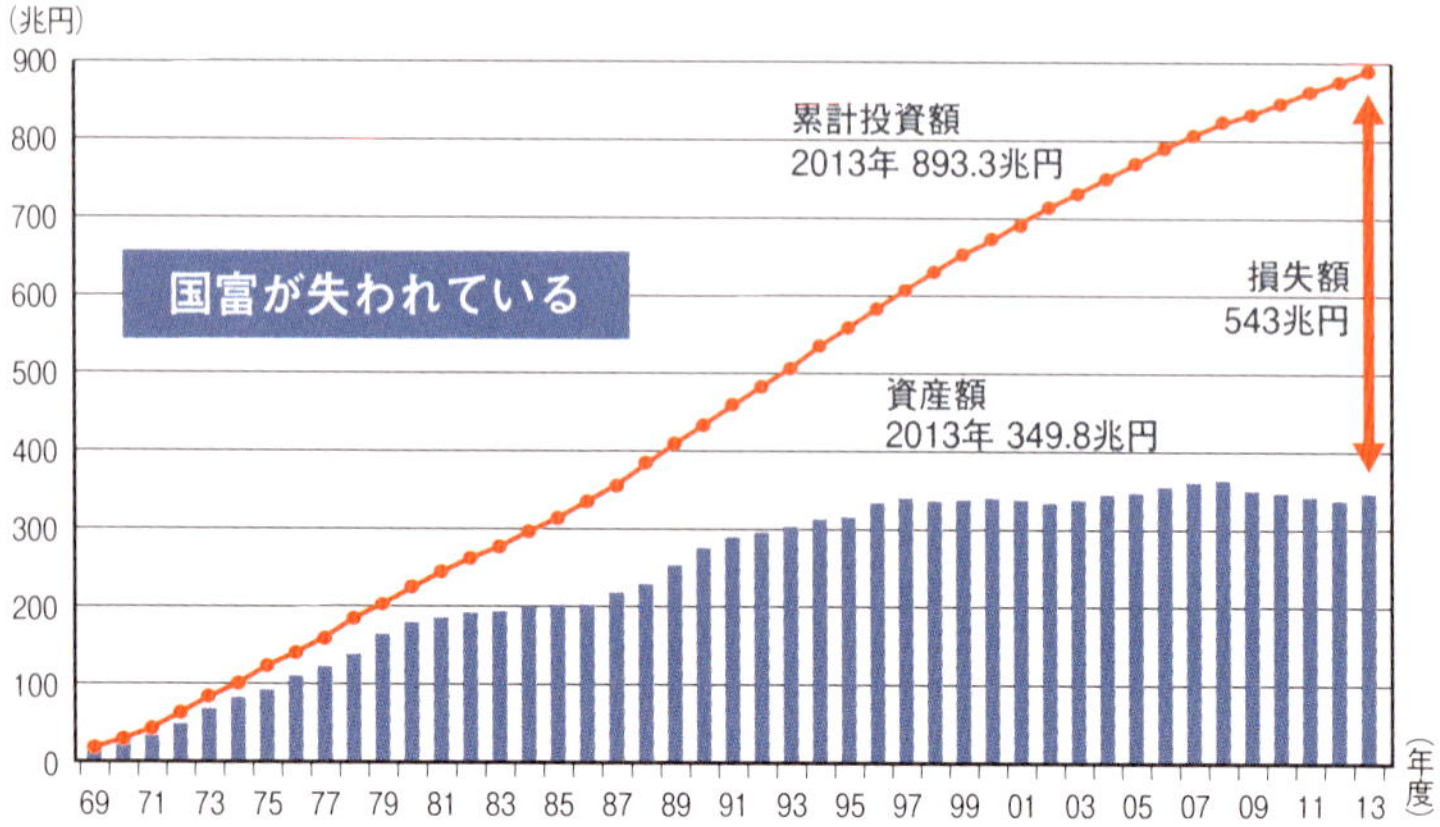

それが流通に回ることによって、さらに評価が高まるようになっていくべきだし、それを進めていくのが積水ハウスのリノベーション事業の大きな目標です。

「優良ストック住宅推進協議会」、略称スムストックという団体があるのですが、これが何をしているかを説明する前に、現在の一般的な住宅の査定方法からご説明します。

一般的には、建物と土地が一括で査定されます。査定する主体は不動産業者です。不動産業者は、建築物のことがわからずに築年数だけで判断し、査定しています。だから、築後二〇年たった住宅は価格ゼロ円というような査定をしているわけです。それでは既存住宅は商売として成り立たず、流通システムができるはずもありません。

スムストック査定方法とは、もっと査定を適正に行なおうというものです。査定する際に建物を

スケルトン部分（基本構造）とインフィル部分（基本構造以外の各戸の間取り・内装・設備）に分けて考えます。スケルトンは構造耐久力上の主要部分で、インフィルは内装や設備です。それぞれを全体の六〇％、四〇％として査定を行ない、スケルトンは五〇年償却、インフィルは一五年償却とします（図表1－8）。

スケルトン部分は優に五〇年くらいの耐用年数があります。リノベーションをするときに、スケルトンをそのままにして、家族構成などで変わった生活様式に合わせてリフォームしていく。これを積極的にやることによって、資産価値が上がる。古いものを捨ててしまわなくてもいいという視点なのです。これは、国土交通省が中心になって、住宅業界と一緒につくった方法です。

今までの査定方法だったら築後二〇年で住宅の評価はゼロになっていたのですが、スムストック方式なら五〇年たってもゼロにはなりません。スムストック方式なら住まいの価格は二つの段階に切り分けて考えることができます。新たな住まいを求める方々は誰もが新築ばかりを買えるわけではありません。例えば若くて所得の少ない人は既存住宅を買って、それをリノベーションする、という発想で住まいを手に入れやすくなる。例えば、築四〇年ぐらいの家でしたら五〇〇万円ぐらいで買えます。それを一五〇〇万円から二〇〇〇万円かけてリノベーションをするとまったく新しい、エネルギーゼロ住宅に相当する家が造れます。

住宅業界は今後、スムストックの推進により、これまでほとんどなかった住宅の流通形態を創出する責務があるのではと思っております。

既存住宅はこれから大変大きな事業の柱に育ってくれるのではと願っています。

図表1-8 ｜ スムストック事業による既存住宅の流通促進

2008年7月 優良ストック住宅推進協議会（スムストック）設立

一般査定方法

住宅・建物 ＋ 土地

従来の価格表示方法

スムストック販売士が担当
2016年1月時点3,873人

総額5,200万円

スムストック査定方法

構造耐力上主要な部分（スケルトン）と
内装・設備の部分（インフィル）に分けて考える。

住宅・建物

土地

スケルトン部分　全体の６割
償却期間50年（10%残価）

インフィル部分　全体の４割
償却期間15年（10%残価）

スムストックの価格表示方法

建物価格2,000万円
＋
土地価格3,200万円

総額5,200万円

スケルトン（構造躯体）と
インフィル（内装や設備機器）を分けて査定

スケルトン

インフィル

耐用年数が異なるスケルトンとインフィルを別々に査定が望ましい
国土交通省「中古住宅の流通促進・活用に関する研究会」2013年6月21日

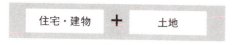

健康に果たす住宅の役割

続いて健康という観点から住宅のお話をします。日本の平均寿命は男性で八〇歳ほどですが、健康寿命というのは七〇歳ぐらいです。最後の一〇年ほどは、身体的に不自由になり、不便な生活をしなければならない人がたくさんいます。そのような人を減らして健康寿命を延ばせれば、国の医療費が減るし、経済も活気づくでしょう。

ここで踏まえておきたいのは、住宅の中で亡くなる人は、交通事故で亡くなる人の約三倍に上るということです。その大きな原因にヒートショックというものがあります。冬に温度が急激に下がって脳疾患や心臓疾患を引き起こすことをいいます。現在、日本には無断熱または古い断熱基準の住宅は約四〇〇〇万戸ありますが、そのような所に住んでいるとヒートショック現象が起こりやすいのです。それを防ぐには住宅をリノベーションすればいいわけです。

また、断熱効果の優れた家を造ることによって、さらに多くの疾患が防げます。一世帯で約四万七〇〇〇円の医療費が削減できると算出しているデータもあるようです。全国の無断熱の住宅戸数四〇〇〇万戸を掛け合わせると、約二兆円の医療費が削減できる計算になります。

職場を定年退職後、急に体調が気になりだし、病院通いをし始める人は多いようです。私は個人的には健康寿命を延ばすためには定年を七〇歳くらいまで延長するのがいいのではないかと思います。そうすれば生産労働人口も増えるでしょう。

ピンピンコロリという、きのうまで元気だった人がコロッと亡くなってしまうことを指す言葉があります。これは理想的な生き方ではないでしょうか。八〇歳ぐらいまで働ける国造りをするためには、住宅の使命というのはとても大きい。我が社のこれからの経営課題になると思います。

高齢化という言葉をよく聞くようになりました。これはプラス思考で捉えると、日本は「高齢先進国」だということです。日本でいろいろ試したことは、次に高齢化する国へ輸出できるでしょう。そう考えると、住宅はこれからの成長産業だと思います。これまでにない、新たな取り組みがますます求められるでしょう。

無限の可能性を秘めた夢の産業

次に、ＩｏＴ（Internet of Things／モノのインターネット）を活用した住宅についてお話しします。恐らく住宅と自動車というのは、ＩｏＴのプラットフォームになるはずです。住宅業界にはこれまで蓄えたビッグデータがありますので、それらを取り入れれば、今後の事業の膨らみが出てくると思います。単純に家を売っているだけではなく、変化する社会価値に即して新しい事業を展開することが考えられます。

トヨタを筆頭に日本の自動車メーカーが世界中で開発を進めていますが、あと五年もすると、ＡＩ（人工知能）で車が動くようになります。また自動車業種以外、例えばグーグルやアマゾンが車の研究をしている。そういうことができる世の中になっていくのです。

恐らく、一〇年、二〇年後の産業構造はダイナミックに変化しているでしょう。だから、今、新しい芽を見つけることができれば、それがどんどん広がる可能性をもっています。私は、それを住宅業界にも期待しています。ぜひそういう観点で、住宅産業を見ていただきたいと思います。住宅産業を「夢の産業」と言う人は少ないでしょう。住宅会社のトップである私が「無限の可能性を秘めた夢の産業」だと世の中に発信し、それを実現させることが住宅産業のさらなる成長に繋がるのではと考えています。

［質疑応答］

――消費税が上がると住宅の購入が減るというお話がありましたが、海外でも同じようなことが起こってきたのでしょうか。それによって、海外でも非課税やゼロ課税を導入したのではないかとも思うのですが、住宅売上の落ち込みと税制改革の順番はどちらが先ですか。

和田氏　ヨーロッパなどでは何百年という期間で家の価値を認める文化がありますから、当初からそれを織り込み済みでやっているわけです。だから、どちらかというと、税の導入について政治的に非常に無関心だったということは事実ですね。

―― 御社と競合他社との違いを教えていただきたいと思います。御社はこういうところが強くて、他社はこういうところがあるという違いです。海外展開の面では差がありますか。

和田氏 我われが特徴としているのは、最高の品質を徹底しているということです。良質なモノを作っていますので、お客さんは富裕層が多いですね。それだけに価格設定は高いと思います。ただ、良質だからこそ、先ほど申し上げたように流通に回すときに、高く売れると自負しております。

また、早くから環境に配慮した家づくりをしています。スマートハウスという言葉は最近言われるようになりましたが、我が社はもう二〇年ぐらい前から取り組んでいます。新しいお客さんも、住んでいただいたお客さんからの紹介が圧倒的に多いのです。

それから、積水ハウスほど海外展開している会社はないと思います。海外進出をする際にいちばん大事なことは、しっかりしたパートナーを選ぶことです。欧米人は金銭的な話が細かいと思っていましたが、一方で、長期的な事業目的などの夢を語るとそれも十分に受け止めてくれます。日本人よりそういう話が通じると思います。

そういうパートナーをいかに探すかが大事で、我われはオーストラリア、シンガポール、アメリカで非常にいいパートナーを選べたと思います。今後もこの強みは堅牢《けんろう》でしょう。今は他社も海外進出していますが、こんなに数をこなしている会社はありません。

為替変動も海外展開成功の大きな要因です。アメリカへ進出した時は、一ドル＝七五円でしたが、そのうちに円安に振れて一二〇円ぐらいまでいきました。それにより資産や含み利益が増えました。これは非常にいいタイミングでした。他社に先駆けて海外へ挑戦したことが成功した要因だと思います。

――御社のCMソングは長く使われていると思いますが、その理由は何ですか。

和田氏　もう何十年も前から、編曲はあっても、ベースになっている曲は一緒なんです。当社のCMソングは皆さんのお父さんの時代から親しまれていると思います。「誰でもが願ってる明るい住まい積水ハウス」というフレーズですね。作曲したのは小林亜星さんで、非常に好感度が高いんです。定着しているものをころころ変えるよりも、積水ハウスのイメージが長く繋がっていけるんじゃないかなと思います。

――変革を起こすときに成功する素地や企業文化、そして戦略をスムーズに実行に移せることが積水ハウスの強みではないかなと見えたんですが、どのように認識されていますか。

和田氏　現在、従業員数こそ約二万三〇〇〇人の規模ですが、設立してまだ五〇年ほどしかたっていません。新しい産業の中で、何もわからないまま行き当たりばったりで突き進んできて、失敗もし、それを繰り返すことによって今の会社ができています。自由にトライするDNAがあるわけですよ。

だから、目標設定や業務指示など、交通整理さえしてあげたら、社員の皆さんどんどん仕事はできます。国際事業の担当者は英語もろくに話せない社員ばかりだったんですが、いざ現場に出ていけば皆話せるようになってきます。オーストラリアの今の責任者も日本語しか話せませんでしたが、完璧にもう英語で通用するようになり、事業をこなしています。まずは目標を与え、トライさせることが重要だと思います。

特に中国へ行っている社員は大気汚染が激烈な中、本当に一生懸命頑張ってくれています。やっぱり新しいことにトライしていくのが面白いからだと思います。そういう気持ちが、今後の事業を推進していく上で大事ですね。

私の役目は「こういうのがいいよね」というアドバルーンを上げることだと思っています。ＩｏＴの話などもそうです。

トップが新しいことをどんどん仕掛けていけると、全社的に新しいものに取り組む意欲が出てきます。その意欲を抑え込むことはしません。失敗を恐れて挑戦しないほうが問題です。たとえ失敗してもトライすることのほうが大事なのです。

昔は入社式のときに「三年以内に失敗しなさい」とよく言っていました。トライしないと失敗しないからです。挑戦と失敗を繰り返すことによって企業風土というのはどんどん広がっていくんじゃないかなと思います。

――　スマートハウスについてですが、ＩｏＴのプラットフォームとしての住宅や自動車が今後広がるというお話でしたが、スマートハウスを二〇年前ぐらいからやっていらっしゃるということで、これからそのビッグデータをどのように活用しますか。

和田氏　ＩｏＴを考えるとき、日本の企業でいちばんいけないのは、自分のところさえよければいい、自分の宝物はよそに見せないよ、という考え方です。例えばＨＥＭＳ（Home Energy Management System）というのがありますね。これも汎用《はんよう》性がないんですよ。その会社のものしか使えない。オールジャパンで取り組まなければＩｏＴで日本の勝機はありません。国も巻き込んで一丸となってトライしていかないとＩｏＴの技術は発展しません。日本のＩｏＴは世界から見ればもう周回遅れと映っているでしょう。これからは、ビッグデータを活用しながら国に対して提案をしていくつもりです。

ＩｏＴやスマートハウスについての我が社の情報はなるべく外へ向けて発信しているので、この分野で先進的なアメリカからもいろいろ話や質問が寄せられます。グーグルあたりが熱心で、一緒に何かトライしようと言ってくれています。

――　住宅の購入者である市民に対する教育、あるいはそのような人々に接する社員に言い聞かせていることはありますか。

和田氏　例えば、二〇年前と同じ営業をしていても家は売れません。時代に合わせて仕事の仕方も変える、そういう習慣をつけていかなければなりません。我われの会社は、新入社員が入ってきたときに、本当は一人でほっぽり出したいのですが、そんなことしたら今の時代みんなすぐに辞めてしまうので、チームを組ませています。

ＩｏＴも昔は思いもつかないような発想だったと思います。そうした新たな発想は広く発信し、誰もがトライするチャンスをつくってあげることがとても大事じゃないかなと思います。

――なぜこれまで、新築住宅がメインで中古が伸びてこなかったのか、その理由は何だったのでしょう。消費者が意思決定をしなければ、中古市場は伸びていかないと思うのですが、これまではどういう切り込み方をしているのですか。

和田氏　昔は新築でなければ家ではないように思われていました。そんな時代が続いたために、業界としてもそれに安住し、国も特段の政策をとらなかった。しかし約一〇年前、住生活基本法というものが作られました。今までの住宅建設計画法は、造ればいいという法律でしたが、新しくできた住生活基本法は長期寿命で良質な住宅を造ろうというものです。

そして徐々にスムストックといった発想が出てきました。今後は既存住宅市場が加速度的に変わっていくのではと思っています。誰がどのように造ったかがわかるデータを家歴というのですが、家歴のデータベースをもつ会社が一〇社で長期優良住宅を約三六〇万戸造っているんです。こういうものの活用が進んでいけば、すべての家が諸外国のように長期優良住宅として普及していくのではないかと思います。

もう一つ言えることは、日本が地震大国だということです。これだけの地震がある国なのに、耐震強度の弱い家はまだ数多く使われています。早く建て替えなければいけないと思っています。

今年（二〇一六年）起こった熊本地震でも甚大な倒壊被害がありました。熊本の家というのは、地震ではなく台風対策の家なんです。頭が重く、揺すられると壊れてしまう。けれど積水ハウスのような工場生産住宅というのは、下が軽く、上も軽いので揺さぶられても壊れません。そういうものに早く替えていかなければいけないと思います。

住宅業界では国土交通省に対して、もう「中古」という名前を一切使わないでおこうと提言しています。「中古」という言葉のレッテルを貼ると古くさい家に思えるからです。今、国交省は「既存住宅」と呼んでいますが、適当な名前がまだありません。日本のこれだけの富を捨ててしまうのはもったいないことだと思います。

――積水ハウスの強みはよくわかったのですが、弱みはどう認識していますか。

和田氏　厳しいご質問ですが、弱みというのはどこの会社もあると思います。社員が時代の流れについていけるかどうか、でしょうか。世の中がこれだけ変わってきているのだから、個々が勉強をする力をもたなければいけません。組織の弱みになっていくので徹底的に対応力を高めていかなければいけないし、新しい事業をつくっていかなければなりません。社員が自身で勉強する力をつけてくれなかったら、弱みに当たると思うし、それがいちばんの悩みですね。

——海外展開は非常に成功したと思いますが、どういった考えの下で開発を考えられましたか。

和田氏　オーストラリアを例にとると、ビルに木を植えたのですが、その場所はダウンタウンの真ん中にあるスラム街でした。スラム街に手を付けることはとてもリスクが大きかったのですが、トライしてみて、結果的にこれがオーストラリアで積水ハウスの知名度を上げることになりました。それまでは女性や子どもがまったく寄り付かなかった地域をまるっきり変えることができたからです。

事業というのはどこかでリスクを取らないと、成長することができません。我われの場合はこんなとんでもないことをやったことが、世界中で認められるきっかけになりました。ビルの中に木を植えている家なんてありませんからね。

解説

社会価値と企業価値

(1) CSVとCSRを明確に区別する

和田会長は講義の中で、「積水ハウスグループのCSV戦略」に言及しています。このCSVとは、アメリカハーバードビジネススクールのマイケル・ポーター教授が二〇一一年の初めに発表した論文"Creating Shared Value(共有価値の創造)"で提唱した概念です。その論文の中でポーター教授は、次世代の資本主義は、経済価値と社会価値の双方の両立をめざすべきだと提唱しています。経済価値を追求し過ぎたために引き起こされた未曽有の人災「リーマンショック」に対する資本主義の反省と是正を意図しているのでしょう。

環境や社会に対する配慮を大切にするという考え方自体は、これまでもCSR(企業の社会的責任)という視点で提唱されてきましたし、実際にCSRを主眼に取り組んでいるNPOやNGOがたくさんあります。

とりわけ日本企業には元来、過度な経済価値の追求をよしとしない風土があり、古来「三方良し」、「論語と算盤《そろばん》」としてアメリカ型資本主義とは一線を画してきました。しかし、ポーター教授が経済価値と社会価値を対立概念として捉えているわけではないことは明らかであり、CSVはCSRとは異なる概念であることを理解しなければなりません。

このCSV戦略の意義を日本にいち早く紹介し、日本企業におけるCSV経営戦略（J－CSV戦略）を提唱されている一橋大学ビジネススクールの名和高司教授が明かしてくれたポーター教授のエピソードが大変興味深いのでここで紹介します。

二〇一二年に、名和教授が主催するCSVフォーラムでポーター教授を招いて複数の日本企業経営者とのパネルディスカッションが行なわれたときのことです。

パネリストの一人の経営者が「日本企業はもともと三方良しという概念をもっており、従来、CSV経営を行なってきた」と発言したことに対して、ポーター教授が「十分な収益性を示してからそういうことを言うべきだ」と色をなしたというのです。つまり、CSVを低い収益性の言い訳に使うなということなのでしょう。


私もポーター教授の意見に賛成ですが、日本においてはまだまだ経済価値と社会価値とは両立できない関係にあると考えている人が多いのではないでしょうか。

しかし、経済価値と社会価値を対立概念と考えること自体がナンセンスです。そもそも社会価値に反する企業活動に持続性がないことを考えると、長期投資家にとってCSVは企業価値を評価する際の前提条件であり、ことさらに強調するまでもない概念といえます。

もっと本質的に考えてみると、そもそも企業活動は、その企業の顧客（最終的には社会全体を含む）が抱えている問題を解決するものでなければなりません。その問題解決の対価こそが売上であり、利益なのです。そして、顧客の問題解決を他社よりも効果的・効率的に行なうことが民間企業には求められていて、その企業活動の効果性や効率性を高める競争原理こそが資本主義なのです。

(2) CSVを社員の動機付けに活かす

以上のようにCSVとは企業活動の本質的な要素の一つなのですが、CSV経営は、投資家に対してというより、その企業で働く従業員に対してアピールするべきだと思います。より優秀な人材を引き付けるには、「仕事の意義」を明確に示すことが重要だからです。

マズローの欲求五段階説にあるように、人間の欲求は原始的・生理的な欲求から内的・自己実現への欲求へと段階的に上がっていきます。優秀な人材を動機付け、最大限の能力を発揮してもらうには、仕事そのものの社会的な意義や面白さを知ってもらう必要があります。

「沈黙は金」という奥ゆかしい文化をもっている日本人は、そのあたりの発信があまり得意ではありません。かつて大卒・男子・終身雇用という単一の価値観しかなかった時代には、多くの日本の大企業では、「そんなこといちいち言わなくてもわかるだろう」とされてきました。

ところが世の中は完全に変わってきています。グローバル、ダイバーシティの経営環境の中で、企業活動の意義を従業員と共有できないことは、企業価値にとって競争上明らかにマイナスなのです。

第二章

オリジナリティーを重視した自社開発製品を直販で売る。

独自の〝仕掛け〟でオンリーワンから「世界トップ」を狙う

ホシザキ株式会社　代表取締役会長兼社長　坂本精志

需要地で作る

当社の業務は、業務用の製氷機や冷蔵庫などフードサービス研究開発、製造、販売、保守サービスに集中しており、所謂ＢｔｏＢの仕事です。私が社長を務める以前は、ホシザキ家電など一般ユーザーを対象にした会社もありましたが、今ではフードサービス機器産業に一本化し、世界一を狙うという志をもっております。

現在はただ冷蔵庫に強いというだけではなく、例えばリッツ・カールトンのホテルが新規オープンする場合、そこの厨房《ちゅうぼう》を全部ホシザキで完成させるような仕事にかなりのウエートを置いています。

厨房室の半分くらいは、ホシザキグループの製品でカバーできるようにするのが、一つの願いであります。

当社には「掟《おきて》」というものがいくつかあります。

まず、メーカーの誇りとして、「金で金を稼がない」というのが当社の掟の一つです。つまり稼ぐのは本業だけということです。

今、円が少し高くなってきていますが、一五五〇億円くらいの手元資金は確保しています。企業は金がたまってくるともっと儲かる新しい事業、例えばゴルフ場経営に手を出したりすることがよくあります。しかし、当社はこの掟に倣い、自分の本業を守る、本業に集中することに徹したために、現金が着実に積み上がりました。現在、自己資本比率は連結ベースで六二％ほどです。

次に、「需要地で作る」、つまり、海外で売るモノは海外で作るということがあります。当社がアメリカに進出した時は、まだ円が非常に安い時代でしたので国内で生産して輸出したほうがメリットがあり、最初は輸出をしていましたが、数年で現地生産に乗り出しました。

なぜ現地で作るのかというと、その国でナンバーワンになるには、輸出するだけでは不可能と考えたからです。為替の変動もありますが、大きなマーケットに進出する常道は「現地で作って現地で売る」ことです。当社の昨年（二〇一五年）の売上は約二六〇〇億円ですが、国内分は約一七〇〇億円で、輸出しているのは三七億円分にとどまっています。また日本は、世界でいちばんコストが高い国です。一方、当社の市場でいちばん安い機械を求めている国は中国です。

図表2-1 | ホシザキグループ海外売上高比率

海外売上高比率を引き上げ、名実ともに世界No.1へ

- 2000年度に4社であった海外グループ会社数は、2015年度には39社にまで拡大。
- 2020年には海外売上高比率を50%にまで高め、名実ともに世界No.1をめざす。

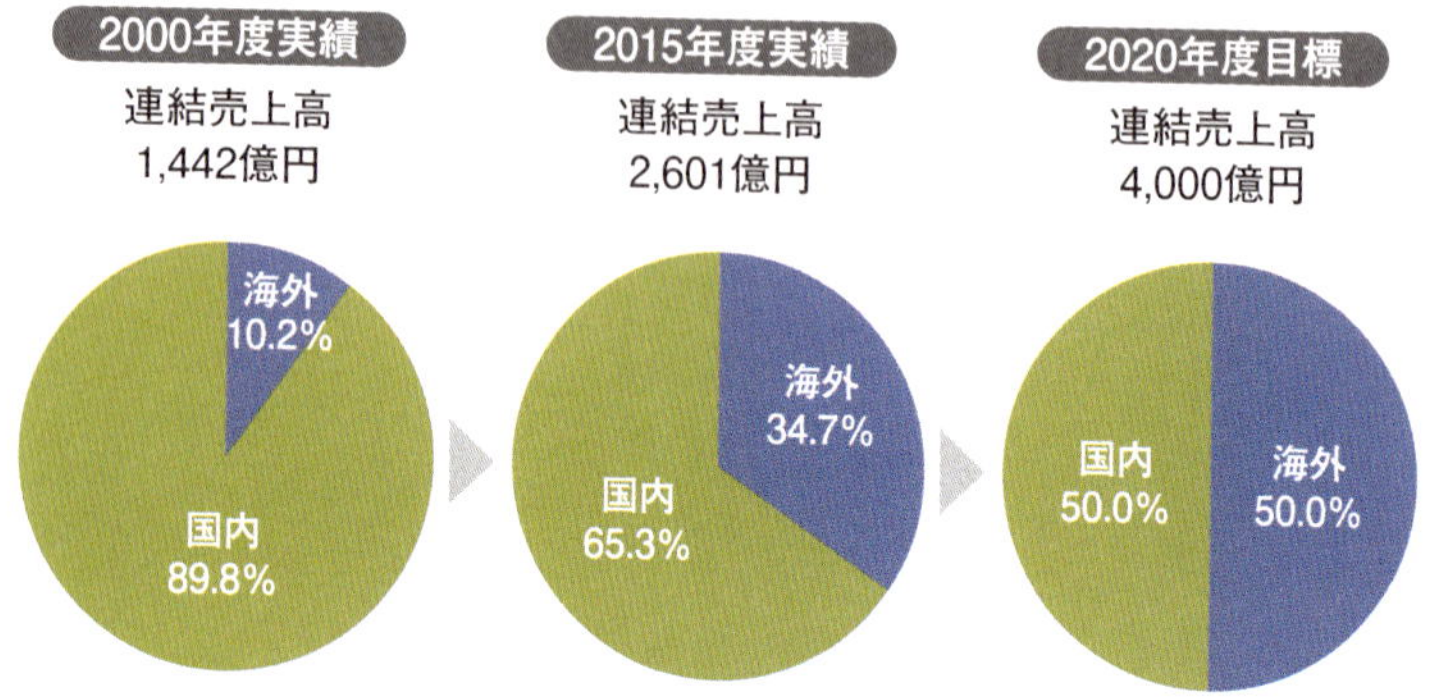

それから「良い製品は良い環境から」ということを経営のベースに置いています。工場内の環境も然《しか》りですが、周囲の環境も然りです。小高いところに工場を造り、芝生や植栽に力を入れます。「無駄を尊ぶ」という考え方も基本にあります。

「変化は進歩である」というポリシーもあります。企業は常に変わり続けなければなりません。他社と同じようなことをやっていたのでは、他社以上に伸びることはできません。そのために、独自な何かを作り出そうというのが、基本姿勢としてあります。

アメリカで見た製氷機が原点

ホシザキの歩みをお話しします。創業者は、私の父である坂本薫俊です。島根県の現在は雲南市という、宍道湖から広島へ向かって車で二〇分ほ

ホシザキ株式会社本社外観（愛知県豊明市）。

ホシザキ株式会社

1947年設立、フードサービス機器メーカー最大手。製氷機、冷蔵庫、食器洗浄機、生ビールサーバ等、主力製品で国内トップシェアを誇る。製氷機、冷蔵庫ではグローバル市場でもトップシェア。2008年東証一部上場。同業の多くが代理店制度をとる中、同社は直販体制を徹底。その強みを活かし、地道な営業で顧客の悩みを解決。ファストフードから一流シェフのレストランまで、不景気で飲食店が減る中でも高業績。提案力に長《た》けた人材を育成しながら世界をめざす。

坂本精志（さかもと・せいし）

ホシザキ株式会社 代表取締役会長兼社長

1959年、慶應義塾大学工学部卒業後、星崎電機株式会社（現・ホシザキ株式会社）入社。専務取締役を経て、1987年に株式会社ネスターを創業。ネスター会長を退任後、2005年、ホシザキ電機代表取締役社長に就任。他に、公益財団法人ホシザキグリーン財団理事長、足立美術館理事などを兼務する。

どの所に出身地があり、現在当社の工場が島根県内に五カ所あります。

本社は愛知県豊明市にあります。名古屋市の郊外ですが、戦国時代に織田信長と今川義元が戦った桶狭間の古戦場の真ん中といっていい場所です。先ほど話した環境を大切にするということにも繋がるのですが、会社の中にはお城もあるし、天然芝の野球場もあります。

創業者は旧制松江中学校を卒業後、一年間地元の小学校の代用教員として地元で勤めました。進学を希望していましたが農家の出身で資金の目処が立たなかったのです。そこに出雲市の篤志家が現れて、学費の支援を受けることができ、神戸工業高等学校に進学しました。その後三菱電機の社員を経て第二次世界大戦後に独立しました。

独立当時は日本ミシン製造（現・ブラザー工業）の下請けをする傍ら、新しい事業を模索しました。例えば当時は停電が多かったので停電灯を作ったり、子ども向けの電気蓄音機のようなものを開発したり、オートバイのクラクションを作ったりと、多彩な自社製品を手掛けました。

その中で最初にヒットした商品は、日本初のジュースの自動販売機です。

今の缶やペットボトルの販売機とは大きく違い、お客様自身が紙コップを取って下部の受け皿に置き、一〇円玉を入れるとジュースが蛇口から出てくるというシステムでした。これは一世を風靡《ふうび》しました。

その後は毎年、売上の倍増が続きました。その頃慶應義塾大学の工学部機械科を卒業した私は、父から「アメリカへ行くように」と言われました。父は、いつまでもジュース自販機ビジネスのままでは将来的に大きな伸びは見込めないと考え、いろいろな自販機を模索しなければならない、そのために私をアメリカに調査に行かせたのです。

アメリカではシカゴで出会った年配のビジネスマン、ジム・アルブライトという人が私を気に入ってくれていろいろな所に案内してくださり、たくさんのことを教えていただきました。彼は大型製氷機の特許も持っているような人物で、話をしているうちに私は大いに共感を覚えました。彼は「日本は今は貧しいが、いずれ裕福になる。ぜいたくになればなるほど必要なのは『紙と水と氷』だ」と言いました。

私は、その中でも〝氷〟に興味を引かれ、アメリカ中の自動販売機を調べる傍ら製氷機を見て回りました。当時非常に伸びている分野でしたので、帰国後、早速アメリカのメーカーに技術提携を申し出たのですが、当時、当社は社員五〇〇人ほどの規模。相手にもしてくれません。だったら自分で開発して特許を取ろうと考えました。

機械科卒業の私は、会社で父も含めて様々な立場の人に製氷機の面白さ、将来性について説明しましたが、見たこともない機械に賛成してくれる人は誰もいませんでした。

しかし、創業者である父は、やりたいという人間がいたら、それを力ずくで止めるのではなく、業務に差し障りのない限りは放っておいてくれるという懐の深さがありました。私は職人さんと一緒になって、手探り状態で製氷機の開発に着手しました。

製氷機は温度二〇度ぐらいの水が、凍る過程でマイナス二八度ぐらいまで下がります。三〇分に一

国産初、「ジュース自動販売機」を製造・販売（1957年）

回ずつこのようなアップダウンを繰り返すので、機械の負担も大きく、そのため故障が多く、そこが開発の難点でした。また、当時の日本はまだ貧しかったので、高い機械では売れないと考えました。小型でしかも氷がたくさんでき、フレークアイスという雪状の氷を作れるものをまず頭に置いて開発しました。

　完成した後は、簡単なチラシを作って名古屋の飲食店などを一日三〇軒ほど飛び込みで回り、売り込みかたがた調査して歩きました。するとじきに、今のままの商品では売れないということがわかりました。

　その頃のお店は氷屋さんから氷を買っているわけですから、そろばんが合う妙味のありそうなのは、大型の機械なんです。小さな機械で、しかも雪状の細かい氷を作るというのでは、的外れの機械ということがわかりました。しかし、どんな氷

国産初の全自動製氷機を開発（1964年）

が求められているか、そしてどんな店が購買層になりそうかということはわかりました。

まず求められている氷は硬くてできるだけ大きく、氷の純度が高く、しかも表面積が小さいものです。硬い氷というのは、氷の中の温度が低いということです。こういう氷の用途はカクテルで、シェーカーの中へ入れるような氷の需要がいちばん大きいことがわかり、製品改善のコンセプトが決まりました。

それから、どんな店が購買層になるかというと、アメリカ人が出入りするようなホテルやバー、レストランでした。また日本人が出入りする所では、キャバレーや喫茶店、大きな病院などがお客様になるということをつかみました。

そして二年後にアメリカに出張する機会がありました。改めて自分の目で見てみると、コンセプトにぴったりの製氷機は、今の我われの売れ筋の機械であるキューブアイス・マシンであることがわかりました。この線に沿った製氷機の開発に取り組み、ほぼ完成に近づいていました。

しかし、一九六三（昭和三八）年、それまで倍々で伸びてきたジュースの自動販売機が、不景気と飽きられたということでしょうか、突然売れなくなったのです。

その頃には社員数もかなり増えており、下請けの仕事だけでは資金繰りが賄いきれず、あわや倒産という状況になりました。

さあ、どうしようか、と改めて会社の中を見直してみると、ネタはまだ一台も販売実績がない製氷機しかないということになりました。これから売れるかどうかも雲をつかむような状態でしたし、いざ売ろうとしても、販売店が見つかりませんでした。他の製品だったら冷凍機屋さんや電気屋さん、電気工事屋さんがまず代理店になるでしょうが、製氷機というものを彼らの誰も知らないわけですから売りようがありません。結局、背水の陣で自社で売らざるを得ないことになりました。

また、当時国内では、アメリカ製の製氷機を日本で代理店として輸入・販売している業者がすでに二社ありました。しかし、アメリカの製品は当時故障が多かったのです。輸入機の取扱業者に、「当社はもし故障してもサービス担当者がすぐに対応できる」とアピールしたところ、彼らも徐々に扱ってくれるようになりました。

機械のサイズが大きく、一日に二〇〇kgぐらいの氷を作れるものでした。売れそうな店は東京でもかなり限られておりましたが、外食産業の勃興期ということもあり、少しずつ売れるようになりました。

しかし、これだけでは販売の効率が悪いわけです。製氷機だけでは効率が悪いということで、次に生ビールサーバを発売しました。昔は、生ビールというのは夏の三カ月しか販売していませんでした。しかも、木だるのため重たい上に、ビールと泡のバランスを調整しながらジョッキにつぐのは難しく、「泡切り三年」といわれるような技術が必要でした。

このように熟練を要する生ビールつぎを、誰でもできるようにしたのが、生ビールサーバという機械でした。この商品は今でも年間で三万五〇〇〇台ぐらい売れています。これも決して売りやすい商品ではありませんでした。けれど売りにくいものを売ることに、我われの直接販売部隊は威力を発揮しました。代理店に任せず、自分たちが売っていくというやり方ですね。

次に当社が目を付けたのが冷蔵庫でした。冷蔵庫は製氷機と違って、食品を扱う場所ならどこでも必需品です。ところが、それまでは冷凍機屋さんとか箱屋さんが、材木で骨組みを作り、そこへスチロールの板をはさんで、さらにステンレスで内外装を覆ったものを、受注生産で作っていました。そこに目を付けて、工場で量産しようと思い立ちました。当初は製氷機のホシザキという名が通り過ぎていてなかなか売れませんでした。

紆余《うよ》曲折を経て複数の機種を展開するようになり、営業マン一人当たりの担当エリアがだんだんと狭まっていきました。それまではかなり広い面積を一人が担当してようやく食べていけるような状態でしたが、次第に狭いエリアでも食べていけるようになりました。効率が上がったということです。

外食産業は右肩上がりで伸びていくいい時代でもありました。オイルショックなどの危機にあっても外食産業は落ち込みが小さく、当社も何とかやっていくことができました。これからもこのフードサービス業界は明るく、比較的不況に強い業界ではないかと思っております。

直販という強み

当社がこれまで売上を伸ばしてこられた大きな理由の一つに直販という販売形式があります。直販は一般に、攻めに強いが景気が落ち込んだときの守りに弱いといわれていますが、実は逆なのです。不況になると、普通の代理店での販売は大きく落ち込みます。

当社の場合には、買い替えやリース販売、メンテナンス付きの売り方など、売り方、売り先を変えて新しい分野へと柔軟に切り替えができました。

戦略を変えることによって市場も変わっていきます。このように柔軟性を発揮できる直販は、市場の環境変化に柔軟に対応でき、決して弱くないということを経験上学んできました。現在でも、売上の七〇％は直販です。エンドユーザーへ自社製品だけを直接売っていく。だから、当社は強いんです。この強さは、言い換えればそういう売り方に向くような商品群によって確立されてきたということでもあるでしょう。

製氷機が売れるようになってくると、あっという間に他の弱電メーカーがほとんど製氷機に参入し

図表2-2 | ホシザキグループ会社概要

社　名	ホシザキ株式会社
本　社	愛知県豊明市栄町南館3-16
代表者	代表取締役会長兼社長　坂本精志
設　立	1947年2月
事業内容	フードサービス機器の研究開発、製造、販売及び保守サービス
資本金	79億円（2016年3月末現在）
業　績 (2015/12月期 連結)	・売上高　2,601億円 ・営業利益　317億円 ・当期純利益　169億円
連結グループ会社数	57社（内訳：国内18社（ホシザキ株式会社含む）、海外39社）
連結グループ社員数	12,629人
国内営業社員	3,000人
国内サービス	2,500人
国内R＆D	250人
国内営業拠点数	438カ所

（連結グループ会社数以下の情報は、2016年3月末時点）

てきましたが、当社の強みは、直接お客様と結び付いていることです。アフターサービスも、現在全国四三八カ所ある営業所の、総勢三〇〇〇人の営業マンと二五〇〇人のサービスマンという組織体制で対応しており、その日に起きた故障はその日に直すというスピーディーなサポート力を発揮しています。

対して弱電メーカーは、知名度の高さでは売れるでしょうが、アフターサービスの即対応には弱点があるようです。今日受けた電話に「あさって行きます」といった調子になってしまう。それでは、故障でその店の営業がストップしてしまうこともあります。

競合が入ってきたときにしばらくは混戦状態が続きましたが、一〇年くらいで弱電メーカーはほとんどが撤退していきました。

それからもう一つ、当社にしかない販売の特色があります。これは経験則ですが、直販の場合、一つの拠点で営業マン数人ぐらいまでは効率がいいのですが、規模が大きくなると途端に効率が悪くなります。これは多分、小規模のときには一人ひとりの貢献度が実感できるのですが、人数が増えることで皆がその他の中の一人に埋没してしまい、他者依存の意識が知らず知らずのうちに湧いてくるのではないかと思います。だから人数が増えてきたら組織を分割し、別の営業所として展開します。経費は余分にかかるのですが、両方とも効率が良くなっていきます。このアメーバ方式で拠点の数はどんどん増え、現在の規模となりました。

柔軟な考えが会社を支えた

会社にも同じことがいえると思います。東京に本社があった販社の日本冷機は、一〇〇%ホシザキ資本の会社でしたが、本社が東京にあり仙台と札幌に営業所がありました。しかし、東京は儲かっていても仙台と札幌はぱっとしません。そこで、仙台と札幌を切り離して東北星崎という形にしたら、儲かるようになりました。しかし好調な中でも札幌のほうはいまひとつ。そこで北海道星崎というのをつくって分離したところ、北海道が活性化していきました。こういう歴史をたどってきたのです。

営業所だけではなく、作るほうも同様です。創業者の出身地である島根県に五つの工場があり、愛知県の本社が開発型の工場、島根が量産工場という位置付けにしています。島根に進出し始めたのは一九七〇年代からで、当時、過疎化に悩む島根県は企業を誘致しようと懸命でした。私の父もいろいろ手を尽くしたのですが、行ってもいいという企業がなかなか現れない。それならと、父は周囲の反対を押し切り、そろばん勘定を抜きにして、自分が工場を進出しようと決めたのです。

進出の仕方も異例でした。通常は組織上、子会社にすると思います。ところが、分工場という道を取りました。理由は、子会社にすると島根の物価に合わせて安い給与になるところ、分工場ということは本社とほとんど変わらない給与水準にするということです。社員募集では、給与の良さからたくさんの応募がありました。

応募者の中には、地元で大黒柱として活躍している中小企業で頑張っている人たちもいました。しかしそういう人たちを吸収してしまうと、地元に迷惑を掛けるということで採用対象から除外することもしました。

さらに立ち上げ当初から労働組合をつくらせました。普通、経営者というのは、自分のペースを守りたいため労働組合を敬遠するものです。しかし当社は、労使協調を非常に大事にしました。末端の社員の意見はなかなか職制を通じては上がってきにくいものです。ですから労働組合を通じて会社の風通しをよくしようと考えたのです。

資材はよそから持ち込み、工場でできたものは地元のマーケットが小さいということですべて都会へ送り出します。工場では商品を作るだけです。初めは道路も整っていませんでしたが、しばらくすると整備されていきました。

父は後から運が付いてくる人間だったのでしょう。その後、都会では求人難が進んでいきました。田舎に工場を造ったというメリットが非常に生きてきたわけです。そして島根の五工場は大成功となりました。

これまで当社は何度も倒産の危機がありましたが、それを切り抜ける執念が創業者にはありました。明日の状況すら見えないときにも、将来に備えて隣接の土地を買ったこともありました。私にはそういう力はなく、自己資本を上げながら効率よく経営するというやり方を選択しています。父とは経営スタイルがまるっきり違うのですが、もし、父の築いた島根工場がなければ、今、当社はどうなっていたかと考えさせられることもしばしばあります。

さて、冷蔵庫をレパートリーに入れた時の経緯についてお話しします。当社が冷蔵庫の商品化を進めたいと考えた時、創業者は反対しました。「オリジナリティーがないじゃないか、どこでもできるものじゃないか」というのがその理由でした。そのような製品をホシザキでやる必要はないということです。これまで開発してきた製氷機やビールサーバにはそれなりのオリジナリティーがありました。けれど冷蔵庫はホシザキのやることとは違うのではないかという主張でした。

しかし、その意見を何とか説得して、冷蔵庫事業を進めました。創業者は、何かにほれ込んで突っ込む人がいたら、たとえ反対でもその心意気を尊重し、目をつぶるところがありました。結果的に、冷蔵庫は成果が上がりました。昨年(二〇一五年)の世界での売上台数が二四万一〇〇〇台と、世界で製氷機に続いてナンバーワンになりました。

効率化はシステムで

創業当時は町工場でモノを作るようなイメージでしたが、これでは限界があり、さらに伸びていくためには効率化を進めなければという時代になりました。そこで私は日本能率協会に依頼してコンサルタントに入ってもらい、取り組みを始めました。

ところが、効率化を進めるに従って、職場によるバラツキが大きく出始めました。ある職場はうまくいっているがある職場はあまり進歩しないという現象が起きてきたのです。問題の根源は、リーダーにありました。成果がもうひとつうまくいかない職場では、リーダーを代えると途端に成績が良くなりました。

創業者は、人を育てるには何かを任せることが大切だという考えをもっていました。そうすれば任された人は全力投球して伸びるという信念をもっていたため、私がとった、リーダーを代えるといった荒事には、だんだん否定的になっていきました。

トップが企業方針に賛成してくれないことには、結局はうまくいきません。それで、当時の効率化の試みは中途半端に終わってしまいました。しかし、私がトップに復帰してから大きく進展しました。進歩のない職場はリーダーの人事を刷新したのです。やっぱりリーダーがすべてだなと思います。

また、営業活動が忙しくなると、中途採用をどんどん行ない、売れる人は残る、売れない人は辞めていくという、まるで勝ち抜き戦のような人事政策をとっていました。しかし求人難で中途採用の応募が集まりにくくなっていき、今までは当然辞めていくような人でも、辞めてもらっては困る、という事態になっていきました。

ここでも日本能率協会と一緒になって、全国からいちばんよく売れる営業マンを三人選びました。そしてその三人の営業パターンを徹底的に調査しました。

売れる人は当然のことながら、売れる仕掛けをしているわけです。ただ「一生懸命に」などという精神論だけではなく、売れる方法を自分なりにもち、実行しているから売れるのです。それを分析して、SBS（セールス・バイ・システム）という一つのシステムにしました。中途採用の勝ち抜き戦スタイルをやめ、高校、大学の新卒を採用して、システムとしての営業を教育しながら育てることを始めたのです。そして求人難という一山を無事越えることができました。

さらに次の成長のステップとして、海外進出を考えるようになりました。ところが、当社では海外に行くというのは一大事で、創業者が渡航するときには会社の幹部や取引先が総出で名古屋駅で見送り、帰ればまた総出で出迎えるというような具合でした。まして海外に社員を派遣するなどもっての外で、私が部下を連れて海外へ調査に行こうとしても創業者の許可はなかなか下りません。そこで、部下とではなく私が一人で海外に行くようにしました。創業者の許可も取らずにです。

海外を見た場合、途上国のマーケットは小さく、製氷機はそうそうは売れそうもありません。では先進国、例えばアメリカはどうかというと、氷をたくさん使う国だからマーケットは巨大でした。一方、ヨーロッパは氷を多く使う文化ではありません。同じ規模のホテルでも、アメリカと比べるとヨーロッパは、三分の一か五分の一ぐらいしか氷を使わないのです。飲み物のグラスにガサガサと入れることなどなく、ぽんと一つ水に入れてみたり、使わないところも多い。調査の結果、アメリカが圧倒的に魅力的ということで、最初の進出地に決めました。

進出して五年くらい経った時は製氷機の売上がまだ二〇〇〇台くらいしかありませんでしたが、創業者が工場を造ると言いだしました。立地を考えたとき、北部は労働者の給与が高いこと、組合が非常に強いということもあり、人も素朴な南部に構えることにしました。ロサンゼルス、テキサス、アラバマ、ジョージアなどサンベルト地帯に候補を求めて、最終的にジョージア州に一九八一（昭和五六）年に本社を設立、現在までに二工場を建設しました。そして今ではヨーロッパと中国など工場は世界一〇カ所に増えました。

真の世界一になるために

私は五〇歳までに社長になるという考えをもっていました。社長になるということは、ホシザキの社長になるか、自分で独立して会社を起こすかしかないわけですね。そこで、創業者に相談してみました。答えは「待て」ということでした。そのうちにバトンタッチするのだから、そう慌てるなということでした。しかし創業者はかねて生涯現役を標榜《ひょうぼう》していましたし、坂本家は長寿の家系です。そのまま待っていては私の旬が過ぎてしまうのではと思い、思い切って独立しました。当時、「何でもできる」という気持ちが強く、独立しても失敗することなどまったく考えておりませんでした。一九八七（昭和六二）年、厨房機器で開発型の会社をめざし、ネスターという名前の会社を創業しました。

設立時、私は一〇年間で売上を五〇億円にして営業利益を五億円にするという計画を立て、株式を店頭公開するという目標を設定しました。七年ぐらいで売上は三五億円までいったのですが、店頭公開はできないまま、いろいろな事情が重なり、二〇〇五（平成一七）年、もう戻らないと決めていたホシザキに社長として戻ることになりました。

私は今七九歳です。一度は会長になりましたが、いろいろあって、二年間という年限を区切って、社長を兼務しています。

会長はM＆Aを含め、将来のことを考える、対外的な部分を受け持つというのが役割です。一方で、社長は直近の業績に責任をもつというのが役割ですが、今は図らずもその二つを兼務している状態です。

リーマンショックが起きた三カ月後の二〇〇八（平成二〇）年一二月、東証と名証に上場しました。他のところは資金調達の見込みがないということでやめたり、延期したりしたのですが、当社は金を調達することが主目的ではありませんでしたので、予定通り進めたのです。私は自分の名誉とか金銭的な欲には無頓着なほうですが、ビジネスではとにかくナンバーワンになることだけに異常に強い願望をもっております。

正味財産を示す一株当たりの純資産評価額は一三〇〇円ぐらいでしたが、上場時の初値はこの半額の七〇五円でした。この安さは当初から覚悟していました。

今年（二〇一六年）の株価は一万円を超えることもありましたが、株価というのはおかしなもので、自分に関係のないところで上がったり下がったりします。だから株価なんか気にしてはいけないと、会社の幹部には言っています。

当社の目標は、さらにもっと大きなところにあります。ホシザキは同業の企業グループの中で、売上が、世界ナンバーワンになりました。でも本当の意味でナンバーワンとはいえません。アメリカと日本の市場で強いといっても、アジア、中国、ヨーロッパという地域においては、ナンバーワンにはなっておりません。だから今では各国、各地域でナンバーワンになるという目標を掲げています。それが完成した暁には、本当の世界一になれると思っています。

成長の手応えはあります。当社は二〇一一（平成二三）年に打ち出した五カ年経営ビジョンで、営業利益率を九％まで高める目標を定めました。

そして昨年（二〇一五年）、五カ年計画が終わったところで振り返ってみると、営業利益率は一一・二％を達成しました。とても嬉しい成果です。一方で、最近は外国の投資家が増えてきました。現在、三〇％近くを占めているでしょう。彼らがよく言うのは、「利益率が低い」。この数字をどうやって上げるのか」ということです。日本では一一・二％というのは、高収益の部類です。売上では、フードサービス機器メーカーとして世界トップですが、売上の二番手、三番手の企業グループの一部では営業利益率が二五％とか三〇％を上げる会社もあります。それに比すれば半分にも満たない数字ですから、投資家の言うこともわかる気がします。

次に企業買収に関する考え方を述べてみます。当社が企業買収する際の原則五カ条があります。まず、儲かっている会社であること。儲かる会社には儲かる文化があります。儲からない会社には儲からない文化があります。儲かっていない会社は安く買えますが、その儲からない文化を変えるというのは大変なことです。だから、当社は、値段は高くても、かなり儲かっている会社しか買いません。二つめはしっかりとした経営者がいる会社です。儲かっている会社を運営しているということは、経営者も儲かる体質を持っているわけです。買収後に当社が社長を送り込むのではなく、その体質をつくっている人たちと基本方針をしっかり話し合い、後はお任せするという流れにしています。三つめに相乗効果があること、四つめに一定規模以上であること、最後に高品質を心掛けているということです。品質は、製品の質だけではなくて、経営の質も含めての評価です。

人と同じことはしない

ここからは、経営に関する私の考えをいくつか述べていきます。

まず、理念と目標をはっきりさせる。するとそれをみんなが狙いやすくなります。

それから、人と同じことをやらない。同じことをやったら、人より上へ行くことはなかなか難しいからです。品質をライバル他社よりハイレベルにすると、時間の経過とともにわかってくれる人が増えていきます。特にチェーン店は、そのような面をよくわかってくれます。

それから、思い切ってやることとです。儲からない会社は、できない理由を並べ、思い切ったこと、極端なことをやりたがりません。それが儲からない会社のやり方だと思います。とにかく決めたらやり抜けば、方針に少々の問題があったとしても、達成できた段階で成功体験になるはずです。そして成功体験をたくさんもっている人や企業は強いのです。

そして短期間で達成すること。何かを変える革命的なことは短期間でやらなければ、時間がたつとできない理由が次々と出てきます。

やるべきことをやることも、とても大切です。やるべきことをやらないから儲からないし、成功しません。それと仕掛けが大事と考えます。例えば今、ヨーロッパの冷蔵庫市場でのホシザキの市場シェアは低いですが、当社はトップをめざしています。来年の売上を一五%、二〇%アップさせることより、五年先にどういう姿になるかということを具体的に示した上で、ではそのために来年はどうするかを考える。もしかすると同じような行動になるかもしれませんが、ものの考え方は違います。

私はそういう理念や思い、志をはっきりと示すことがいちばん大事だと思います。

ではそのためにどのような仕掛けをつくるかが重要です。ナンバーワンになればいいというわけではなく、どういうふうにナンバーワンになるかも重要なのです。

ナンバーワンになろうと思ったら、市場のボリュームゾーンで勝負しなければなりません。今まで当社は、ヨーロッパの上層のお客様に高い評価がありました。ヨーロッパでは、「ホシザキは製氷機のキャデラック」と言う人がいるぐらい、品質には定評があります。しかし、それは上層の顧客には通用しても、ボリュームゾーンで売れる商品を持たない限り、トップにはなれません。

しかし当社は安く作る技術が弱いため、いろいろなことに挑戦しなければなりません。例えば当社製品は、品質は確かでも価格が高いため、トルコで競争力の高いものを供給してもらう、というようなことです。中国などでは、品質の悪いローカル製のものがものすごく安く売られています。半値ほどのものもあります。しかし当社がそんな価格で作れるはずはありません。同じ国の材料を使って同じように作ったとしても、中国製より大体六〇％コストが高くなります。しかしローカルの会社ならそのコストで作れるわけです。どのように作っているかは、その中へ入ってみないとわかりません。安く作る技術が身に付いたら、非常に強くなります。

日本のお客様は細かくて精密なものを要求するためどうしてもコストが高くなりますが、安く作る研究などの積み重ねも、トップになる攻め方だと考えるわけです。

安売り合戦になるといちばん困るのは、トップメーカーです。コストが高くつくからです。そのとき何をするかというと、世界一、日本一、業界初――といった要素をモデルチェンジのときに必ず入れていく、ということです。我われはそのようなものが入ってない商品を世の中に出してはいけないという約束事を作りました。業界初とか、日本でいちばん省エネが進んだ製品などといったうたい文句が付けば「死ぬ気でやる」などと精神論で鼓舞せずとも必ず売れます。そのような積み重ねがあれば、普通の営業マンでも、他社と競合したときに優位に戦えます。これが売るための「仕掛け」ということです。

輸入について言えば、為替の変動で安い仕入れができるようになれば競争力の強化になりますが、逆に為替の変動で競争力が落ちることもあります。そうした面を踏まえれば、我われがつくった海外工場も仕掛けの一つです。ホシザキの製氷機を作る工場は現在、日本の他にイギリス、アメリカ、中国にあり、どこからでも製氷機を供給できる体制を作っています。為替でイギリスでポンドが高くなれば中国からのモノを売る、というように三拠点のどこからでも供給し、競争の優位性を確保するようにしています。

「無駄」は絶対に必要

このように、経営では隙なく先手を見据える我われですがその半面、「無駄を尊ぶ」という姿勢も非常に大事にしています。ただ金儲けだけが目的の経営はしていません。

「良い製品は良い環境から」という経営理念の実現の一つの例としては、ホシザキの主な工場の敷地内に広範囲の芝生や植樹を配しています。そしてこれらの工場には塀や正門がなく、どこからでも出たり入ったりできます。警備上の問題を指摘されることもありますが、それよりも地域への環境貢献を優先することを選択しているのです。

また、昔行なっていた経営会議では、午前一〇時から午後三時ぐらいまで会議をした後、絵を描く時間をもっていました。一見、何の役にも立たない無駄なことに思えるかもしれませんが、そういう時間がいちばん大事なのです。視野が狭くなって、思い詰めるように仕事をしているときこそ無駄を与えることによって雑念が生まれてきて、いろいろなことを考えるようになります。絵を描いているうちは、その行為に夢中です。けれどそういう無駄は絶対に無駄だけでは終わりません。思考が広がることで、自分や会社にとってプラスに変わっていくのです。

それから、一九九〇（平成二）年に、島根にホシザキグリーン財団という自然保護の財団を設立し、公益法人の認可を取り、毎年数億円をかけて活動しています。こうした団体の運営は金を使うばかりで、稼がない。けれど世の中のために役に立っている存在です。海外の取引先は、ホシザキが営利を超えたものをもっているというだけで、非常に評価してくれます。

先ほど言いましたように、改革はぼちぼちではいけません。一挙にやらないと成功しません。それから、自分のことは自分がいちばんよく知っているつもりでも、実際は、案外わかっていないものです。「自分にはできない」と思うような新しいことでも、実際にやってみると、意外にも何でもできるものです。

とにかく変化は進歩です。そして変わり続けていければ、やがてはトップになれるのです。

［質疑応答］

――後継者について、どのようにお考えですか。

坂本氏　私が社長に復帰してから、社長フォーラムというのを始めました。

グループの社員は今、国内で八〇〇〇人余り、世界では一万二〇〇〇人ほどいますが、国内で有望な人材のうち、将来の経営者に適した四〇歳プラスマイナス六歳ほどの年齢幅から八一人を選びました。その彼らと三年間、毎月二泊三日で勉強会をしてきました。この勉強会のいちばんの目的は人材育成ではありません。その中に後継ぎに足る人材がいるかどうか見つけることが目的でした。ですから一方的な教育ではなく、実践問題を与えてディスカッションをさせたり、そこから具体案を提案させたりすることなどを中心に行ないました。

現在、彼らは皆グループ各社のトップやトップクラスになっています。しかし、私はホシザキ全体のトップになる人材はこの中にいないと見極めました。国内のトップになる人はいます。ただ「教育すれば一〇年でグローバルでトップになる可能性がある」という人材は残念ながらいない、と私は判断したのです。そこで外部からヘッドハンティングにより複数採用し、これを絞ってきました。このように後継者選びも他の経営課題と同様、テーマを出して、それに対してどういう手を打つか、試行錯誤しながら最終的に決めていくことが大切です。

人を育てることも大事ですが、やはりトップというのは、育てるだけではできないと思うのです。「おまえは自分がそんな大した者だと思っているのか」と問われれば、そういうことではありません。自分はできない人間ですからそれをわきまえて、他人の力を借りるために、方向性だけはきちんと指し示してやっているつもりです。

――来月から商号を変更されると伺っておりますが、その理由を教えてください。

坂本氏 来年（二〇一七年）二月に創立七〇周年を迎えます。ですからそれに合わせて、ということも意識しました。現在当社は一つの岐路に差しかかっています。特に国内は先行きがどんどん伸びていく時代ではないという状況です。

また、これまでの製品販売を中心としたハードビジネスだけではなく、ソフトビジネスを伸ばしていくことが必要です。少子高齢化が進むということは、マーケットが年々縮まってくるということです。したがってハードだけではもう自然減になりますから、プラス要素のものをソフトビジネスでカバーする必要があるわけです。

それから従来は電気の応用製品がほとんどでしたが、最近はガスを燃料としたものなどにも手を広げています。冷却用機器だけでなく調理機器などの加熱機器も重要な位置付けの商品となっている中で、〝電機〟という名前はふさわしくないのではということになりました。果たして当社は電機会社だろうか、とみんなで議論した結果、社名を変えることになりました。

――島根の工場を含めた人材についてお話しください。

坂本氏　一般的に、島根の人というのは非常に真面目でよく働きますが、リーダーになる人は少ないようです。どちらかといえば右へ倣えで、出る杭《くい》となって打たれるのを嫌う県民性があります。しかし我われは何とかして島根の人からトップに加わるような人間が出てきてくれたらなと思っています。

外からの人材を採る気になったのは、それとは関係なく考えたことです。今の人材はそれなりには育ってくれてはいますが、将来を考えたときに、例えば当社には京都大学出身の人は一人もいません。ホシザキの名前は、ほとんどの人が知らない。ホシザキはいい会社だよということを、自認していても社会には認めてもらっていないから、なかなか一流クラスの人たちが入らない。

ですから出身業界を選ばず、とにかくトップになれる人材が確保できればその人に任せたいのです。そのため現在、社内社外という区分けはしないで人材確保の手を広げています。当社は外部から来た人でも、違和感なく溶け込める体質があります。それは、日本人だけではなくて外国人でも同様です。

――各地域別で必ず一位を取るという話をされましたが、それが難しいと感じる国や地域があれば教えてください。

坂本氏　いちばん難しいのは中国ですね。中国では昔は合弁会社でないと進出できませんでした。合弁は当社の社風にはそぐわないということで、一〇〇%出資が可能になるまでは進出しないという方針をもっていたため、その後進出はしましたが出遅れています。やはり後手に回っているものを巻き返すのは大変なことです。

他社よりは速いスピードで業績を伸ばしていますが、まったくレベルが違います。ヨーロッパも、製氷機ではトップに並びましたが、その他の製品では後れを取っています。正直、手の打ち方がまだまだです。これからですね。

――利益率が世界のライバル企業の半分ぐらいとお聞きしましたが、その対策として、取り組まれていることは何ですか。

坂本氏　世界には二五～三〇%というような高い利益率の会社もあります。こうした企業を調べてみると、圧倒的なマーケットシェアをもっている会社です。競合して、取った取られたというようなレベルの会社は、そこまで高い収益率は上がらない。ということは、やはりビッグネームです。メジャーなブランドになって、顧客から一目置かれるような存在になりたいと考えています。ですから今は、ビッグネームをグループ傘下に収めるなどの戦略で、ポートフォリオを組み替えるぐらいのつもりで変えていくことを考えています。

解説

顧客との接点

企業が事業を営む上で、「いかに稼ぐか」というのは永遠の命題といえます。高機能、低価格、ブランド、デザイン性、耐久性など、顧客に自社製品を選んでもらうために、企業は何かしらの強みを磨き、アピールしなければなりません。

とりわけ日本企業は、「モノづくり国家」として、生産技術を磨き、製品の質の高さを追求する一方で、製造現場の合理化を推し進め、製造原価を下げることで付加価値を付けてきました。この「高品質の製品を安く売る」ビジネスモデルは、繊維、家電、自動車、半導体などの分野で市場を席巻しましたが、グローバル化が進む中で、かつて日本企業が享受していた付加価値は、「圧倒的に安いコストでそこそこの品質のものを作る」新興国メーカーに奪われてしまいました。

日本企業が世界に誇るモノづくり技術が、新興国メーカーが真似できないような決定的な差別化に繋がっているのであればいいのですが、昨今の日本の家電メーカーの状況を見ていると、残念ながら高性能という名の過剰品質を追い掛けるだけで、消費者のニーズに応えられていないと考えざるを得ません。人々が求めているものは、これ以上高画質なテレビではなく、面白いコンテンツなのではないでしょうか。

坂本会長の講義からは、単純なモノづくり企業としてではなく、顧客との接点に付加価値の源泉を見いだし圧倒的トップ企業となった自負を感じることができました。ホシザキが作る業務用厨房機器は、「冷やす」、「温める」という機能自体はすでに技術が確立され差別化できるものではありません。しかし、飲食店にとっては、食材を「冷やす」ことができなければ店の営業自体ができないわけですから、「常に冷やすことができる」かどうかはまさに死活問題なのです。

ホシザキはこのニーズを満たすために、全国に約四四〇の営業所網を張り巡らせ、故障などのトラブルに対して即日対応できる体制を築き上げました。国内シェア七割を押さえた今となっては、他社が容易に真似することのできない参入障壁として機能しています。

ポスト・イットで有名なアメリカ3M社は、四六のコア技術からなるテクノロジープラットフォーム上で技術を組み合わせ、新しいモノを次々と生み出すモノづくり企業として知られています。その製品数は五万種類以上に及ぶといわれていますが、実はその過半は顧客から相談を受け、顧客と一体となって開発することで生まれた製品です。一〇〇年以上の社歴の中で技術を磨き、また新たな技術を加え、組み合わせることで顧客ニーズに応え続けてきた同社だからこそ、「3Mに相談すれば何とかなる」という信頼を勝ち得ているのかもしれません。

同社のイノベーションがどのように生まれているか、それが今後も継続的に実現可能なのかは、長期投資家としてもチャレンジングな分析課題ですが、同社が「いいものを安く作れば売れるはず」と考えていないことは確かです。財・サービス自体での差別化が難しい場合の企業の競争優位・参入障壁は「顧客との接点」にこそ存在するように感じています。

第三章

創業者の理念と思いを胸に、一〇兆円企業をめざす。

住宅・建設業界の最大手が未来を託すベンチャー育成

大和ハウス工業株式会社 代表取締役会長／CEO　樋口武男

国鉄本社に飛び込み営業した創業者

大和ハウス工業はひと言で言うと、徹底した現場主義の会社です。

まずは創業当時に遡《さかのぼ》ってお話しします。石橋信夫さんという方が一九五五（昭和三〇）年に資本金三〇〇万円、社員一八人で大阪市に起業したのが当社のスタートです。

創業者石橋信夫は奈良県で山持ちの九人兄弟の六男坊として生まれました。家業は吉野中央木材という会社でした。吉野林業高等学校を卒業後に戦争を体験、さらにシベリアに抑留というつらい経験をした後、終戦後三年たってようやく引き揚げてきました。

帰国後も一九五〇（昭和二五）年のジェーン台風のときに家は潰れるし、木々は倒される、大規模な洪水に遭う、と散々な経験をしました。しかしこのとき、驚くような体験をしました。台風が過ぎた後、表へ出ていくと、稲穂は暴風雨にもなぎ倒されずちゃんと立っていたんです。その横を見れば竹やぶの竹もすっくと立っていた。稲穂を折ってみたところ中は空洞で丸い。竹も丸くて中は空洞です。創業者は、中が空洞で丸いものは強いんだということを経験で学びました。

その後、家業の手伝いをしていた創業者は、一九五五年、三四歳の時に起業します。そのときヒントとなったのが、台風の後の稲穂と竹でした。資源保護のためには森林を切り倒すのはよくない。木材に代わる強い人工物は何かと考えたときに、頭をよぎったのが鉄パイプだったということです。

そして、パイプハウス（鉄パイプを骨格として建築した倉庫）を最初の商品として世に出すことになりました。最初の販売ターゲットは旧・国鉄でした。理由は、国鉄は全国を網羅する組織で、しかも公営であり倒産することがない、というものでした。そして、大阪・天王寺保線区へ毎日通いました。そのうち顔なじみとなった保線区の責任者が「石橋さん、あんた何ぼ毎日こんなに朝に昼に来てもらっても、私では結論が出ない。本社でお墨付きをもろうてもらわなあかんのや」と教えてくれたということです。お墨付きとは国鉄の仕様書のことです。

そこで創業者はすぐに夜行に飛び乗り東京へ。翌朝、国鉄の本社に飛び込んだのです。けれど、最初からそうすんなりいくわけがありません。応対に出てきた課長さんは、資本金三〇〇万円で一八人しかいない会社を国鉄が相手にできるかといった調子でした。そのときの会社の経歴書は手書きを印刷したもの。それを上から目線で馬鹿にされたようです。

創業者は夜行列車に乗ってきているから煤《すす》だらけ。それをタオルではたき、またそのタオルで顔の汗を拭きながら一生懸命話をしているわけです。それでも、あまりに馬鹿にするから、とうとう大声で怒鳴りました。

「国鉄、国鉄って、でかいツラするな。国鉄だって、元は山のかごかきからスタートしとるやろう。日立製作所は今でこそ大きいけど、あそこも六〇人でスタートした会社やないか。今の国鉄が日立から部品が入らんかったら動かへんやろう。どこぞの会社に最初から大きい会社があるんじゃあ」

それはそれは大きな声でまくしたてたので、話をしていた課長と係長を飛び越えて、奥にいる局長や理事にも聞こえたといいます。

明くる日、創業者は新しいワイシャツに着替えて、また国鉄本社に行き、「こんにちは」と元気な声を張り上げました。

そうしたら、いきなり局長さんが出てきてくれたそうです。「あんた、よう来てくれた」と。「あんた、ひどい言い方をして怒って帰ったけども、あんたの言うのは筋が通ってる。日立かって初めから大きかったわけやない」と共感してくれました。今は一〇兆円企業の日立も、最初は六〇人でスタートした会社だということをちゃんと頭の中に入れてから喧嘩を売っていたわけで、それが局長に響いてお墨付き、所謂仕様書をもらえたんですね。これは国鉄が事業の発注先を決めるにおいて、異例のスピードだったようです。

その次に創業者は、その仕様書を後ろ盾に、全国各都道府県の国鉄の保線区にカタログを持って自分で売り込みに行きました。各都道府県をすべて自分の足で回ったのです。

ずっと後になってからの話ですが、ある時、奈良県選出の衆院議員で大臣を歴任した奥野誠亮さんから「石橋さん、一度、角栄さんと会うてみるか」という話をもらいました。奥野さんは当時、田中角栄内閣の文部大臣でした。石橋さんは早速角栄さんに会いに行きました。

当時、「日本列島改造論」をぶち上げて人気絶頂だった角栄さんですから、ものすごい数の陳情が来ます。話している最中に五分刻みでメモが入るんですが、角栄さんは「今日は大事な話を聞いとるからあかん」と言って、四時間ぶっ続けで創業者と話をしたということです。

話題がなかったらこのような展開にはなりません。角栄さんも新潟出身のたたき上げ、現場主義の人です。だから、各都道府県を全部自分の足で回ってきた創業者の話に興味津々で質問を続けるわけです。そして大いに盛り上がったわけです。

飛び込み面接で入社決定

私は中途入社で大和ハウス工業に入りました。大学を出て二年四カ月は鉄鋼商社に勤めていましたが、自分の志を立てたのは二〇歳の時でした。

私は長男で弟が一人と妹が二人いましたが、大学二年生の時に家にいたら、母が整理だんすから自分の着物を出して風呂敷に包んで出掛けるところを見ました。今頃着物を持ってどこへ行くのかなとひそかにつけていくと、「質」と大きく書いたのれんをくぐったのです。昔の質店には、こういうのれんが掲げてありました。

質店から出てきた母の手に、持っていた着物はなく手ぶらでした。運動をしている私と弟は大変な大食漢だったから、父は新聞社の部長職だったのでそんなに貧しかったわけではありませんが、子どもたちに十分に食べさせようと、父に愚痴も言わず自分の着物を質屋へ入れていたということがわかりました。

私はそのときに「サラリーマンでなく、絶対に事業家になって両親に恩返しをしよう」と思ったのです。母の姿を見て、絶対に創業者、オーナーとして自分の会社をつくろうと誓ったわけです。

大学を出たときに学校のあっせんで大、中、小の企業を受けました。おかげでみんな通ったのですが、私はその中でいちばん小さい会社への入社を決めました。サラリーマンとして一生を過ごすなら、大企業を選んでいましたが、事業を起こすには本で勉強するよりも、少しでも早く現場で学んだほうがいいと思ったからです。大きな組織の駒にはなりたくないと思っていました。

就職したのは大源という、社員一七〇人ぐらいの会社でした。私は、大学ノートを買ってきて、その会社で使っている書類を全部書き留めました。先輩社員や事務の女性に、これは何のために必要なのか、作業の順番はどうするのかといったことを聞きました。そして、課長が書いた商業手紙の写しを見せてもらったり、部長の手紙を見せてもらったりして、実践の中で事業というものを学んでいったんです。

二年四カ月ぐらいいたつと、もう学ぶものはないと思うようになりました。そうなると、いつまでも

大和ハウス工業の本社が入る大和ハウス大阪ビル（大阪府大阪市）。

大和ハウス工業株式会社

1955年創業の住宅総合メーカー。「建築の工業化」を企業理念に創業し、創業商品「パイプハウス」やプレハブ住宅の原点「ミゼットハウス」などを開発。以来、戸建住宅をコア事業に、賃貸住宅、分譲マンション、商業施設、一般建築など幅広い事業領域で活動し、これまで住宅（戸建住宅・賃貸住宅・分譲マンション）150万戸超、商業施設3万6,000棟以上、医療・介護施設5,000棟以上を供給してきた。

樋口武男（ひぐち・たけお）

大和ハウス工業株式会社 代表取締役会長／CEO

1938年、兵庫県生まれ。県立尼崎高校、関西学院大学法学部卒。鉄鋼商社を経て、1963年に大和ハウス工業入社。1993年、グループ会社の大和団地社長に。2001年に大和ハウス工業社長。2004年より現職。著書に『熱湯経営』、『先の先を読め』、『凡事を極める—私の履歴書』。

この温床の中にいては「事業を起こそう」と誓った自分の闘争心が失われていくような気がしました。そこで専務に「自分勝手なことを言って申し訳ありません」と退職の相談をしたのです。

専務は「そんな大事な話は俺にせんと、社長にしてくれ」と言い、社長にも一時間半ぐらい直談判しました。大変ありがたいことに一生懸命慰留してくれたのですが、自分の一生をかけての勝負ですから決意は変わりませんでした。

転職した時の年齢は二四歳。結婚した年でもあり、一一月に長女が生まれるという直前の、八月のことでした。親も、会社の同期も、小学校時代からの親友も、全員反対しました。しかし、楽あれば苦あり、苦あれば楽ありという言葉があります。自分の志を立てるには、ぬるま湯に漬かっていると後でしんどい目に遭わなければならなくなると考えました。

そこでみんなを説得して回りました。中でもいちばん大事なのは女房です。しかし「こういう経過があって、それでも俺は行きたいんや」と訴えたところ、女房からは「反対しません。でも、うまくいかなかったときに愚痴は聞きたくない」という返事が返ってきました。

その頃大和ハウス工業は「猛烈会社大和ハウス」、「不夜城大和ハウス」などと週刊誌を賑《にぎ》わしていました。その記事を見て私は、「この会社へ行こう」と思っていました。こういう会社で厳しくしごいてもらったら、将来独立したときの役に立つだろうと考えたわけです。しかし、門をたたこうにもコネがありません。

悶々《もんもん》とした生活を送っていると、縦五㎝、横八㎝ほどの「歩合制セールス募集」という大和ハウス工業の新聞広告が目に入りました。その新聞広告を切り取って大和ハウス工業に乗り込みました。

当時、大阪市の西成の靴屋の二階から上が本社でした。そこへ行って人事課長に会わせてくれと言ったんです。そして出てきた人事課長に「歩合制の募集ですが正規の社員として面接してほしい」と談判しました。人事課長は最初、「厚かましいこと言う人やな。歩合制と書いてあるでしょう」と取り合ってくれませんでした。けれど私も引き下がりません。「そんなもん見てきたからわかってます。だけど、私は結婚もしているし、子どももうじき生まれる。歩合制だったらその月、その月で給料が変わって妻に心配をかけることになるので頼んでるんです」とありていに全部話しました。

人事課長は私が持参した履歴書にしばらく目を落とし、「あんた、鉄屋におったんやな。一度、資材担当の専務に聞いてみたるわ」と言ってくれました。資材担当の専務というのは、創業者の二歳下の弟さんです。東京と大阪を行ったり来たりしているから、大阪にいるときに面接する気になってくれたら私に連絡してくれることになりました。

それから二日後、連絡があり面接を受けたのですが、その専務さんはすごい勢いで質問するわけです。「アングル何ぼや？　丸棒何ぼや？　H型鋼は何ぼや？　カラー鉄板は何ぼや？――」という矢継ぎ早の質問ですが、私にとっては毎日していたことだから、それはスラスラと答えられて当たり前。「わかった。ところで、何をしとったんや、ええ体しとるな」と言うから、「柔道と野球をやってました」と答えると、「まあ、できるだけ早う来てくれたらええで」となり、晴れて大和ハウス工業に入社することになりました。一九六三（昭和三八）年、まだ一九〇億円ぐらいの売上しかなかった頃です。給料は前の職場よりも一割ほど安かったと記憶しています。

最初の勤務先は堺工場。当時は大阪の池田に住んでいましたので、通勤に二時間かかりました。そこには軍隊帰りの鬼のような工場長がいました。工場では朝七時半にラジオ体操をするので、五時半までに家を出なければなりません。仕事をして家に帰ってきたら一二時です。仕事は五時に終わりますが、私には自分の志があります。せっかく工場勤務の機会を得たのだから、工場のことを全部調べてやろうと、終業後も夜の一〇時頃まではいつも工場に残っていました。ここで二年間、大変いい経験をさせてもらいました。工場のあり方を自分なりに勉強することができました。

次に、大阪支店の資材を二年間担当し、その後、本社の資材に異動となりました。三三歳で、住宅営業の次長になっていました。

三五歳の頃、人事担当の専務とこんな会話がありました。「樋口君、ずっと本社というわけにいかんで」、「それはようわかってます」、「一度東京へ行ってみいひんか」。私が「行ってみいひんかと聞いていただいたんですね」と問うと「そうや」と言います。私が「私の意思を尊重していただけるのなら、お断りします」と言うと、「何でや」と聞かれました。「東京だけはあきまへんねん。『だってさ』って言われたら、むしずが走りますねん」と言いましたら、「そんなに嫌いか」と言われたので「そんなに嫌いです。西やったらどこでも行きますよ」と答えました。

翌年、山口の支店長になりました。張り切って行ったものですから、仕事のためと思って部下をぶんなぐって蹴飛ばすのは当たり前。今だったらパワハラですぐに首になっていますね。本社には部下からどんどん告発の投書が送られました。

赴任半年後に、支店に当時社長だった創業者が来られました。各県の支店長が代わったら、その半年後を目途に社長が、その地域の知事や市長に挨拶に行く慣例があったのです。新支店長は着任三カ月以内に主要な所に挨拶をしておくようにという指示もありましたので、私はすでに主要人物全員と面識があり、面会の場で次々に社長に紹介していきました。

しかし支店長の中には、三カ月以内の挨拶実行を守らず、半年後の社長の挨拶に便乗して「ご挨拶が遅れまして申し訳ありません」と名刺を出す者もたまにいました。その人たちで支店長から上に上がった人は一人もいませんでした。支配人登記されるということは、社長に代わって代理人として仕切るわけです。だから挨拶にも行っていないような人物は「要らない」と烙印《らくいん》を押されてしまうのです。昔はこんなふうにとても厳しかった。

しかし、誰よりもよく働いたのは創業者です。創業者は、知事に挨拶するときも、市長に挨拶するときも、言葉ではなく、態度で人との接し方を教えてくれました。誰に対しても同じように両手で名刺を渡して、膝頭を拝むように挨拶するのです。しかし決して「おまえもそうしろ」とは言いませんでした。

当時、日本電信電話公社（現・NTT）山口支部がうちの支店近くにあり、お世話になっていました。私は社長の挨拶回りのとき、「いつもお世話になっているので、そこの支部長と次長にも挨拶に行ってもらえますか」とお願いしました。

二人への挨拶を終えて帰ろうとしていると、創業者は「ちょっと待てよ」と立ち止まりました。戦争で脊髄を損傷されているから、足がやや不自由だったのですが、三、四歩その足を引かれながら戻ってきます。そして「いつも住宅でお世話になってると言うたな」、「そうです」。「いつもお世話になっとる窓口の人はどなたや」と聞くので「総務の課長と係長です」と答えると、「その人のとこ行かなあかんがな」と言ってUターンして、挨拶されました。石橋創業者は自身が率先してこういう行動をとる人でした。

私は、もう四〇〇回以上様々な場所で講演をしています。東京大学や一橋大学でも学生たちに話をしました、大阪大学でも毎年行なっています。私立大学にも行きます。

しかし日本を代表する名門校である東大の講演では、受講席の後ろから人が埋まっていきます。私は「君たちは将来日本を背負っていく人材だろう。もっと積極精神をもたなくてどうする」と叫んだことがあります。それに比べて働いてから勉強に来る一橋大学のビジネススクールの講演では、教室のいちばん前から埋まりました。社会へ出てからでも学ぼうという意欲をもった人たちからは質問もたくさん出て大変積極的でした。

田中角栄さんも松下幸之助さんもうちの創業者も学歴はありません。学力は必要ですが、学歴は必要ない。社会へ出たら、あとは実力です。それといろいろな経験をすることが人を成長させてくれます。人の痛みがわからないで自分さえよかったらいいという人が大成するわけはありません。

大和ハウス工業が設立されたのは一九五五年。八年目に私が入社した時に一九〇億円ぐらいの売上でした。三〇周年では、三五五六億円、利益は八六億円です。さらにそれから三〇年後、六〇周年に当たる昨年度（二〇一五年度）は三兆一九二九億円です。最終利益は一〇三五億円。この三〇年間の成長の速度はものすごいと思います。

総合生活産業として

大和ハウス工業は一体何屋さんをめざしているのですか、と問う人がいます。大和ハウス工業は総合生活産業なんです。最初に自然からもらった知恵でパイプ軀体の倉庫を造ったでしょう。一九五九（昭和三四）年にプレハブ住宅の先駆けとなった「ミゼットハウス」、これも現場からもらった知恵なんです。釣りの好きな創業者が、川でアユ釣りをしていたら子どもたちが夕方になってもなかなか帰らない。「ぼんら、帰って勉強せんか」と叱ったら、「僕ら帰っても自分の勉強部屋なんかない。自分の居場所もないぐらいや」と答えたというんです。

それで、このような子どもたちのために、三時間で建ち、一一万円で買える勉強部屋「ミゼットハウス」を考えたんです。全国の百貨店の屋上二一カ所で展示即売会をやったら飛ぶように売れました。そうこうしていると、ある大手企業がミゼットハウスのパテントを二億円で分けてくれと申し込んできました。その頃、会社は資金がない苦しい時期でしたが、創業者はそれを売ろうとはしません

図表3-1 ｜ 大和ハウスグループ連結決算

グループ従業員数　約6万人（2016年4月1日現在）パートタイマー及び派遣社員含む
グループ会社総数　172社（2016年3月末現在）

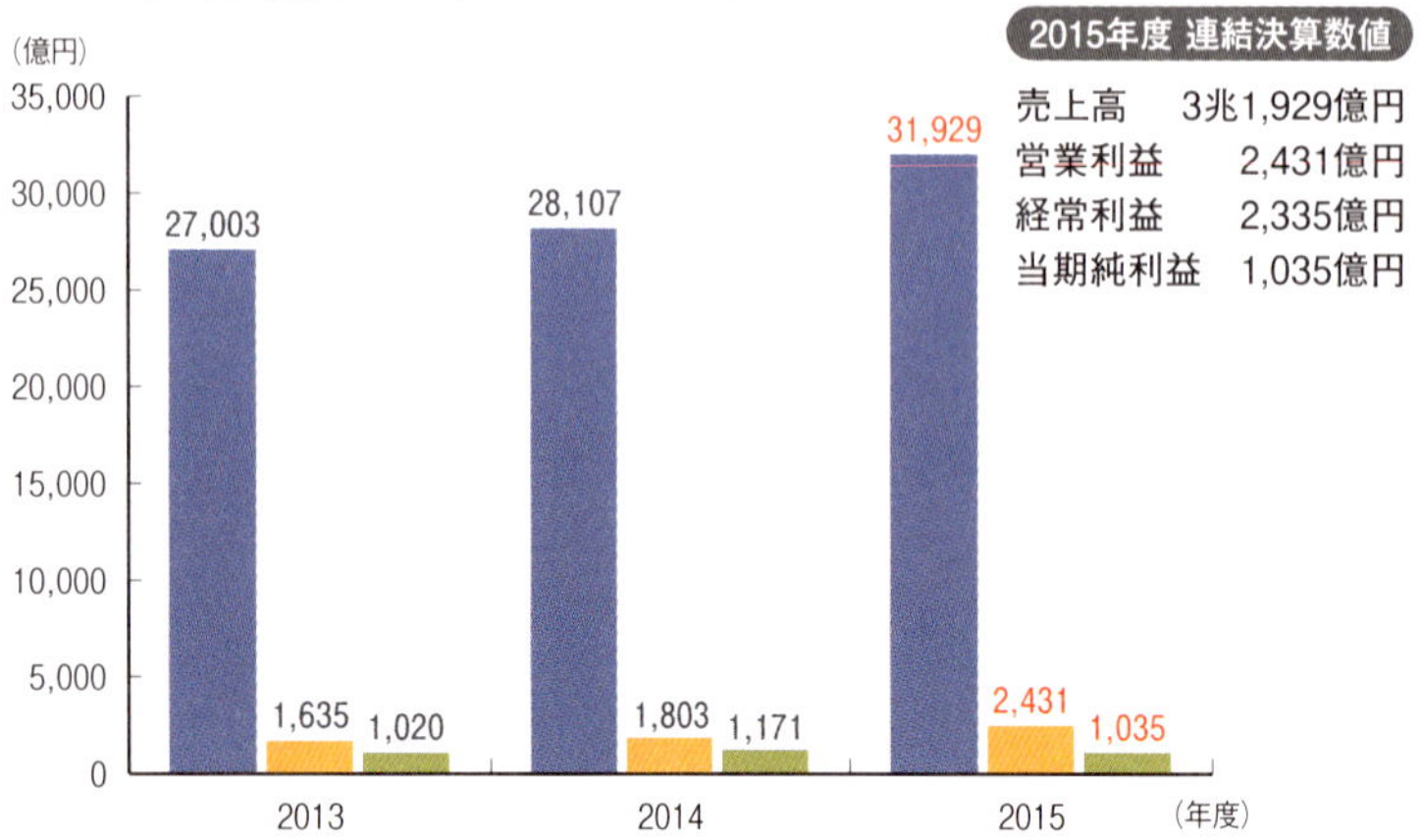

でした。

当時を振り返って創業者は、「樋口君なあ、喉から手が出るほど欲しかった金や。でも技術は金で売ったらあかん」とおっしゃっていました。その後お客様から、トイレや洗面所、炊事場をつけられないかといった要望が寄せられ、それに応えるうちにだんだん大きくなってきて、「スーパーミゼット」になりました。これは、当時の新婚さんの新居となりました。

もう少し広いものを、ということで一九六二（昭和三七）年にできたのが、プレハブ住宅「ダイワハウスA型」というものです。これが、プレハブ住宅の商品化となりました。昭和四〇年代には政府が減反政策を打ち出しました。そのとき創業者から出された指令は「集合住宅をやれ。まだまだ住宅は不足している。集合住宅を提案していったら、きっと喜んでもらえる。家を探している人も助かるし、地主さんも助かる」ということでした。そしてアパートがどんどんと広がっていきました。

今、集合住宅だけで月間六〇〇億円ぐらい受注しています。そして、オーナー会という集合住宅の地主さんたちが会員となっている約二万人規模の大きな組織もつくっています。その地主さんとご家族を、我われが全国に造った二九カ所のリゾートホテルへ案内して、税理士さんを呼んでの勉強会をやるわけです。資産家の地主さんたちの財産管理を委託されることもあります。そういう形でオーナー会も広まっていきました。

「ミゼットハウス」

昭和五〇年代になると、車社会の到来といわれ始めました。車がどんどん増えて、道路整備も急激に進んでいきました。すると、それに合わせて「流通店舗事業部をつくれ」という創業者の指令がありました。当時の人事課長は京大卒で頭のいい男でしたが、辞書を調べても流通店舗という熟語が見つかりません。それで、「創業者のおっしゃっているのは商業建設のことだろう」と書類に「商業建設事業部」と書いて持っていくと、創業者に「誰がこんなことを言うとんねん。俺は流通店舗と言うたやろう」と怒られました。「辞書を調べても流通店舗という熟語がなかったので、このように書いてきました」と反論すると、「なかったら、作ったらええだけやろう。誰に迷惑掛けるんや」と火に油でした。

そんな話もあって、流通店舗事業部が生まれました。その分野でもオーナー会ができて、こちらも約七〇〇〇人の方にご加入いただいています。創業者はそういう発想が出る人なのです。今となってはそのとき、商標登録していればよかったと思います。

最近は物流施設が非常な勢いで伸びています。これは、インターネットの発達のおかげです。ネット注文した人は、代金を払ったら早く品物を受け取りたいわけです。今、その競争をしています。だから、高速道路のインターチェンジの近くに土地が出たら、すべての事業が物流拠点の対象として注目します。

時代の先をどのように読んでいくかということは本当に大事です。

ＡＩ（人工知能）の話をＩＢＭの人としていたとき、ＡＩが発達した社会になったら人間の心はどうなるのかと聞きました。将棋でも囲碁でも人間はＡＩに負けています。ＩＢＭの人は「資料を打ち込むのは全部人間ですから大丈夫だと思います」と言っていましたが、ＡＩに頼ってしまったら、知恵を使わなくなるでしょう。

世界はどんどん変わっていきます。それをどのように読むかというのは、これから社会人になっていく皆さん方の知恵が大いに生きてこなければいけないわけです。

創業者は「何をしたら儲かるかという発想で事を起こしたらあかん。どういう事業が、どういう商品が世の中の多くの人々の役に立ち、喜んでいただけるかをベースに考えることや」と、常に言われていました。その教えに従って進んでいけば大和ハウス工業はサステナブルに成長していけると確信しています。

ベンチャー企業に託す夢

ベンチャー企業とのコラボレーションも進めています。例えば、サイバーダインの山海嘉之社長（筑波大教授）ですね。一一年ぐらい前に訪ねてこられました。そしてご自身の開発された自立動作支援ロボット「ロボットスーツＨＡＬ」について熱心に説明されました。

話が終わった後に「ところで山海先生、何のためにその研究をされているんですか」と聞いたら、「自分の研究を通して世の中の多くの人々のお役に立てればと思ってやってます」という答えでした。私は「わかりました、当社が応援させていただきます」と答えて取締役会に諮って、すぐに四〇億円を出資しました。それから九年目の二〇一四（平成二六）年にサイバーダインは上場しました。

このロボット研究により、二〇一五（平成二七）年の第一回「日本ベンチャー大賞」で、サイバーダインと大和ハウス工業は、経済産業大臣賞（ベンチャー企業・大企業等連携賞）を受賞しました。山海さんとは昨年（二〇一五年）の暮れにも一緒に食事をしたのですが、そのときに「私は生涯、あの出資をしてもらったご恩を忘れません」と言ってくださいました。

サイバーダインへの出資の後、たくさんのベンチャー企業から話をいただき、その中から数社に出資させていただきました。全自動衣類折りたたみ機「ランドロイド」の開発をしているセブン・ドリーマーズ・ラボラトリーズの阪根信一社長にも合弁会社への出資というかたちで協力しました。

昨年（二〇一五年）、日本とアメリカでランドロイドを発表したのですが、アメリカは日本の数倍の反響がありました。やはりアメリカのほうが合理主義が進んでいるようです。夫婦が共働きをしている家庭では、洗濯した後に衣類を折りたたんで収納までしてくれたら大変助かります。朝に洗濯機にポーンと放り込んで働きに行き、帰ってきたら収納されている。これはとても人の役に立つ技術でしょう。

ロボット事業は、もっともっと進化させていかなければなりません。今、特別養護老人ホームは政府の負担金が多いために新設は限られます。一方で、入所を希望する高齢者はどんどん増えています。それでベッド数が足りないという議論になりがちですが、そうではありません。足りないのはベッド数ではなく介護する人々なのです。入所できないから、家庭で寝たきりの親や配偶者を介護することになります。そして老老介護という非常に大きな負担となります。

皆さんは若いから寝たら朝までトイレに行かなくても済む人が大半でしょう。しかし、年を取ってきたら二回、三回と行きたくなります。つまり介護している人は、うとうととしたところでまたトイレで起こされるわけですね。

それを解決できるのが、自動排泄《はいせつ》処理ロボット「マインレット爽《さわやか》」です。東京の会長室の隣の応接室を片付けてベッドを置き、私が実験台になりました。下着も脱いでオムツ状の装置を付けて排泄すると自動的に処理してくれます。とても快適です。しかしまだ開発途中であり、いろいろ調整しなければならないこともあるでしょう。介護を受ける人には痩せている人もいれば、太っている人もいます。そうした個々へのフレキシブルな対応を完璧な状態にできたら、このロボットは大きな社会貢献になるでしょう。

また、「コミューン」という卓上型対話支援システムにも出資しています。卓上に置くだけで難聴の人を助けるコミュニケーションツールです。役所の窓口などに設置すれば相談に来た人が便利になります。

このコミューンを巡って先日、嬉しい話があり

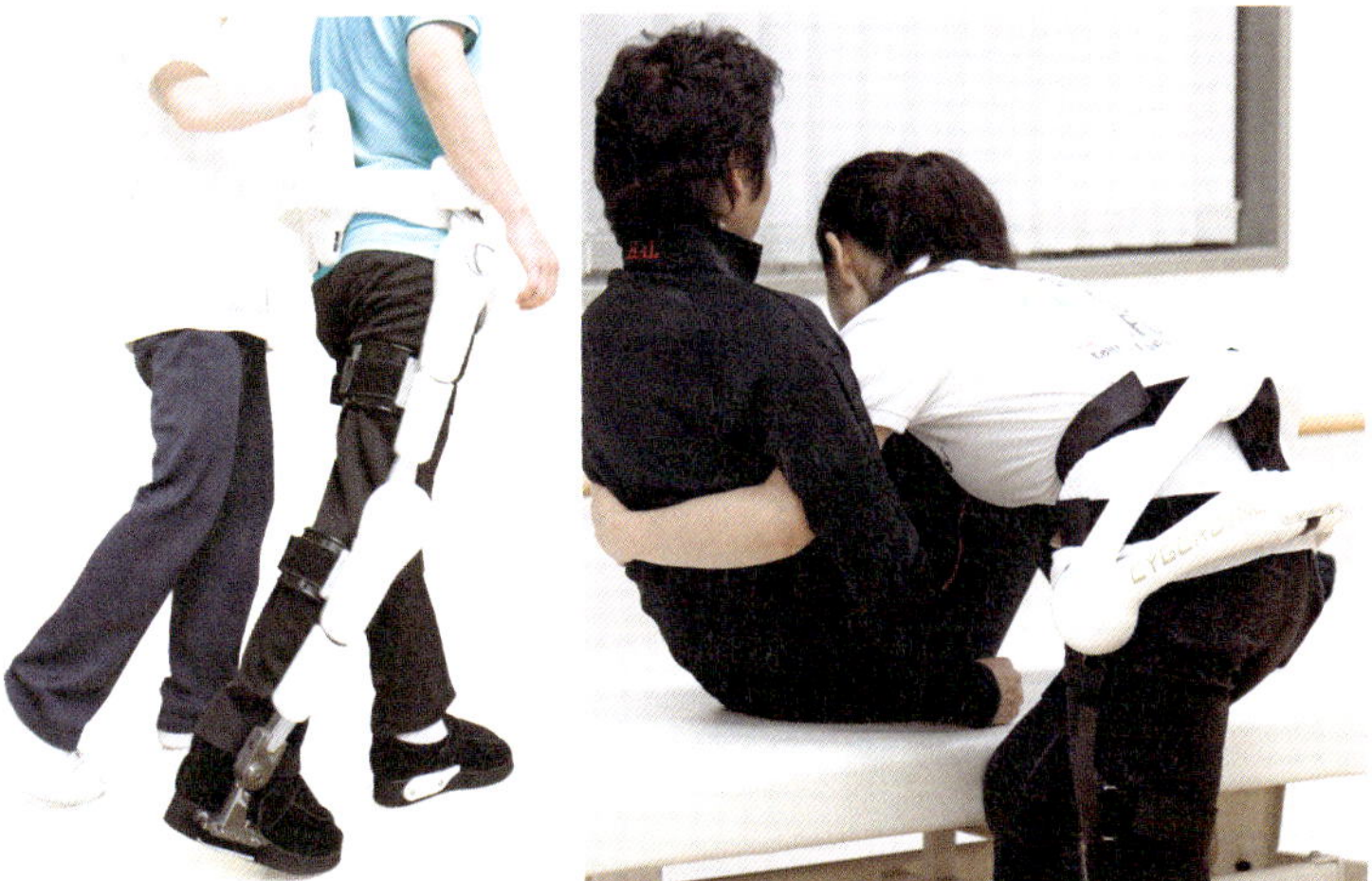

自立動作支援ロボット「ロボットスーツHAL®」

ました。北海道の六〇代後半の資産家女性が難聴で困っておられました。その方がある証券会社を訪れた際にコミューンが設置してあったそうです。それを使われたら、窓口の方の話がとてもよく聞こえたそうです。その方は大変喜ばれ、ご自身の資産を全部その証券会社に預けたいとおっしゃったそうです。あの小さな機械一つで、それだけ人の心は変わるんです。このシステムもとても人の役に立つものです。

我われの会社自体も、現在のスキームを少し広げて、海外にも進出すれば、売上五兆円までは達成できると思います。しかし、そこから先は難しいとも感じています。だからこそ、ベンチャーを育成しようという商品戦略をとっているのです。

一〇兆円企業になるために

大和ハウス工業の今の売上は三兆一九二九億円と言いましたが、一〇兆円を超えるのが創業者、石橋信夫の夢です。亡くなられる一年ぐらい前に「五〇周年のときは一兆五〇〇〇億はやってくれるんやろう?」と言われたので、「はい、やりますよ」と答えました。実際にそれは達成し、そして六〇周年で三兆一九二九億円まで伸ばしています。

しかし、創業者はその言葉の後に続けて「一〇〇周年のときは一〇兆円の企業群にしてくれな、それが俺の夢なんや」とおっしゃいました。その言葉が私の中に強烈に残っています。私は常に「一〇兆円にいくためにはどうすればいいか」と考えています。

例えば、スーパーゼネコンというのは、大和ハウス工業よりはるかに歴史があります。当社は六一年目に入ったところですが、竹中工務店は宮大工からスタートして、創業四〇〇年以上の歴史があります。清水建設は二〇〇年以上、鹿島建設も一七〇年以上です。大林組や大成建設でも一二〇年以上です。しかし売上高では当社のほうが大きくなりました。請負業だけでは成長に限界があるということです。そこで世の中に求められる商品を開発して、海外でも展開していく構想を打ち出しています。

時代はどんどん変化していくわけだから、時代の先をどう読むかということです。海外展開でいうと当社はまだ一七カ国にしか進出しておらず、まだまだ少ない状況です。海外事業の担当専務にも、必ず現地の良いパートナー企業を見つけるように指示しています。海外での事業は国営企業より民間企業のほうがスピーディーに話が進みます。しかも創業者オーナーのいる企業のほうが信頼関係が築きやすいと言っています。

学歴よりも志のある人物を

大和ハウス工業は年功序列の会社ではありません。創業者がそういう主義でした。また、創業者から「大学はどこを出ているのか」と学歴を問う言葉が出てきたこともありません。「仕事ができる人材か」とは聞きますが、「どこの大学を出ているか」と聞いたことはありません。

某大手鉄鋼メーカーでは幹部社員を集めて石ころを投げたら、九割は東大卒に当たると聞いたことがあります。銀行でも、メガバンク三行はほとんど東大ですね。しかし大和ハウス工業ではそうしたことはありません。中卒でも構わない。ただ最近はほとんど高校は出ています。高校を出て一般常識さえあったら、あとは本人がやれるか、やれないかの問題です。

人間の能力の差というものは、それほど大きいものではありません。それよりも志があるかどうかが、能力を左右します。

私が三六歳で山口支店長だった頃、自分のやり方がいろいろ物議を醸した時期がありました。そのとき、乗り越えるために創業者がサジェスチョン（示唆）してくれたことがありました。

ある日、老舗旅館で晩飯を一緒に食おうと創業者に誘われました。さらに飯が終わったら一緒に風呂へ入ろうとおっしゃる。私が背中を流して差し上げると創業者は湯船に漬かられました。そんなリラックスした状況で、私はつい創業者を相手に「支店長に就いてこんなに孤独になると思いませんでした。一生懸命やればやるほど私は四面楚歌《そか》です」と愚痴が出てしまいました。創業者は私の話が途切れるまで黙って聞いてくれました。そして話が途切れたときにふとこちらを振り向いて「樋口君、長たる者、決断が大事やで」とひと言だけ言われました。

「私の悩みには何も答えてくれてへんな」という気もしましたが、その言葉には重みを感じ、何も質問できなくなり、そのまま風呂から上がりました。

家へ帰っても、創業者の言葉が引っ掛かって朝方まで考えました。一体私にどうしろというんだろう、と。朝方近くになって結論が出たのは、徹底的に部下たちと話し合いをしようということでした。人間、一対一でとことん話し合えば、理解できないことはないはずだと思いました。そこで朝に一人、夕方に一人と決めて対話を始めたんです。

私はこの対話をやり続けました。すると二年目には、部下たちは「早く行ってこい」と怒らなくても、自分のノルマを達成するために自主的に頑張ってくれるようになりました。

それから程なくして、山口支店は社員一人当たりの売上高と利益で社内トップになったんです。ボーナス査定はSです。頑張れば頑張っただけ報われるということを社員全員で喜びました。ちなみに私の査定額は二〇〇万円でした。四一年前の当時、二〇〇万円といえば相当の大金です。人事部へ電話して間違いないか確認しましたが、S査定だからそうなりました、ということでした。

しかしこの話には後日談があり、実際に支給されたのは一〇〇万円でした。役員より金額が多くなったので調整が入ったのです。私は「役員といっても、それぐらいしかもらっていないのか」と笑ってしまいました。

山口支店の次に赴任したのは、九州の拠点、福岡支店でした。ここは赤字だったため立て直しを命じられたのです。ここでは、地元資産家が持つ広大な土地を巡り、大手各社も地元の業者も懸命になっていました。土木工学博士でもある資産家の元には、複数の業者が日参している様子です。私も早速そこに加わりましたが、なぜか相手に大いに気に入られたのです。そして本業を離れ、個人的な資産管理の相談を受けるようにまでなりました。「うちは全部学者一家です。だから、先祖伝来の資産を守る人間がいない。恐らく二、三〇億円はある。私も七〇歳を過ぎとるからいつまでも自分で管理できるわけやない。あなた、会社を起こして資産管理を引き継いでもらえませんか」と持ち掛けてくれました。

二〇歳の時にめざした事業家になるという夢。それが実現寸前まで来たのです。

私は、その話に「一晩だけ考えさせてください」と答えました。

三七歳から、社内でいう一級職、役員のすぐ下の職制におりました。自分で言うのも何ですが、会社が将来に期待してくれていることはよくわかっていました。

確かにこの三〇億円の資産に飛びついたほうが、損得だけで言ったら得かもしれません。しかし、それを選ぶのは、ここまで世話になった大和ハウス工業を裏切ることになります。

翌日、先方に再訪問した私は「会社に不義理はできません。いただいたお話は大変ありがたいのですが、会社に残って頑張るべきやと思いました」とお答えしました。相手の方は「あなたはどちらの道を選ばれても大成されますよ」と言って励ましてくれました。

後ろ足で砂をかけるような人間に大成した人物はいません。役員になってから三二年。この道を選んだおかげで、長いことやっています。

どれだけ役に立ち、喜んでもらえるか

これから先、日本の人口は、二一〇〇年には六〇〇〇万人台になるといわれています。二〇一五年の合計特殊出生率が一・四六。現在の人口一億二七〇〇万人をキープするのは絶対に無理でしょう。

一方で、七二億人といわれている今の世界人口は、二一〇〇年を待たずに一〇〇億人を超えるともいわれています。特にインドやアフリカは非常に人口が増えます。食料難や環境破壊などの問題が出ることも必至です。

特に環境破壊についてはエネルギー問題と切り離して考えることはできません。低炭素社会をめざすには、CO_2排出量の多い石炭火力による発電はなかなか難しい。だが太陽光や風力だけではエネルギーは不足します。

現在大和ハウスグループは、風力発電、水力発電、太陽光発電を事業展開しています。これから建設するものも含めてすべて合わせると二六〇ＧＷｈ（ギガワット時）ぐらいの発電能力をもつ予定です。しかしこれでもまだ足りない。これからも自然エネルギーを使って環境と共生しながら事業の拡大をしていかなければなりません。

また少子高齢化がさらに進んだ際に、不足する介護者をどう確保するか。これには先ほどお話しした介護ロボットを考えることが大きな社会貢献となります。

一つひとつの事業が皆「多くの人々の役に立ち、喜んでいただけるかどうか」というキーワードで

結ばれているのです。これも創業者が残した言葉、理念です。

本社の創業者の部屋は永久保存にしてあります。相談役という役職名も野球で言う永久欠番としました。能登に銅像を造り、全国の自社施設に一五体の胸像を設置してあります。私は朝夕、自宅で両親の遺影に向かって挨拶します。本社に出社したらまず初めに創業者の部屋に行って遺影に向かって挨拶をします。親を大事にしないで大成した人物はいないといわれますが、同じく会社で親といえば創業者です。創業者を粗末にする会社は大成しないのです。

新しい分野を開拓する意味

人という字は、二筆で書きますが、どちらか一方の線が足りないと成り立ちません。人は支え合って生きています。一人だけで生きている人はいません。家族の支えがある、会社の後輩の支えがある、先輩の支えがある、互いに支え合って成り立っていることへの感謝の気持ちを忘れてはいけません。このように人の道を守ることが、これからの世の中には、もっともっと大事になってきます。

機械がこれだけ発達し、今、人間はその機械を使っているようでその実機械に人間が使われているような状況に陥りつつあります。今こそ人間としての生きざまというものを考えていくべき時に来ていると思います。介護ロボットだけで介護できないのと同じように、人が知恵を出してどういう事業が、どういう商品が世の中の役に立つのか、お客様に喜んで買っていただけるのかを考えることが非常に大事だと思います。

そのためには、会社の形態も変わっていかなければなりません。大和ハウス工業はパイプハウスからスタートしましたが、もしパイプハウスだけを売っていたらとっくに潰れていたでしょう。

業界分けでは住宅の部類に入っている大和ハウス工業ですが、では住宅だけでやっていたらどうだったでしょう。現在、三兆一九二九億円の売上の中で、戸建て住宅のシェアは一三％しかありません。

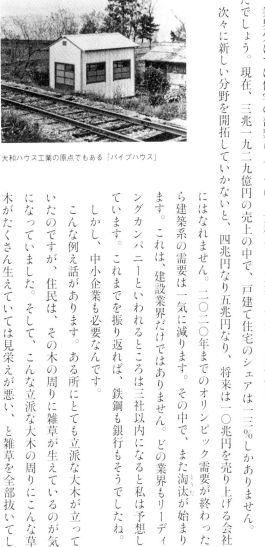

次々に新しい分野を開拓していかないと、四兆円なり五兆円なり、将来は一〇兆円を売り上げる会社にはなれません。二〇二〇年までのオリンピック需要が終わったら建築系の需要は一気に減ります。その中で、また淘汰《とうた》が始まります。これは、建設業界だけではありません。どの業界もリーディングカンパニーといわれるところは三社以内になると私は予想しています。これまでを振り返れば、鉄鋼も銀行もそうでしたね。

大和ハウス工業の原点でもある「パイプハウス」

しかし、中小企業も必要なんです。

こんな例え話があります。ある所にとても立派な大木が立っていたのですが、住民は、その木の周りに雑草が生えているのが気になっていました。そして、こんな立派な大木の周りにこんな草木がたくさん生えていては見栄えが悪い、と雑草を全部抜いてしまいました。すると、大木は枯れてしまったのです。

業界の発展のためには大企業がなければいけません。しかし、中小企業がなかったら大企業は持ちません。しかし企業が生き残るためには、今後も合従連衡が進んでいくものと思います。

当たり前のことを当たり前にやる

当社では、全国の事業所に「凡事徹底」というポスターを張っています。「当たり前のことを徹底して一生懸命にやる」という意味ですが、その文字の横には私が立っている写真が載っています。以前は椅子に座って足を組んだ写真を使っていたのですが、リゾートホテルの掃除をする女性が、出勤時にそのポスターに「おはようございます」と頭を下げているのを見たとある人が教えてくれました。そして「会長は座って足を組んでいていいのでしょうか」と意見してくれました。私はポスターを全部回収し、立ち姿の写真に入れ替えて配布し直しました。

小さなことかもしれませんが、こういうことこそ大事なのです。会社が今日まで成り立っているのは、いろいろな人のおかげです。人間一人ひとりの力はたかがしれていて、たくさんの社員や協力会社の皆様の力が合わされて事業が回っているのです。

自由で、能力に応じて処遇するという公平・公正な風土が企業内に醸成されたとき、社員のやる気は大きく伸びます。

それを私が痛感したのは、大和団地という会社を巡ってのことでした。大規模団地を造る会社を創業者が設立し、一部上場しました。しかし、赤字で債務超過すれすれになり、週刊誌に「泥船、大和団地」などと書かれるに至った時期があったのです。私が五五歳で専務だった頃に創業者に呼ばれ、「大和団地は俺がつくって上場した会社や。しかし、今はこんな状況になっとる」と説明されました。七一四億円の売上で一四一八億円の借入金、さらに不良資産もありました。創業者は「この会社は俺がつくって上場までさせたから潰すわけにいかんのや。再建を手伝え」と言います。

話を聞いているうちにこれはもうだめだと思い、「そんな難しい仕事は私には無理です。勘弁してください」と断りました。すると、「俺がこんだけ頼んどるのに何が不服じゃ」と初めて本気で怒られました。そして一呼吸置いて、「山口支店でええ経験したやろう。福岡で苦労したやろう」と、二〇年前からの私の仕事ぶりを淡々と話し始めたんです。

聞きながら、ここで断ったら大和団地の社長をしないでいい代わりに、大和ハウス工業の専務でもいられないな、と感じました。それだったら、自分の若い時の夢である、一国一城のあるじ、たとえ「泥船」といわれている状態でもやってみようと決意しました。そして「そこまでおっしゃっていただいたら男冥利《みょうり》です。どこまでやれるかわかりませんが、ベストを尽くしてみます」と答え、大和団地の社長に就任しました。

大和団地は一部上場会社ですから、社長になった途端に、全国紙が次々とインタビューに来ました。しかしどの記者も「まずはリストラからの着手ですか」と言います。私は「記者さんはみんな同じことを聞くけどね、私は潰しに来たのではないんです。もう死に体だといわれる会社へ来てまず初めに人員整理やと言うたら、潰しに来たことになるやろう」と答えました。「じゃあ、どうされるんですか」と返す記者に、私は「一生懸命働いてもらう。それについてこられない人は辞めなしゃあない」と言いました。

それから一年後、八六〇人の社員のうち一〇〇人以上が辞めました。人事課長が社長室に来て「大変です。退職者が多過ぎます」と慌てていましたが、私は「そうか、でも私はこの現象を大変とは思うてない」と言いました。「一〇〇人以上辞めたと言うけど、その中にバブルの絶頂期に三顧の礼を尽くして入社してもらった社員が八五％以上いるはずや。それを調べてからもう一度来い」と指示しました。事実八七％がそうでした。「景気の悪いこの時期やからマーケットに優秀な人間がいてるやろう。一〇〇人の中途採用を募集してみい。辞めた人たちより優秀な人材が来るわ。今は血の入れ替えをするチャンスなんや」と指示しました。

募集をかけてみると、その通りになり、血の入れ替えができました。そうなると方針を出してもすぐに浸透するんです。そして優秀なのに成績が上がらなかった社員が、とてもよく働くようになりました。そのときのキーワードは、「サナギからスタートしよう」ということでした。

サナギはちょうになる前の姿です。これを「ＳＡＮＡＧＩ」と書いてみると、その頭文字はそれぞれ「スピーディーに」、「明るく」、「逃げず」、「諦めず」、「ごまかさず」、「言い訳せず」となります。これをキーワードにして大和団地の再建に当たりました。その後、配当金の再開までこぎ着けた段階で、創業者が「大和ハウス工業と合併しよう」と言われました。そして今度は「大和ハウス工業に帰ってきて社長をせい」と命じられ、二〇〇一（平成一三）年に社長に就任したというわけです。「公平・公正」、「無私」、「ロマン」、「使命感」という言葉があります。長たる者はそれらの言葉を肝に銘じておかなければなりません。皆さんが起業されても、会社に勤められて部下をたくさん持つようになっても、心掛けなければならないことはこの四つの言葉です。

［質疑応答］

――事業では世の中に役立つものに焦点を当てているというお話ですが、人生を通して貫き通しているものを教えてください。

樋口氏　若い時は、自分の会社をつくってオーナー社長になると言っていましたが、病気で二回入院するという経験をし、創業者・石橋信夫さんがあって自分があるんだと考えるようになりました。オーナーの夢は売上一〇兆円企業ですから、これからどのように一〇兆円企業群を形成するかを考えています。今はそれが自分の夢です。

抽象化する能力

樋口会長は講演の中で売上高一〇兆円達成に向けて、時代の先を読んで会社の形態を変えていく重要性を説いています。

大和ハウス工業は、創業時は個人向けのプレハブをはじめとした戸建て住宅事業が中心の会社でしたが、直近では売上高に占める戸建て住宅事業の割合は一三％ほどとなっています。一方で比重を高めているのは、賃貸住宅・商業施設などの分野です。土地オーナーを組織し、所有している遊休地を活用したい土地オーナーと反対に遊休地を利用したい人とをマッチングしていく点にこのビジネスモデルの特徴があります。

このビジネスの背景には、「所有から利用へのシフト」という社会の潮流があります。この潮流は何も住宅分野だけに限った話ではありません。身近なところではＤＶＤやレンタカーが挙げられますが、最近では洋服やブランドバッグ、ベビーグッズなど様々なものをシェアする時代になっています。

このようにレンタルできるものが広がった背景には、短期的に必要なものに対する消費者マインドの変化があるように思います。所有した場合とレンタルした場合の効用とコストのバランスを比較して、特にコスト面からレンタルを選択する人が増えているのではないでしょうか。また、商品のライフサイクルが短くなっているため、所有してもすぐに時代遅れになることも理由に挙げられます。レンタカーのカーナビはいつも最新ですから。

賃貸の代表例として、駐車場の時間貸し、所謂タイムパーキングがあります。国内の最大手は「パーク24」という会社です。もともとは駐車場関連機器の製造販売を行なっていた企業なのですが、一九九一年に二四時間無人時間貸し駐車場「タイムズ上野」をオープンして以降、今では一万五〇〇〇カ所、五〇万台分の駐車場を管理しています。

また二〇〇九年から駐車場スペースを活用したカーシェアリングにも参入しています。カーシェアリングに不可欠な駐車スペースの問題を自社の管理する駐車場の空きスペースを利用することで解決した、ユニークなビジネスモデルを構築しています。

賃貸住宅やレンタカー、カーシェアリングなどの例は「所有から利用へ」という消費者ニーズの変化の一例です。「若者の○○離れ」という言葉がネガティブな意味で使われていますが、絶えず変化する社会の中で、自分の身の回りに起こる様々な事象を少し掘り下げて考え、物事を抽象化・普遍化することで、新たな事業のアイデアや投資のアイデアが生まれてきます。そのようなアイデアは思い込みと紙一重であることには注意が必要ですが、実際にそういったアイデアを収益化している事例が数多あることもまた事実です。

第四章

二〇年で時価総額三〇倍。
時流を先読みし、世界の医療を支えるグローバル経営戦略

シスメックス株式会社 代表取締役会長兼社長　家次 恒

上場して二〇年で時価総額三〇倍に成長

まずは自己紹介をさせていただきます。

私は一九七三（昭和四八）年に京都大学の経済学部を卒業しました。その頃は学生紛争がありまして、入学して六カ月ぐらい授業がないという状態でした。ただ、この建物（吉田キャンパス）や時計台は当時のままですね。大学卒業後、新卒で三和銀行（現・三菱東京ＵＦＪ銀行）に入ったのですが、一九八六（昭和六一）年に当時「東亜医用電子」という社名だったシスメックスに転職して今日に至ります。社長になったのが一九九六（平成八）年六月ですから、もう丸二〇年間、当社の社長をやっていることになります。

会社の概略をご説明します。シスメックスは、健康診断や病院で行なう血液検査、尿検査に必要な

機器や試薬の製造・販売・サービス&サポートをグローバルに展開しています。ＢｔｏＢの会社なので、あまり一般の方々には知られていません。

シスメックスは一九六八（昭和四三）年にできた会社で、二〇一六（平成二八）年で四八年目になります。売上は約二五三〇億円、営業利益は約五七〇億円で、ＲＯＥ（自己資本利益率）はおかげさまで二〇％ほどになっています。従業員は全体で七五〇〇人弱で、そのうち四〇〇〇人ぐらいが海外の人材です。海外には現在五三の子会社があります。

社名は、SYStematical ＋ MEdics ＋ 無限の可能性（X）という造語です。設立当初は、先ほどお話ししたように東亞医用電子という漢字六文字の会社だったんですが、設立三〇年目の一九九八（平成一〇）年に、私たちが作った医療機器のブランド名「Sysmex」を社名としました。

一九九五（平成七）年に大証二部、一九九六年に東証二部に上場しており、二〇一六年は時価総額で一兆四千数百億円になりました。上場当時は時価総額が五〇〇億円くらいでしたから二一年で約三〇倍になりました。

株価の推移を見ると、二〇一二（平成二四）年以降、急激に上がっています。これは、海外を中心に業績が好調に推移し、増収増益を達成しており、さらなる成長への期待から、二〇一五（平成二七）年八月一八日には最高値の八六四〇円を記録しました。かなりいい形で成長できていると自負しています（図表4－1）。

図表4-1 ｜ シスメックスの株価推移

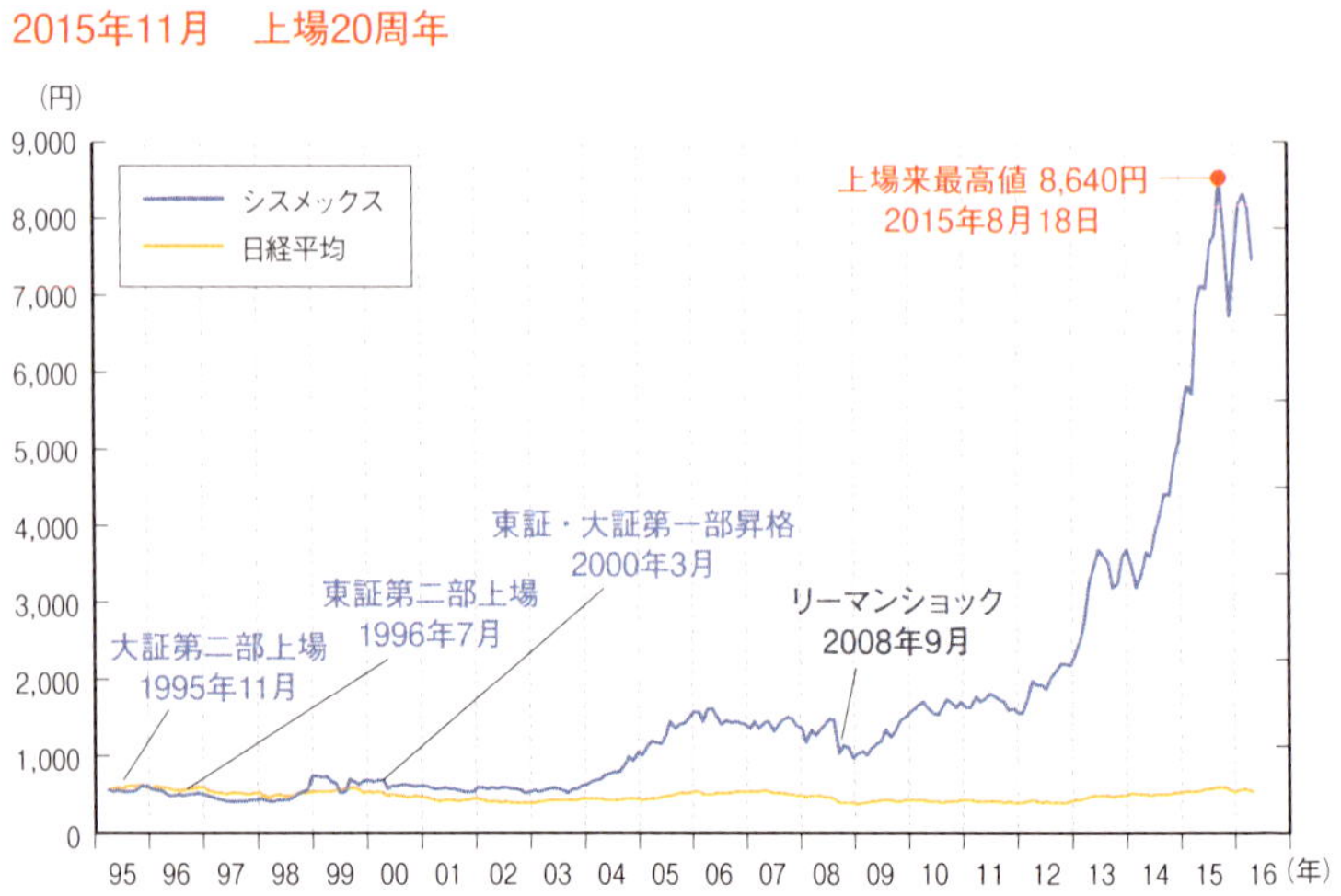

本社は神戸にあり、本社以外の主な事業拠点もほとんどは兵庫県内にあります。テクノパークという研究開発施設も神戸市内にありますし、機器の生産は兵庫県加古川市にある工場で行なっています。シスメックスのすべての機器はメード・イン・ジャパンです。また、全国に七支店一三営業所、海外に五三の現地法人を持っています。

シスメックスの企業理念は、「Sysmex Way」（以下、シスメックスウェイ）というものです。これは二〇〇七（平成一九）年につくられたものですが、それ以前に当社には「三つの安心」という創業者のつくった経営理念がありました。これを進化させたものが、現在のシスメックスウェイです。

シスメックスウェイは、「ミッション」、「バリュー」、「マインド」という三要素で成り立っています。

まずミッションというのはシスメックスという

シスメックスグループにおける研究開発の中核拠点「テクノパーク」(兵庫県神戸市)。

シスメックス株式会社

1968年設立、兵庫県神戸市に本社を置く医療機器メーカー。臨床検査機器・試薬・ソフトウエアの研究開発から製造、販売・サービス&サポートを一貫して行なう。国内外の多くの医療機関に、臨床検査の機器や試薬を納入しており、特にヘマトロジー分野ではグローバルシェアNo.1である。グループ従業員数約7,500人(2016年3月末時点)。

家次 恒(いえつぐ・ひさし)

シスメックス株式会社 代表取締役会長兼社長

1973年3月に京都大学経済学部卒業、同年4月に三和銀行(現・三菱東京UFJ銀行)に入行。1986年9月に東亞医用電子(現・シスメックス)に入社、取締役に就任。1990年3月に常務取締役、1996年4月に専務取締役(代表取締役)に就任。同年6月より代表取締役社長、2013年に現職に就任。

企業の存在意義を指します。私たちは「ヘルスケアの進化をデザインする」という目標をもっています。その理念に基づき、今あるヘルスケアの技術を私たちがどういう形で進化させ、世界中の人々の健康に貢献していけるかが、シスメックスの存在意義だと考えています。

次に、バリューというのは事業活動に対する私たちの考え方を示しています。具体的には「私たちは、独創性溢れる新しい価値の創造と、人々への安心を追求し続けます」というものです。

そして、マインドというのは、シスメックスの社員一人ひとりがもつべき姿勢です。「私たちは、情熱としなやかさをもって、自らの強みと最高のチームワークを発揮します」というものです。

会社を経営する上で企業理念は非常に大事で、簡単には変えることはありません。ただし、企業理念に対する議論はどんどんしてくださいと社員には言っています。

当社の歴史を少し申し上げますと、創業者は中谷太郎といいます。中谷はもともとマイクロホンやスピーカーをつくる東亞特殊電機株式会社（現・TOA株式会社）の社長でしたが、経営の多角化として医用電子機器分野に着目します。その後、一九六八年に東亞特殊電機株式会社が製造する医用電子機器の販売会社として東亞医用電子株式会社、現在のシスメックスが設立されました。

その頃の時代背景としては、一九六一（昭和三六）年に国民皆保険制度が制定されました。すでにその三年前くらいから関連の法律ができ始め、人々の医療や健康への関心が高まっていました。

創業者の中谷が最初に開発したのは、国産初の自動血球計数装置です。それまでは採取した血液中の白血球や赤血球の数を調べるには、医師たちが顕微鏡で確認しながら数えていました。これを機械が自動的に血球数を測定するという画期的な装置を日本で初めて開発したのです。

もともとマーケットがほとんどなかった分野のため、国民皆保険制度導入による検査ニーズの拡大に合わせ、どんどん成長していきました。今でいうベンチャー企業です。所謂シェア取り型の会社ではありません。これだけのマーケットがあるから、この製品でシェアを取っていこう、という考え方ではありませんでした。

現在では、血液や尿の検査機器、試薬、ソフトウエアといった「検体検査」に関連する分野のすべてを一貫して扱っており、当社製品は病院などの医療施設で使用いただいています。

一連の医療行為の中で、「検体検査」は欠かせない工程です。治療、診断を進めるための大切な領域において、シスメックスは「検体検査」を通じた最適な医療の実現をめざしています。

収益モデルをご説明すると、検査のたびに専用試薬を使用するため、機器を購入してもらえればその後も継続的に専用試薬をご購入いただくことができます。

そしてもう一つの収益源は、一年の保証期間が終わった後のサービス&サポートです。保守契約という形で確実に収益が入るビジネスモデルになっています。一旦機器を導入してもらえれば、試薬が使われ、保守サービスができる、なおかつ、患者さんの数が多くなると、使用する試薬もどんどん増えていきます。

この機器と試薬の関係は、例えるなら家庭用プリンターと専用インクとの関係に似ていて、機器の使用には消耗品である試薬が必要となり、試薬のほうが収益性が高いという収益モデルになっています。

図表4-2 ｜ 活躍する舞台は“検体検査”領域

検査は、診断の支援・治療・投薬の効果測定に不可欠です。

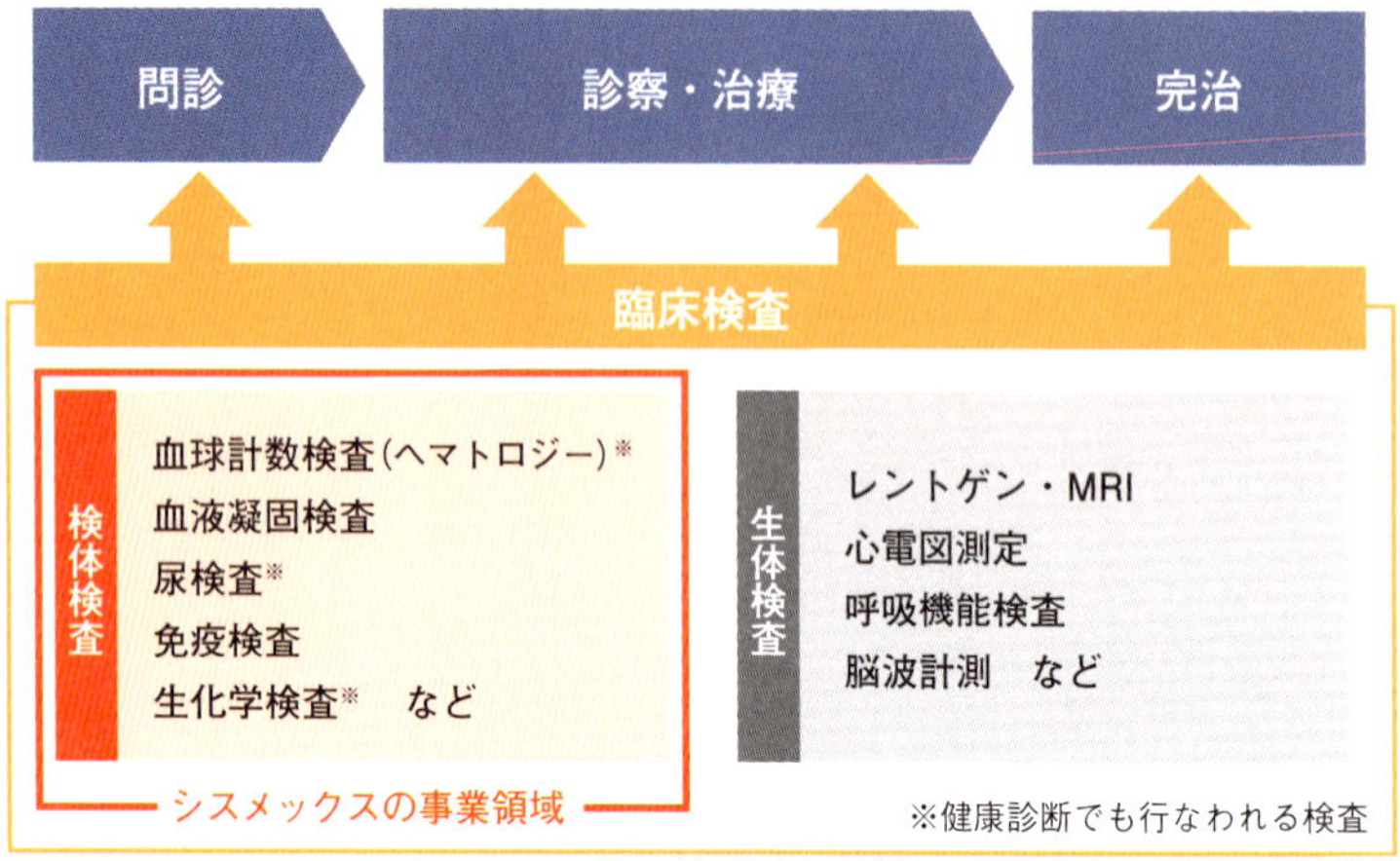

また最近では、再生医療やゲノム医療といった新機軸の先端医療の研究が進歩してきました。当社でも現在、競合他社にはない独自のテクノロジーをどう生み出すかという研究に力を入れています。

五輪でも使用される検査機器

臨床検査について少しお話しします。臨床検査には二つの領域があります。レントゲンや心電図など受診者に直接アプローチする「生体検査」と、受診者から採取した血液や尿などを対象にする「検体検査」ですが、私たちシスメックスは「検体検査領域」を中心に事業を展開しています（図表4－2）。

体調の悪い人が病院に行くと、まず問診があって、次に検査をします。そして検査結果を基にど

図表4-3 ｜ シスメックスの売上構成とシェア

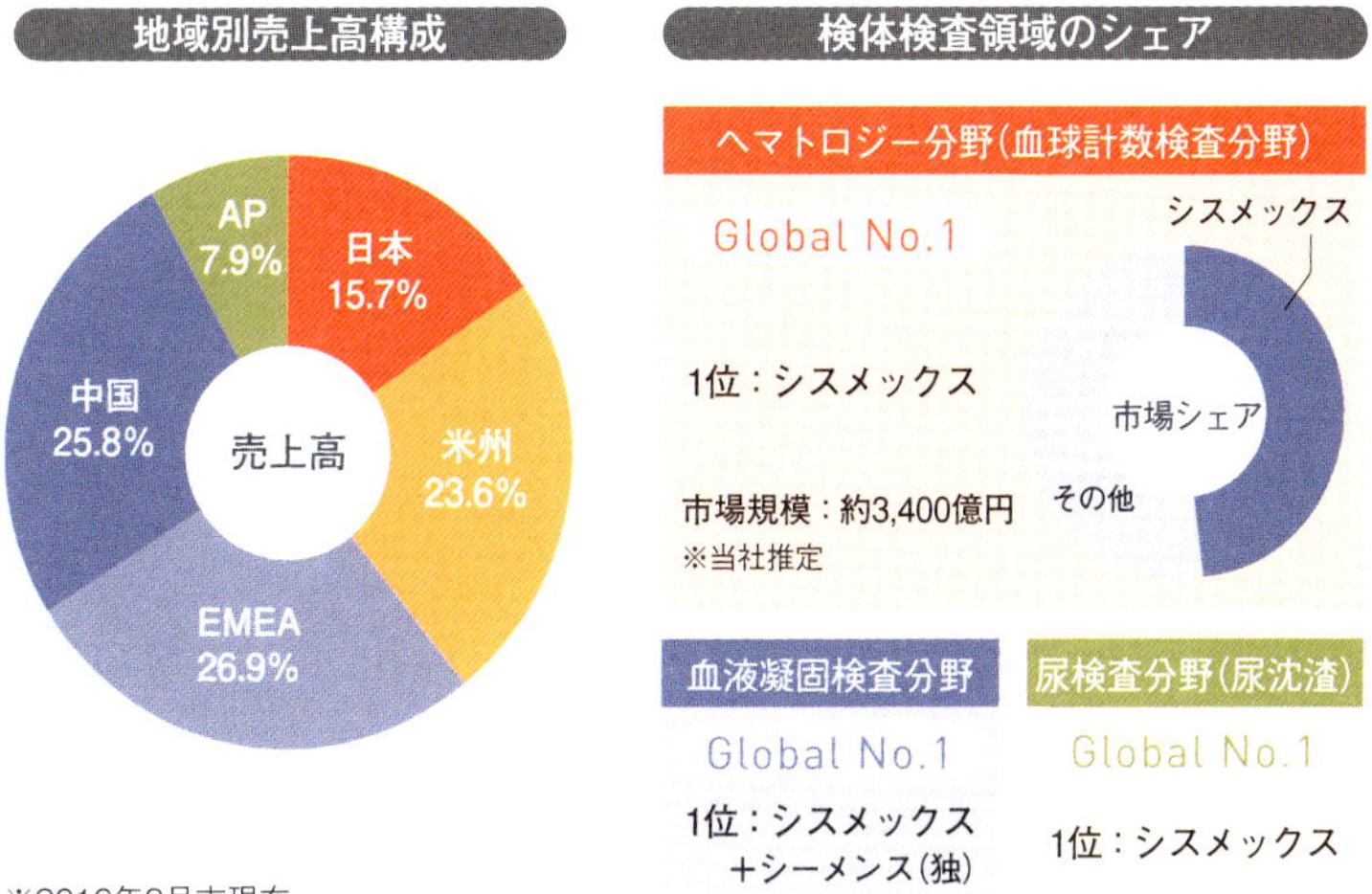

※2016年3月末現在

の病気かを診断し、適切な治療へと移ります。つまり、検査データがないと治療に進めないということです。

そして、投薬や手術といった治療を行なった後は、今度は治療の結果、病状がどのようになったかを調べるモニタリングも検査の役割です。ですから「検査」は、医療行為の入り口から出口まで関わってくる重要なプロセスなのです。

また、病気以外にも、健康診断の際にも「検査」は欠かせません。国民医療費は膨張し続けており、厚生労働省の調査では四〇兆円をすでに超えています。医療費を抑えるためには、できるだけ治療に持ち込まず、病気にならないうちに解決していこうというのが全体の方向です。

私たちの作った検査機器は動物病院でも使われています。最近ではペットを心が通じ合うパートナーとして考えようとする立場から〝コンパニオンアニマル〟と呼ぶ人もいるそうですが、犬や猫を飼っている方々の中にはペットの健康が気になり、動物病院に頻繁に通う飼い主さんも増えているといいます。

さらに、検査機器はスポーツの世界でも活躍しており、オリンピックのドーピング検査でも当社の血球計数装置が活躍しています。

ちなみに当社の陸上競技部には、アテネ五輪マラソン金メダリストで今年（二〇一六年）引退した野口みずきさんが在籍していました。

当社は基本的には大規模医療施設に適した機器を得意としており、日本国内だけでなく世界中の病院、医院・診療所、検査センターが重要なお客様です。例えばアメリカのジョンズ・ホプキンス・ホスピタルやメイヨー・クリニック、イギリスのロンドン・ホスピタル、日本では東京大学、京都大学、大阪大学、神戸大学、国立がん研究センターなど大きな病院では大体当社の検査機器をお使いいただいています。

さらにグローバルにも広く展開しています。ヘマトロジー（血球計数）や血液凝固検査（注1）、尿検査（尿沈渣《ちんさ》）の分野は売上シェア世界一となっています。現在、当社の売上の八四％は海外です（図表4－3）。

シスメックスは世界を大きく五つのリージョン（地域）に分けて海外展開をしています。日本以外の海外事業拠点について紹介します。

〈米州〉

シカゴに統括拠点があります。北米と中南米を合わせた米州全体をこの現地法人がすべて統括しており、子会社がその下に位置付けられています。

〈EMEA（ヨーロッパ、中東、アフリカ）〉

統括拠点をドイツのハンブルクに置き、ヨーロッパと中東、アフリカ地域という非常に大きなエリアを担当しています。

〈AP（アジア・パシフィック）〉

日本と中国を除くすべてのアジア・パシフィック（アジアから太平洋にかけての地域）を事業範囲とします。統括拠点はシンガポールです。西はパキスタンから東はニュージーランドまで、政治的にも文化的にも非常に多様な地域を担当しています。

〈中国〉

中国は国土が大きく、人口も多いため、上海にある現地法人が専任で管轄しています。

（注1）血液凝固検査

血液を固めたり、溶かしたりする働きを調べる検査。血管が切れて出血すると、まず血小板が集まり傷口をふさぐ（一次止血）。次に血液中の凝固因子と呼ばれるタンパク質が働き、血小板を覆い固める（二次止血）。また、傷が治ると傷口をふさいでいた血栓を溶かして血流を元に戻す働きも血液には備わっており、血液を固める作用と固まり過ぎを抑える作用のバランスが崩れていないかどうかを調べるのが「血液凝固検査」である。

図表4-4 ｜ グローバル事業拠点

国際的なマーケットの場合、今後伸びるかどうかの判断基準は人口の増加率で予測しています。人口の多い国は、今後の経済成長が楽しみです。医療機器は人口によって売上が大きく左右されます。人口が減少の一途をたどる日本国内だけではなく、グローバルに積極展開することがビジネスの成功に結び付きます。

それぞれの国には各国固有の医療があり、その事情を把握することはとても大切です。検査機器は西洋医療で使用するため、これまで先進国を中心に事業展開していましたが、医療の西洋化が進む新興国や発展途上国にも進出しています。特に中国は、これまで漢方医療がその中心でしたが、近年は西洋医療に大きくシフトしています。中国だけでなく新興国や発展途上国でも、近年医療の西洋化が顕著です。どの国でも、医療のあり方は時代とともに変化しています。

また中南米やアフリカはもちろん、先進国であるヨーロッパでも、東欧やロシアはこれから医療レベルの向上が見込まれており、今後、事業のターゲットとなっていくでしょう。

経営とは環境適応

続いて、経営に対する私の考えを紹介させていただきます。

企業経営の上でとても大切なのが、環境適応です。国際社会を取り巻く環境は非常に大きく変化しています。まず、ベルリンの壁が崩れた一九八九年は、非常にエポックメーキング（画期的）な年で、冷戦が終わって資本主義国も社会主義国も区別がなくなり、世の中が一変してグローバル化時代に突入しました。グローバル化の中で、政治経済的にはアメリカが強くなっていきますが、新興国やＢＲＩＣｓ（ブラジル、ロシア、インド、中国）の台頭もあり、世界のリーダーが多極化する状況になっています。

一方では、企業の主戦場もグローバルになりました。それまでは自国の中だけで事業をしていればよかったのですが、障壁が取り払われて、グローバルな勝負が必要になってきました。

また、ＩＴ革命も企業に大きく影響を与えました。一九九〇年代にパソコンが使われるようになる前は、国際電話がせいぜいだった通信環境が、インターネットによる世界同時化という時代を迎えました。ＩＴは世の中の仕組みや考え方などあらゆるものの枠組みを大きく変えたのです。

こうした大きな環境変化の中で、日本は一九九〇年代初めにバブル経済が崩壊しました。バブル崩壊前はジャパン・アズ・ナンバーワン（注2）と言われる高度成長が続く時代。日本の誰もが経済的にいつまでも伸び続けるだろうと思っていました。しかし、バブルがはじけた後には、失われた一〇年、二〇年が待っていました。

医療分野で画期的な変化となったのは、ゲノム（genome）（注3）が解読されたことです。人間のすべてのゲノムが解読されたのは二〇〇三（平成一五）年ですが、ここから大きく医療の世界が変わっていきました。個体はそれぞれ皆違うということがはっきりとわかり、個別化医療に繋がっていきます。私たちシスメックスは二〇〇〇（平成一二）年に中央研究所を開設、個別化医療の波にうまく乗れました。

大きな環境の変化があったとき、どのように変化を先取りして成長していくかは、企業にとって非常に重要です。環境変化が速いほど、確実な先読みが必要となります。今ニーズがあるからといって、同じ事業ばかりにこだわっていては、周りの変化から取り残されます。常に次代を予測し、先手を考えていかなければなりません。世の中のトレンドをどう捉えていくかが大切です。

当社は九〇年代以降の、これらの変化の激しい環境においても成長を続けてきました。一九九一（平成三）年に初めてイギリスで直販を開始しました。それまでの代理店方式に代わる売り方を先取りしたものでした。シスメックスの関係会社の社員が直接お客様の所に伺い、販売マーケティング、サービス、学術サポートを包括的に担当します。

そしてＢＲＩＣｓが台頭し始めた一九九五年頃から、アジアにフォーカスする戦略を展開しました。当時、他のグローバルメジャーといわれる大企業はアジアにはまったく関心がありませんでしたが、当社は本拠地がアジアにあるという地の利があり、それを活かすのは大きなチャンスだと判断したのです。

そして一九九五年に上場をし、また同じ時期に、同業のシーメンス（注4）やロシュ（注5）とグローバル・アライアンスを結びました。当社のこうした一連の動向は、大きな視点で世の中のトレンドをどう見るか、その重要性を再認識するものだと自負しております。一九九〇年代の日本は、バブル崩壊という最悪の状況下にあり、誰もが足元を見るばかりでグローバルに見た際の大きな動きに気付いていなかったのでしょう。

（注2）ジャパン・アズ・ナンバーワン
ハーバード大学の社会学者エズラ・ヴォーゲル氏による一九七九年の著書。戦後日本経済の高度経済成長の要因を分析し、日本的経営を高く評価している。国際化・脱工業化時代を迎える日本人への提言が述べられている。エズラ・ヴォーゲル著、広中和歌子・木本彰子訳、ティビーエス・ブリタニカ刊。

（注3）ゲノム（genome）
「gene（遺伝子）」と「-ome（総体）」を合わせた造語。ＤＮＡのすべての遺伝情報のことをいう。

（注4）シーメンス
ドイツに本社を置き一六〇年以上の歴史をもつ総合テクノロジー企業。情報通信、電力関連、交通・運輸、医療、防衛、生産設備など多岐にわたる分野で世界一九〇カ国以上に事業を展開している。従業員は世界に三六万人以上おり、二〇一五年度の売上高は七五六億ユーロ（約八・七兆円）。

（注5）ロシュ
商号はエフ・ホフマン・ラ・ロシュ。一八九六年設立、スイスのバーゼルに本拠を置く世界的な製薬・ヘルスケア企業。世界一五〇カ国以上でビジネスを展開している。従業員九万一七四七人、二〇一五年度の売上高は四八一億四五〇〇万スイスフラン（約六・一兆円）。

日本が世界市場から目を離していた九〇年代の初めと二〇〇〇年、実は医療業界の世界TOP一〇のうち五つが変わったんです。

私たちはそのときに、海外においてパートナーづくりをしていました。スイスのグローバル医療メーカー、ロシュなど巨大な企業との関係をもっていると、外から日本を見ることができて、日本が非常に停滞していることがよくわかりました。一方で世界的には、前述したようにダイナミックな変化がありました。このような、企業を取り巻く環境の変化の波をどう捉えるかということが非常に大事なのですね。

今ではますますインターネットが普及し、いろいろな情報が同時に入ってくるし、日本にいながらにして海外の様々な文献も読めます。海外の情報を仕入れておかないと、グローバル化がますます進むこれからの時代、企業は生き残っていくのが難しいでしょう。日本だけではなく、世界では何が起こり、自社に対してどう影響するのかを含めて常に見極めていかなければいけません。

続いてシスメックスが中国に進出した際の話をします。当時、中国には合弁会社しかつくってはいけないという制度があり、一九九五年に試薬の合弁会社をつくりました。しかし、合弁会社をつくるだけでもハードルは高く、当時は中国が輸出を振興して外貨を稼いでいるという時代でした。

実は、九〇年代の中国にはまだ、検査機器や試薬のマーケットはありませんでした。マーケットができたのは、二〇〇〇年以降ですね。私たちシスメックスが同業他社に先駆けて九〇年代から中国に進出してきた強みが二〇〇〇年以降になってようやく発揮されたのだと考えています。

モノ売りからバリューの提案へ

続いて、シスメックスが時代の変化に合わせて、検査機器をどのように変化させてきたかを振り返ります。

一九七〇年代までは日本は高度成長期にありました。その時期の日本ではいかに検査を自動化していけるかが課題でした。さらに検査が可能な項目の拡大や高速処理が求められ、私たちにはとても有利な時代だったのです。保険点数で検査の値段が高かったからです。

一九八〇年代の半ばからだと思いますが、高齢化に伴う医療費の高騰が目立ち始めました。また、新しい病気や感染症、例えばＡＩＤＳもこの頃明らかになります。

そうなると、まず検査の領域で大事なのは、生産性をどう向上できるかということ、つまりどのようにコスト管理をしながら結果を出せるかが問われるようになります。

もう一つ検査の領域で大事になってきたのは安全性の確保です。ＡＩＤＳなどの感染症の増大により、血液を直接触るのは危険な行為だという認識が社会的に高まりました。それまでは血液や骨髄が入っている試験管のキャップを手作業で開けて検査をしていましたが、シスメックスでは検体をセット後、キャップの開け閉めを含めたすべての工程を機械で自動的に行なう仕組みをつくったんです。このイノベーションがヒットしました。グローバルで当社が最初に手掛けた仕組みだと思っています。

現在はさらに進んでおり、まさに医療経済性の観点からいかに医療費を削減し、かつ高品質の医療を提供するかが求められる時代になりました。ＩＣＴ（情報通信技術）革命により今はネットワーク・ソリューションが非常に大事になっており、当社の検査機器はすべてネットワークに繋がる機能をもっています。あらゆることがその場にいなくとも確認できる時代になってきているのです。

シスメックスでは、製品やサービスに対する基本的姿勢として「品質＝顧客満足」という考えをもっています。

特にモノづくり企業にありがちなのですが、製品の性能を上げることばかりに目が向き、本来注目すべき社会のニーズを度外視してしまうケースがあります。品質を追求するあまり機器のレベルが高くなり過ぎ、過剰品質になってしまっては逆効果です。いたずらにより高い性能を求めるのではなく、機器を使用するお客様のニーズを的確につかんで使い勝手の良い製品を作るべきです。医療分野でしたら、医学の進歩に合わせて性能を高めるとともに、現場の医師たちが使いやすいかたちで操作性も上げていく。品質とは顧客満足を追求することに他ならないのです。

さらに、医療機器の業界ではサービスメンテナンスがとても重要な位置を占めます。医療機器は常に正確なデータを提供する必要があります。他の機器メンテナンスと一線を画し、壊れるとか壊れないという話の次元ではないメンテナンスが必要になるのです。

また、お客様のニーズに応える意味で「モノ売りからバリューの提供へ」という言葉を使っています。昔は単にモノを売る、ハードウエアを売る、という商売で通用しましたが、今は単にモノを売るだけに終始するのは賢い経営ではありません。特に、検査機器を導入いただいた医療機関などに、検

図表4-5 ｜「バリューの提供」を追求する

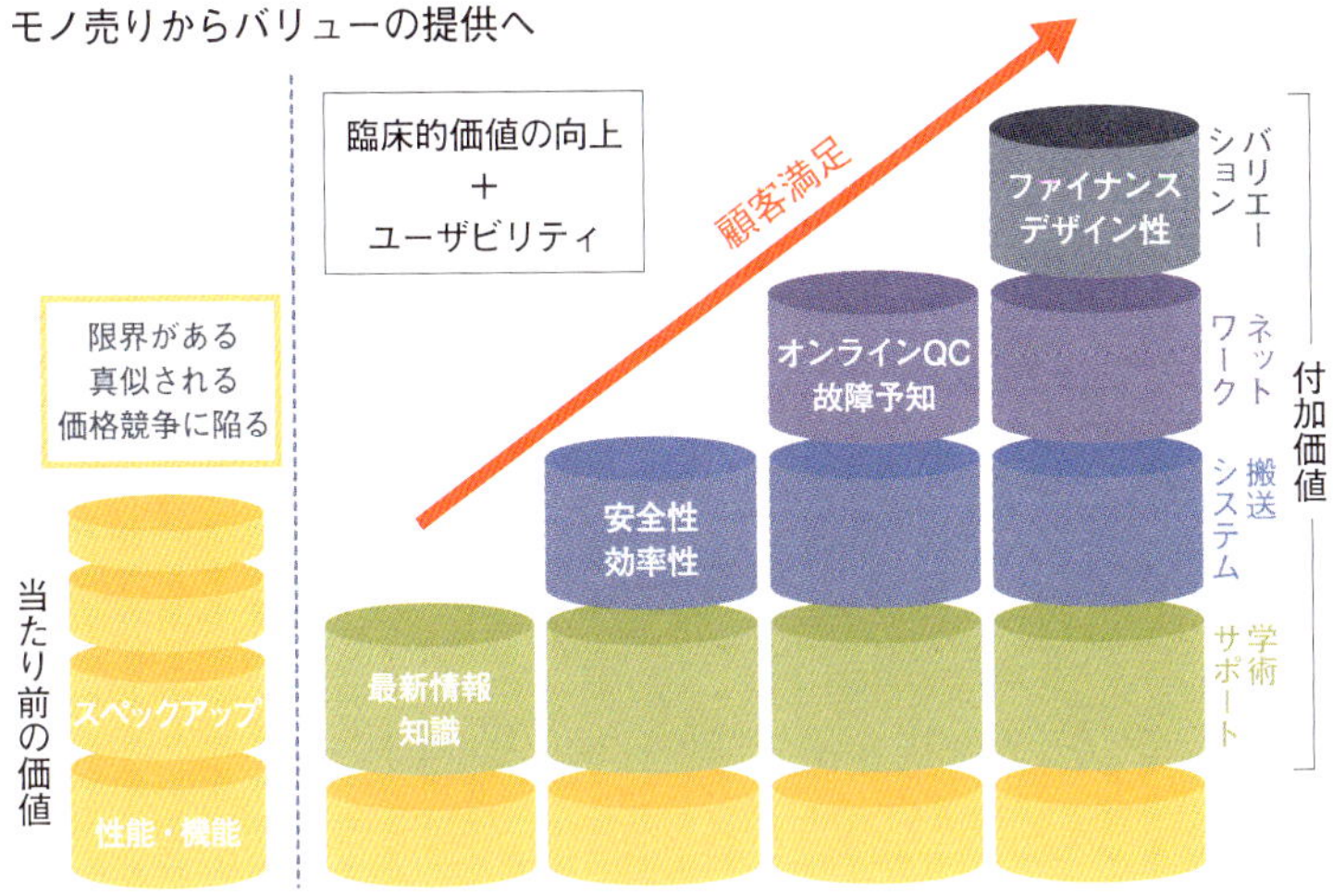

査に必要な試薬も提供し、さらに保守サービスまで行なう当社のビジネスモデルを基準にすると、単にモノを売るというのはビジネスの入り口でしかないのです。単に検査機器を売るのではなく、導入いただくとさらにどんな価値が得られるのかをアピールすることから、本格的な関係づくりが始まっていくのです。

お客様のニーズに応えた「バリューの提供」をずっと追求していくと、臨床的価値（医学的価値）と先ほど申し上げたユーザビリティ（使いやすさ）が大切になってきます。

昔は「サービスして」というと、「値引きして」、「おまけして」という意味がそこには込められていました。しかし、今はモノを販売した後のサービスこそ企業の収益源なのです。これが「バリューの提供」に繋がっていきます。

当社において、サービスは全体の売上の約一〇%を占めます。収益性を考えると非常にいい割合です。昔はサービスというと機器の修理というレベルでよかったのですが、医療機器業界では修理は当たり前で、それ以外の部分で何を提供できるかが重要になります。お客様によって違いますが、私たちは機器を導入いただいたお客様と保守契約をして、毎月確実に一定額をいただけるビジネスモデルを構築しています。そのようなモノとサービスを一体にした展開をしていくことが大事だと思います。

学術的なサポートも重要です。当社では、お客様に医学界の最新情報や知識を提供しています。さらに機器の故障を事前に予知するために、ネットワークを活用したオンラインQC（品質管理）なども行なっています。

モノを売るのにいちばん簡単なのはインターネットでしょう。欲しい人はネットで価格を比べてクリック一つで買えばいい。しかし、私たちの扱う医療機器はお客様がどんなことを求めているのか、それをどう売るかということが大事なのです。プロダクト（製品）はお客様に提供する価値の一部だと捉えています。お客様が求める価値を創造するために、どうプロダクトを提供すればよいかは非常に大事です。モノはあくまで提供する価値の一部でしかないと考えることによって、プロダクト以上の新しい価値も同時に提供できるようになるはずです（図表４－６）。

それから、デザインもバリューとなります。シスメックスは「Good Design Award 2011」の金賞や、「German Design Award 2014」を受賞しており、ＢｔｏＢの製品にしては、スタイリッシュなデザインであると評価されています。デザイン性も実は非常に大事なことで、ＢｔｏＢの製品はあまり人の目に触れませんが、機能性も含めてデザインを考えることは非常に大切です。今後は、お客様の職場環境や作業効率化と保管スペースなどあらゆる面からお客様のニーズを捉え、デザインを機能性の観点から考えていけるかがポイントになるでしょう。

個別化医療への対応が急務

シスメックスの長期経営目標についてお話しします。

企業というのは一般的に毎年、年度の計画を立てるのですが、私たちは少し長めのスパンで、長期経営目標および中期経営計画として三年の計画を立てます。長期の目標をもっていると、経営のブレがなくなります。その時々で変わる状況に右往左往していたら経営はうまくいきません。二〇二〇年に向けた長期経営ビジョンは、「A Unique & Global Healthcare Testing Company（個性的で世界的な医療検査機器企業）」です。

現在の計画では、二〇一八年三月期に売上高を三〇〇〇億円にしようと目標設定しています。収益力を高め、どういう成長への投資をするか、どう会社を変えていけるか、業界や自社の経営状況を総合的に勘案して経営目標の数値と中身を決めています。

医療業界の将来を考える上で大事なことは「あまねく医療から個別化医療へ」という時代の流れで

す。最近よく目にする個別化医療という言葉は、先述したゲノムの解読によって頻繁に使われるようになりました。人はそれぞれ皆違うということがはっきりとわかり、一人ひとりの体に合った治療が必要だという考え方です。

今は病気になったり、体が弱ったりするとたくさんの薬を飲みます。しかし、本当に効いている薬は一つか二つかもしれません。本来は、同じ病気でも効く薬はそれぞれ個人によって異なりますし、副作用を伴う薬もあります。このような個々の患者さんの体の特性や疾患の状態を見極めて効く薬だけを処方しようというのが個別化医療の考え方です。

例えば全体の一五％の人には効果がある薬があるとします。その一五％の人たちを見つけるにはどうするか。それを担うのが「検査」の役目です。それぞれの患者さんのゲノムの変化やミューテーション（突然変異）を見ながら検査していきます。ピンポイントで効果がある人にだけ薬を処方するのです。

これまでの医療における「検査」は、患部（臓器など）の一部を切り取った組織や細胞を顕微鏡などで調べる病理検査が主体でした。当社では、患者さんに負担のかかる病理検査を、負担の少ない血液検査で代替しようとしています。私たちの扱う機器が検査する対象は主に、遺伝子、タンパク質、細胞の三つです。人間の体というのは、大体この三つで成り立っています。それぞれをどう測るかが肝心で、新しい検査法の研究開発を進めています。

グローバルな視点をもて

最後に皆さんへのメッセージをお話しします。

まず、グローバルな視点をもってもらいたいということです。世界から日本を見てもらいたいですね。皆さん方の中にも海外旅行の経験がある人はたくさんいるでしょう。これから行く人もいるでしょう。海外に行ったら、名所旧跡を見ることも大切ですが、現地の方はどんなものの考え方をしているのか、どんな見方をしているのかを捉えることが重要です。そして、世界の人々の価値観を学んだ上で、日本を見たらどう見えるのか。改めて振り返ってみてください。日本の常識は世界の非常識ということがいくつも見つかるでしょう。

もう一つ大事なのは、ダイバーシティ（多様性）を認めることです。人にはそれぞれ違いがあります。日本の場合、日本人というのは同質的な民族

図表4-6｜デザインもバリュー

ですから、他民族の国々に比べると違いを感じにくいかもしれません。ところが、例えばアメリカにはいろいろな人種がいます。肌の色や顔かたちだけではなくて、宗教もまったく違います。日本人は宗教には比較的に淡泊ですが、海外では宗教は大きな意味をもちます。このように皆さんがグローバルに活躍をしていくためには、相手の文化そのもの、ヒストリーそのものが違っているということを前提にビジネスを始めなければなりません。

つまり世の中にまったく同じ人間などいないということを認めればいいわけです。しかし、接点は絶対にあります。相手とまったく同じでなくても、あるところでの共通点を見いだせばいいのです。

シスメックスは、世界中に社員がいます。企業内には様々な国の人たちがいて、バックグラウンドも宗教も皆違うのですが、私たちは企業理念のシスメックスウェイのもとに、企業として一つになろうとしています。この理念を共有することによって国籍や人種を超えて繋がり、ともに事業活動を行なっています。顔かたちは違えど、社員全員で共通の理念をもつことで、グローバルな企業活動ができるのです。

日本人の場合は、どうしても同じであることが当たり前だと思いがちです。「空気を読め」という言葉に日本人の同質を好む考え方が表れています。日本はジェネラリスト志向だけど、海外はスペシャリスト志向だというような違いはたくさんあります。

人は皆違うということを理解しなければいけません。自分と違うから排除するとか、無理やり自分と同じようにしようとするのではなくて、それぞれ違うということを前提に共通の夢を見いだし、どのように力を合わせていけるか考えることが非常に重要です。

そのために大切なのはコミュニケーションで、若い時から国籍や文化が違う人たちとどう交わっていくかが非常に大事です。当社では、若手に活躍してもらうための研修プログラムにも積極的に取り組んでいます。

また、グローバル採用をしており、本社採用で大体一割から二割ほどが外国籍の社員です。新入社員にも中国、インド、アメリカや香港、ヨーロッパの人たちもいます。このような職場環境で若いときからバックグラウンドの違う様々な人たちがいる環境に慣れていくことも大事だと考えています。

海外から来てシスメックスに入る人たち、例えばインドのＩＩＴ（インド工科大学）の人たちは非常に能力が高いと評価しています。彼らは一〇月に入社をして、四月に入社式があるのですが、六カ月でかなり日本語ができるようになるのですね。私たちは、今後もより人材のグローバル化を推し進めることが大事だと思っています。

最後に、皆さんに期待することをお伝えします。

一つめは、人脈を大事にしてほしいということです。積極的に周りと関わり、ネットワークをもつことですね。今はＳＮＳなどいろいろな形で、すぐに多くの人と交流ができます。しかし、フェース・トゥ・フェースで話をするのはネット越しのコミュニケーションと全然違うのです。お互いに相手の表情やしぐさも含めたいろいろな情報を得ながら、より深いコミュニケーションを取ることができます。

私たちもテレビ電話で海外と会議をしますが、いくらITが進歩したからとはいえ、直接顔を合わせる機会は絶対につくらなければいけません。じかにコミュニケーションを取るのは、非常に大事なことです。いろいろなネットワークや人脈は、そこから培うことができるのです。

二つめに期待することは、好奇心をもち、自分の目で見て考えてほしいということです。目で見るだけでなくて、考えることが大事ですね。今はネット検索をすればいろいろなことがすぐわかります。そして情報を得ただけでわかった気になってしまいがちです。けれどそれは見ているだけの話で全然頭に残っていない。見た情報から何も考えていないからです。情報に頼るだけでなく、自分の目で見て考えるということが非常に大事です。

そして、現場に行くことも大切です。インターネットで繋がっていれば、ともすれば自分の部屋の中だけでいろいろな情報が得られます。外に出ていかなくても、世界中のあらゆる情報が得られる。けれど実際に目で見ていない情報は間違っていることもあります。現場に行くと、まったく違う印象をもったり違う事実がわかったりします。

さらにコミュニケーション能力を高めるために、自ら発信することも大事になります。能動的に発信するのは、日本人は不得意なようです。ミーティングをしても、日本人はあまりしゃべらずに、海外の方はがんがん手を挙げて自己主張をします。できるだけ自分から発信することを心掛けるのは非常に大事だと思っています。

そして、自分は将来どうなりたいか、何をしたいかをよく考えることです。自分の夢がわからずに何となく流されるまま、何をしているかもわからない会社に就職をしてしまう学生もいます。とりあえず銀行、とりあえず商社、という目標を立てている学生もいます。自分は将来どうなりたい、何をしたい、何に興味をもっているのか、ということにじっくり向き合って考えることも必要です。

志をどうもつかということが実は非常に大事で、これは自分で考えて答えを出していかなければなりません。誰かから言われたからということで何かを決めるのではなくて、自分で考えることが大事なのです。

私のモットーは「意あらば通ず」です。

英語で言うと「Where there is the vision & the will, there is a way」vision と will が大事です。意志をもって、しっかりとしたビジョンを立てて実行する、そうすれば、そこには道が開けてきます。

[質疑応答]

――御社は海外に多くの事業所がありますが、現地でのマネジメントの仕方として、海外拠点のトップは現地の方なのか、それとも日本から派遣されるのか、また、現地で何か意思決定をするときに必ずコーポレート（日本）にも意思決定を求めないといけないのか、ある程度現地に任せているのか、といったことを教えてください。

家次氏　私たちのリージョナル（統括現地法人）のトップは非日本人です。日本人はナンバー二か三ぐらいには一人入れます。ですから、当社の特徴は海外事業のマネジメントというのは海外の人、地元の人に任せるというのが基本です。

一方で、大事なのは海外事業所とコーポレート（日本）とのコミュニケーションをどうするかということで、海外拠点における幹部と三カ月に一回ぐらい神戸でミーティングをしています。

現地のマネジメントは日本人では無理なことがたくさんあります。現地スタッフから見れば、日本で営業成績がトップだった外国人（日本人）が新任のトップに就いたと思われてしまいます。やっぱり現地の人がマネジメントしたほうがスムーズです。ただ、現地の人に海外事業所のマネジメントを託すには、繰り返しになりますが、コーポレート（日本）とのコミュニケーションが重要になります。

権限については、現地に権限を委譲している部分と、案件の重大性によってはコーポレート（日本）の決裁が必要になる場合があります。

――もう一つ伺います。取締役会の構成メンバーは、全員日本人でしょうか。それとも海外の取締役の方が入っているのでしょうか。

家次氏　取締役は日本人です。ただ、執行役員にはドイツ人とイギリス人がいます。通常の私たちのビジネスのミーティングというのは執行役員レベルで行ないますので、取締役会というのはあくまで監督機能といった位置付けです。

――非常に魅力的な会社だなと思ったんですが、もしシスメックスに足りないものがあるとするなら何でしょうか。

家次氏　シスメックスに足りないものというのは、私たちはまだまだ検体検査の領域において、世界で八番目の発展途上の会社ですから、何が足らないかという話より、何をしなきゃならないかという話が大事なんですね。やはり、これからの世の中の変化、技術の変化にどうついていって、時代の変化に合った製品、サービスを生み出せるかどうかが大事です。今はゲノムの分野などに力を入れていますけれども、まだビジネスにはなっていません。技術はあるけど、ビジネスにはなっていない分野をどういうビジネスにしていくかということも大きな課題です。

あと、足りないものとしては、女性の管理職の割合ですね。もっと増やしていかなければなりません。女性の役員を出していくのは非常に大事です。ただ、日本には、今まで女性を管理職に登用する環境がなかっただけに、急に役員に誰か女性をというのはなかなか難しいのが現状です。管理職にふさわしい人材をしっかりと育てていかなければなりません。

――アフリカなど医療があまり発達していない地域に市場としてのポテンシャルがあるといった話がありましたが、「あまねく医療から個別化医療へ」という流れを考えたとき、発展途上国に対していきなり個別化医療を導入するのか、それとも導入はあまねく医療でいくのか教えてください。

家次氏　発展途上国への進出は非常に大事で、基本的にはまだまだ私たちは従来のあまねく医療における検査でビジネスを展開できるのではと考えています。

アフリカなどを考えるときに大事なのが、公衆衛生や環境についても考慮しながら事業を展開する必要があるということです。簡単な検査を導入するか、あまり電力を使わない機器を導入するか、など方法はたくさんあります。しかし、それはだんだん高いレベルが求められていくことも事実です。いずれにせよ、ステップ・バイ・ステップで取り組んでいかなければなりません。アフリカはエボラ出血熱のような感染症のリスクが高いため、私たちにとってはチャレンジの場所となります。

個別化医療についてですが、本格的な普及はまだ先になってくると思いますけれども、遺伝子情報から得られたデータを集め、ビッグデータをつくる構想があります。二〇一五年一月、オバマ大統領は、一般教書演説にて一〇〇万人のゲノムコホート研究（注6）を実行すると宣言しました。アメリカ人一〇〇万人のゲノムのデータを全部取るのですね。そうすると、医療のビッグデータができ、個別化医療を実現する基礎となります。日本人は単一民族だからもっと少ない人数で済むと思いますが、日本でも同様の研究を行ない、集められたビッグデータをベースに今後病気を事前に予防できるように研究が進むかもしれません。そうすると、医療はちょっと変わっていくと思います。

――株式時価総額が五〇〇億円から一兆五〇〇〇億円になって、特にここ数年の伸びが著しいなと思っていますが、この理由というのは内部的な要因なのですか、それとも外部的な要因ですか。

家次氏　業績がうまく積み上がってきているというのが近年シスメックスが好調である理由の一つだと思いますね。確実に継続して二桁成長を続けています。それから、私たちの株主の全体の構成からいくと約四〇％が海外の機関投資家ですのでＩＲ活動は非常に大事だと実感しています。ＩＲ活動というのは、「Investor Relations（インベスター・リレーションズ）」といい、投資家に向けて業績や財務状況、事業動向などの情報を発信していく活動のことです。ＩＲ活動を通じ、株主との関係を大事にして、国内外の隔たりなくいつも対話をしていく姿勢を大切にしています。個人の株主にも投資家説明会で丁寧に対応していく中で、だんだんと高い評価をいただくようになり、株価にうまく反映されてきているのかなと感じています。

（注6）ゲノムコホート研究
健常人の集団を登録し、二〇年以上にわたって追跡し、その人たちの医学的な情報、環境や生活習慣の情報、そして全ゲノム塩基配列をすべて集め、この人たちがどのような病気を発症し、あるいはどのような治療を受けて、どのように反応したかを解析する調査。

――イギリスのEU離脱など、今も世の中の潮流の変化があると思いますが、例えば、五年、一〇年先を考えたときに、社長はどのような環境の変化を予想し、戦略を練っていますか。

家次氏　医療業界でいうと、サイエンスの進歩によって大きく世の中が変わってくる可能性があると思います。例えば、AI（人工知能）が実用化されたら医療業界は、そして社会はどう変わるのかという議論があります。

今、シスメックスは川崎重工業さんと合弁でメディカロイドという手術ロボットの会社をつくって開発を進めています。これから手術の際は、ロボットがより使われる時代になるでしょう。人間は疲れるけれどロボットは疲れませんし、人間は手が二本しかないけれど、ロボットなら五本でも六本でも作れる。医療にはいろいろな技術も含めた進歩があるので、医学の進歩に乗り遅れず、どう先取りできるかが大事だと思っています。

――御社は世界中に拠点を持っていますが、その拠点ごとに採用方法や企業文化を変えているのか、それとも統一しているのか、教えてください。

家次氏　それぞれの国で、それぞれ法律も違うしカルチャーも違うので、基本的には現地で採用します。現地での採用については、それぞれの拠点のトップに任せています。

――社長は文系の出身で、会社は技術系です。私も文系なのですが技術系の会社を経営しておりまして、いつもマネジメントが難しいなと思っています。技術者が多い中でどういったことを考えてみんなに接すれば、うまくマネジメントできますか。

家次氏　大切なのは、すべてを理解しようということよりも、社員それぞれがもつ考えをよく聞いていくことと、もう一つは論理性をもつということです。論理的かどうかは文系も理系も関係ありません。理系にも情緒的な人はいますし、文系でも論理性の高い人がいます。大事なことは、論理はきちっと守って、なぜこうなんだということを理解した上で業務を進めることです。

確かに私も高度に専門的な部分はわかりません。そういうときには専門性のある人がその仕事にどう関われるかが重要です。例えば、営業の社員は文系の人が多いのですが、交渉する相手は医師など専門性のある方たちです。現場で専門的な話になったら、答えを出す必要はありません。むしろ相手が何を話したか、相手がどういう状況にあるかを理解することが求められます。あとは、中途半端な知識で答えずに、専門性のある社員たちに任せるべきです。ただ、向こうが何を言っているのかがわかるぐらいの勉強はしなければいけないでしょう。

――混沌《こんとん》とした環境の変化の中で、これから社会に出る学生たちの中には自分の志が見つからない学生や、周りに流されやすい学生もたくさんいると思います。アドバイスをいただけますか。

家次氏　高校野球の選手がプロ野球選手になりたいというのはわかりやすい目標ですね。しかし、自分がどうしたいか、何をしたいかというのは、若い時はなかなか決まらないし、クリアにわかっている人は少ないと思います。私は基本的に試行錯誤が大事だと思います。

ずっと試行錯誤をしていても仕方がないですが、ある時期までは、自分の得意・不得意、向き・不向きをどう見いだしていけるかが大事になります。

志をもつのは非常に大事なことで、それは自分が組み立てるものですが、学生の時は情報量、経験量が少ないですね。

情報や知識をどう集めるかということがポイントかもしれません。自分が興味をもったものであれば、勉強する分野は文化でも芸術でも何でもいいと思います。

――二〇年間の社長のご経験の中でいちばん苦労したことや失敗を教えてください。

家次氏　失敗の一つにＩＴ化があります。一九九〇年代に医療分野のＩＴの会社を買収したり、潰したりといろいろな失敗がありました。結構な額のお金を使ったのですが、それが無に帰しているかというとそうではなくて、事業を広げる上での大切なベースになっています。

人間というのは何でもかんでもうまいことといくわけではありません。失敗から学ぶことと、何かに挑戦するタイミングをつかむことは非常に大事です。

私が致命的な失敗をしていないから今、会社は存続していると思っていますが、やはりいろいろなことに挑戦してみなければなりません。

すべてがうまくいっている会社はまず存在しないでしょう。うまくいっていない部分と、うまくいっている部分をトータルするとうまくいっているほうが多い企業というのが成長できると思っています。

ビジネスモデルの選択

「Razor and Blades モデル」あるいは「ジレットモデル」という言葉をご存知の方は多いと思います。カミソリの持ち手と替え刃を別売りにし、持ち手の価格は安く抑える。一方で、ジョイント部分を自社の替え刃しか取り付けられない特殊な形状とし、替え刃を継続的に購入してもらうことで、長期にわたって安定した収益を上げることができるビジネスモデルです。

「ジレットモデル」という言葉の通り、交換式カミソリを発明したアメリカジレット社が有名ですが、コピー機とインクトナー、コーヒーマシンと専用コーヒーカプセルなども、ハードを安価に（あるいは無料で）設置した後に、比較的高価に設定した消耗品を継続的に利用してもらうことで息の長い収益を得る同様のビジネスモデルです。

このビジネスモデルでは、最初にハードを納入した段階で得られる利益が小さいため、いかに継続的に消耗品を購入してもらうかが重要です。つまり、後から購入してもらう消耗品に対する需要が絶えず存在することが必要条件となります。

例えば、ゲーム機とゲームソフトもハード＋ソフトで稼ぐモデルといえますが、ゲームソフトは流行り廃りが激しく、ゲーム機産業の歴史は、まさに栄枯盛衰の歴史です。かつてはファミコンが、近年ではWii や Nintendo DS が大ヒットした任天堂も、足元ではスマートフォンにゲームプラットフォームの主役の座を奪われ、苦境が続いています。ゲーム産業は参入障壁の低さから長期投資にはなじみにくいのかもしれません。

一方で、男性がひげをそらなくなる世の中が来るとは俄かには想像できません。競合メーカーへの乗り換えや模造替え刃の出現と戦いつつも、ジレット社が一〇〇年以上にわたって（※二〇〇五年、P＆G社に被吸収合併）事業を継続できている背景には、この需要の永続性が存在しています。

講義録にある通り、シスメックスも血球計数装置を納入後、検査のたびに継続的に使用される専用試薬と保守サービスで稼ぐビジネスモデルです（シスメックスの場合は、機器（ハード）でも収益を上げています）。血球計数検査は、病気の人だけでなく、健康診断などで誰しもが当たり前に、繰り返し受ける検査のため、試薬の需要は世界中で常に存在しています。また、その検査結果は人の健康や生命に関わる可能性があるため、高い正確性が求められます。したがって、第三者が製造した模造試薬が使用されるケースはほとんどないようです。まさに「Razor and Blades モデル」がなじみやすい財の性質を有しているといえます。

このようにビジネスモデルとは、会社の扱う商品やサービスの性質と密接に関係するものですが、当たり前のように規定されている訳ではありません。自社が軸足を置く産業、事業の構造や競合環境などに応じて、経営者が「どう稼ぐのか」を主体的に考え、選択すべきものなのです。

第五章

「権限委譲」こそ、人材育成の最適ツール。

一桁の利益率を一一％超に押し上げた成果主義経営

カルビー株式会社 代表取締役会長兼ＣＥＯ　松本 晃

モノを売るのが天職

まず、私の自己紹介からさせていただきます。私は一九四七（昭和二二）年に京都市中京区、二条城の近くで生まれました。その後、家族で伏見区の桃山に引っ越し、桃山小学校、桃山中学校、桃山高校で学びました。

大学進学を考えたときに、皆さんと同じように京都大学経済学部というのがなかなか格好《かっこ》いいなと考えていたのですが、どうも私の能力では入学できないのではないかと迷って、学部はさておき、ともかく京都大学に入りたいと、何もわからないままに農学部に入学しました。

人並みの大学生活を送って三年生の夏が過ぎた頃、あの七〇年安保闘争がありました。ある日の夜、マージャンをして帰宅途中、京大の周辺が騒がしいので、やじ馬として行ってみました。

「何かが起こっているようだ、これは面白そうだ」と思って、別に私には特別な政治的な思想とか、所属するセクトなどはなかったのですが、少しだけ首を突っ込んだら、翌日にはゲバ棒を持ってヘルメットをかぶっていました。

こんなくだらないことをやっていても仕方がないなということにはすぐに気付きましたが、それ以降の一年半はまったく授業がありませんでした。授業のない大学は最高でした。そんな気持ちのいい生活を続けたいと思って大学院に行ったのです。

しかし、大学院に気持ちのいい生活などあるわけがなく、頭のいい人ばかりの集団の中で私などには勝ち目がありません。これはあかんと思い、「早くここから出ないと俺の人生はない」と、とにかく無理やり伊藤忠商事に入れてもらいました。一九七二（昭和四七）年のことです。

伊藤忠商事は商社ですから、モノを売るのが仕事なのですが、天職に恵まれたという気がしました。今でもモノを売ることにかけては、恐らく天才なのではないかと思っています。伊藤忠には二〇年半いましたが、その間会社はいいときと悪いときがあって、結局二〇年たってみるとまったく何も変わっていませんでした。株価は半分ぐらいになり、まったくよくなっていない。伊藤忠というのは非常に厳しい会社でしたが、残念ながら非常に冷たい会社でもあったのです。今は、私より四年下の岡藤（正広）さんという非常に優秀な方が社長になり、素晴らしい会社になっています。

私は、四五歳が人生の転機だと最初から決めていましたから、四五歳で伊藤忠を退社しました。伊藤忠で働いている時から、伊藤忠の仕事で結果を出しておけば、再就職するにしてもきっといい話があるだろうと思っていましたが、結果いろいろな業種の二三社からオファーをいただき、その中でジョンソン・エンド・ジョンソンを選びました。

ジョンソン・エンド・ジョンソンというのは、非常に厳しいけれど、温かい会社でした。業績はどんどん右肩上がりによくなっていきました。私がジョンソン・エンド・ジョンソンにいた時代、営業利益率が五二%まで上がりました。売上が毎年一八%ずつ上がり、利益は毎年二〇%以上、上がっていきました。外資企業ですが、この数字は日本法人のものです。世界全体では売上も利益も毎年一〇%ずつぐらい上がったと思います。社長を務めさせてもらって、定年で退職し、一年後の二〇〇九(平成二一)年にカルビーからオファーがあり、会長を引き受けることになったわけです。

それから七年がたちましたので、ぼちぼち賞味期限が切れたかなとも思いますが、この七年間はとにかく変革の歴史でした。とはいえ、当初の目標に比べればまだまだで、山でいうとやっと二合目ぐらいです。

Change, or Die!

さて、私の自己紹介はここまでとして、今日は「Change, or Die!」というテーマで話したいと思います。「Change, or Die!」とは「変革する気がないのなら死んでしまえ」という意味です。

少々歴史を紐解いてみましょう。皆さん学生の方がほとんどですから実感はないと思いますが、過

カルビーの本社が入る丸の内トラストタワ　本館（中央：東京都千代田区）。

カルビー株式会社

国内最大のスナック菓子メーカー。1949年の設立以来、「かっぱえびせん」、「ポテトチップス」、「じゃがりこ」をはじめ、数々のヒット商品を生み出し続けている。近年は少子化による市場縮小や競合企業の台頭により、業績が伸び悩んでいたが、2009年、経営体制を一新。ジョンソン・エンド・ジョンソンの経営トップを15年間務めた松本晃氏を招聘《しょうへい》し、その後再び成長軌道に乗り、2016年3月期まで7期連続の増収増益を達成した。

松本 晃（まつもと・あきら）

カルビー株式会社 代表取締役会長兼CEO

1947年、京都府生まれ。1972年に京都大学農学部修士課程を修了後、伊藤忠商事株式会社に入社。同社の子会社であるセンチュリーメディカル株式会社の取締役営業本部長を経て、1993年にジョンソン・エンド・ジョンソンメディカル株式会社（現・ジョンソン・エンド・ジョンソン株式会社）に入社。代表取締役社長、最高顧問を歴任後、2009年6月にカルビー株式会社の代表取締役会長兼CEOに就任。以来、2016年3月期まで同社を7期連続の増収増益に導いている。

去七〇年間は経済的に激動の時代でした。一九四五（昭和二〇）年に太平洋戦争が終わり、冷戦構造の中で日本は西側社会につくことを決め、一九五一（昭和二六）年のサンフランシスコ講和条約で主権を回復しました。一九五五（昭和三〇）年には自民党ができて政治体制が安定し、一九六〇（昭和三五）年には日米安全保障条約の改定がありました。

重い課題だった安全保障問題がひと息つき、政府はこのときに「軍備最小、経済一辺倒」という方針を出したのです。この国策に日本人の勤勉さが応えたのですから、経済が右肩上がりに成長したのは当たり前といえば当たり前ですね。高度経済成長といわれた時代を経て、土地や金融資産を元に日本中が盛り上がったバブル経済も経験しました。そして一九八九（平成元）年一二月二九日には日経ダウ平均が約三万九〇〇〇円を記録するまでになったのですが、右肩上がりの成長もここが頂点でした。その後は、ぱっとしない状況が続いていきます。

日本経済が迷走することになる一つの前兆が、一九八九年一一月九日に起きています。東西冷戦の象徴だったベルリンの壁が崩壊しました。西と東の戦いは終わりました。日本経済としては、アメリカから持ち込んだいろいろな工業製品を日本人なりに改良して、いいモノを規格大量生産して、またアメリカやヨーロッパに輸出するという時代が終わったのです。

その後、一九九五（平成七）年には阪神・淡路大震災に襲われ、一九九八（平成一〇）年にはアジアに金融危機が起こりました。二〇〇三年に世界同時不況が発生し、二〇〇八（平成二〇）年にはリーマンショック。そして二〇一一（平成二三）年には東日本大震災と、散々な時代でした。

近年では二〇一二（平成二四）年に安倍（晋三）さんが現れて、突然アベノミクスと称して日銀総裁の黒田（東彦）さんと一緒に、日本経済を活性化させるためにカンフル注射を三回打ちました。金融緩和策なのですが、資金供給量を二年で二倍にすると宣言した一回目は確かに効果がありました。しかし、二回目の効果はその一〇分の一ぐらいになって、三回目はほとんど効果がありませんでした。

では、冷戦後、なぜ日本は衰退していったのでしょうか。それは、何も変えてこなかったからです。私は政治家ではないので、何の力もないのですが、これを日本ではなくて企業に置き換えてみると、自分で変革できることがたくさんあります。自分たちは企業活動で変化するしかない。自分たちが変化しなかったら、会社も個人も死んでしまいます。それが、「Change, or Die!」です。

七年連続増益程度で威張るな

ではカルビーはどのような変革をしたのか。カルビーは、中小企業に毛が生えたような規模の会社ですが、それでも少しは変えてきました。昨年度（二〇一五年度）の決算では営業利益一六・三％増で、七年連続で増収増益です。この七年間ずっと過去最高売上、最高利益、最高の配当をしています。しかし、これは嬉しがることでも自慢することでもない。「こんなもん何じゃいな」、「七年ぐらいで威張るな」と社員にはしつこく言い聞かせています。三〇年ぐらいは成長を続けない限り、現状に満足したらそれでおしまいだよと口を酸っぱくして言っています。

では、この七年の間、何をしたかというと、古くて使いものにならなくなった社内の仕組みを変えていきました。そして悪《あ》しき文化も壊しています。組織や会社というのは、放っておくとどんどん悪い文化が増殖します。それを破壊しています。それだけです。

ここからは、「Change」のために私がどんな考えで経営をしているのか、少し話したいと思います。皆さんは大学で経済や経営を勉強していると思いますが、実際に企業経営をしていると、机に座って一生懸命勉強をしている暇はありません。したがって、自分が考える理想の経営はこういうことなんだ、世の中で経営というのはこういうことなんだと、決めつけてやるしかないのです。

私の経営に対する考えが正しいか、正しくないか、そんなことはわかりません。もちろん、このようなテーマに正解などないわけですが、私は経営というのは次のようなものだと思ってやっています。

経営というのは、すべてのステークホルダーズを喜ばすことが目的です。したがって、「経営というのは株主が喜んだらそれでいい」ということでは決してありません。経営というのは、みんなが喜ばなければ経営とはいわない。じゃあ、すべてのステークホルダーズというのは誰かというのは、後でお話しします。

経営はそんなに難しいことではありません。「世のため、人のため」を追求することに尽きます。世のため、人のためにならない事業は経営とは呼ばない。会社の経営にとって、これは必要条件です。

では、十分条件は何かというと、「儲けろ」ということです。なぜなら儲からないと何もできないからです。儲からないと設備投資ができません。儲からないと新しい商品を開発できません。儲から

図表5-1 ｜ うまくいく経営に欠かせない3要素

ないと社員の月給も増やせなければ税金も払えなくなってしまいます。さらに、社会貢献ができない、配当が出せない――と要するに何もできない。つまり、経営というのは儲けないと何の意味もないんだということです。

経営に欠かせない三つの要素

そして、経営には、こうやったらうまくいくという大きな三つの要素があります（図表5－1）。

一番目はビジョンです。経営というのは、まずビジョンから始まります。ビジョンとは言い換えれば、「この指とまれ」と天に指を突き出すときに叫ぶ言葉のことです。これは会社に限ったことではなく、組織すべてに共通することです。学生さんの身近なところでは、体育会が典型的な「この指とまれ」の組織です。ビジョンがないと活動が始まりません。同好会とは違うのです。同好会はビジョンがなくても、ただ仲良くやればいいわけですから。

「この指とまれ」とはつまり「私はこんなことをやろうと思っている。私の考えに同調するやつ、集まってこい。同じ考えの仲間でやろう」ということです。ただ、経営において「こんなこと」は観念的なもの、抽象的なものになりがちですから、より具体的にする必要があります。

したがって、二番目に必要な要素は、ビジョンを具体化したプランです。プランとは、どんな商品やサービスを、いつまでに、どれだけ——という具体的な内容のことを指します。会社というのは、いいビジョンがあって、いいプランがあったら、あと必要なのはたった一つしかありません。

それが三番目のリーダーシップです。しっかりした経営者がいないと会社というのはうまくいきません。

ここで、カルビーのコーポレートビジョンを紹介します。

私が二〇〇九年六月二五日に会長に就任して、翌々日につくったものです。まず、私たちは仕事をしていると、多くのステークホルダーズに囲まれていきます。私たちは、そのステークホルダーズに対して責任を果たさなければなりません。

ステークホルダーズというのは、多種多様に思えますが、実は四種類に分けられるのです。四種類のステークホルダーズに優先順位を付けて、その順番に従って、責任を果たさなければいけない。この順番を間違えると、会社というのはうまくいかないのです。

優先順位の一番目は、顧客と取引先です。お客さんと取引先に対してきちんと責任を果たさなけれ

図表5-2 ｜ コーポレートビジョン

VISION

顧客・取引先から、次に従業員とその家族から、
そしてコミュニティから、最後に株主から
尊敬され、賞賛され、そして愛される会社になる

ばならない。

二番目は、一緒に働いている従業員と従業員の家族です。この人たちに対して責任を果たさない限りは、会社は成功しません。

三番目は、コミュニティです。コミュニティとは何でしょうか？　コミュニティというのは、私たちが住んでいる地域社会であり、自分たちが住んでいる国、世界、地球です。そしてさらに資源、環境もあります。私たち経営者はこれらコミュニティに対しての責任をもっているわけです。

株主は、残念ながら四等賞です。株主が怒って「俺は三等賞だ」、「二等賞だ」、「いやいちばん大切に扱え」と言うのなら、その通りにしてみればいい。会社はうまくいかなくなり、株主も損をして自業自得となります。ステークホルダーズに対してこの順番通りに責任を果たしていけば、結局いちばんいい思いをするのは株主さんだと思います。

そして、すべてのステークホルダーズから尊敬されて、賞賛されて、愛されたらいいなというのがカルビーのビ

図表5-3 ｜ 素材別スナックシェア

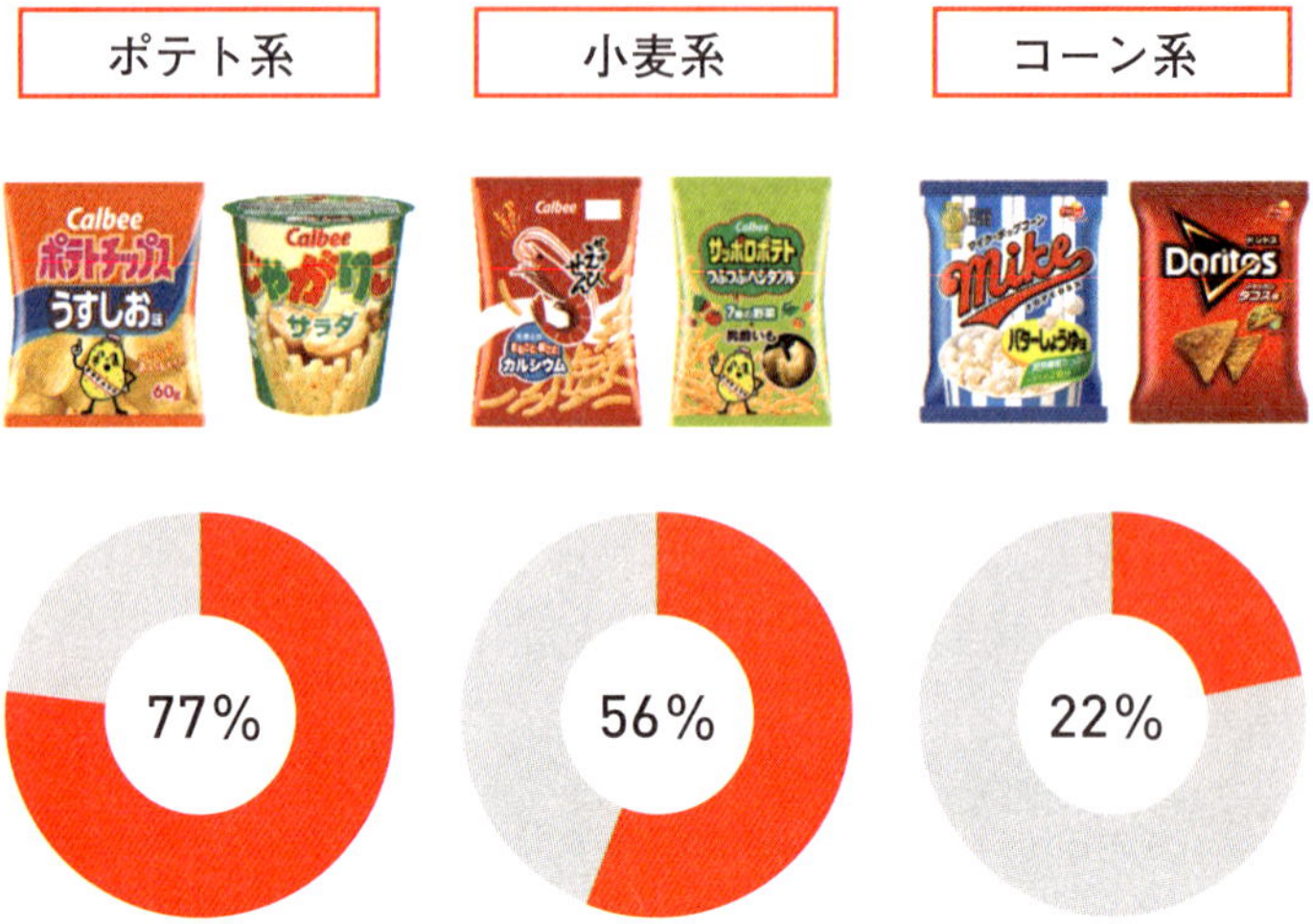

※商品の写真は講演当時（2016年7月）のパッケージです。

ジョンです。では現状で、カルビーが尊敬とか賞賛されているかというと、そんなことはないです。ただ、商品の性格上、いくらかは愛されているかもしれません。

仕入れの仕組みを変えろ

ここで、カルビーについて改めて紹介します。カルビーは皆さんよく知っているスナック屋です。今年（二〇一六年）で創立六七年になります。出身は広島です。最初の一五年間は鳴かず飛ばずで、その間、一回倒産しています。一九六四（昭和三九）年、東京五輪の年に、「かっぱえびせん」という商品が当たり、それからは比較的順調に成長してきました。

しかし、残念ながら、二〇〇〇（平成一二）年に入ってから成長が止まりました。しかし、成長が止まったといってもカルビーはスナックというジャンルでは断トツの業績を上げている会社です。七年前は国内二番目の競合に比べて売上は三倍以上ありました。今は六倍以上になっています。

ちなみに、過去一五年間くらい、日本のお菓子、スナックの市場はまったく成長していません。低成長というよりもまったくの横ばいです。その中でカルビーは、過去七年間は前年比で一〇％近い成長を続けてきました。営業利益では、毎年二〇％成長してきています。

さて、スナックというのは、「何から作られたか」という素材別に分類されます。その中で圧倒的に大きいのは馬鈴薯（注1）を原材料にしたスナックです。「ポテトチップス」、「じゃがりこ」、「Jagabee」などがそれに当たります。この分野でのカルビーの国内シェアは七七％です。

その次は、小麦を材料にした「かっぱえびせん」、「サッポロポテト」などで、五六％の国内シェアがあります。

最後はトウモロコシですが、これは業界ではトップなのですが、国内シェアは二二％とあまり高くありません。市場そのものもあまり大きくない分野です。

スナックともう一つ、シリアルという市場もあるのですが、カルビーは低迷していたこの市場をたき起こしました。日本では小さな市場であり、カルビーも長く商品を出しているものの売上の伸び

（注1）馬鈴薯
ジャガイモの別名で「ばれいしょ」と読む。特に収穫期のジャガイモのことを指すことが多い。語源は一七世紀中国で、イモの形が馬の首に付ける鈴に似ていることから名付けられた。

図表5-4 ｜ 業績ハイライト

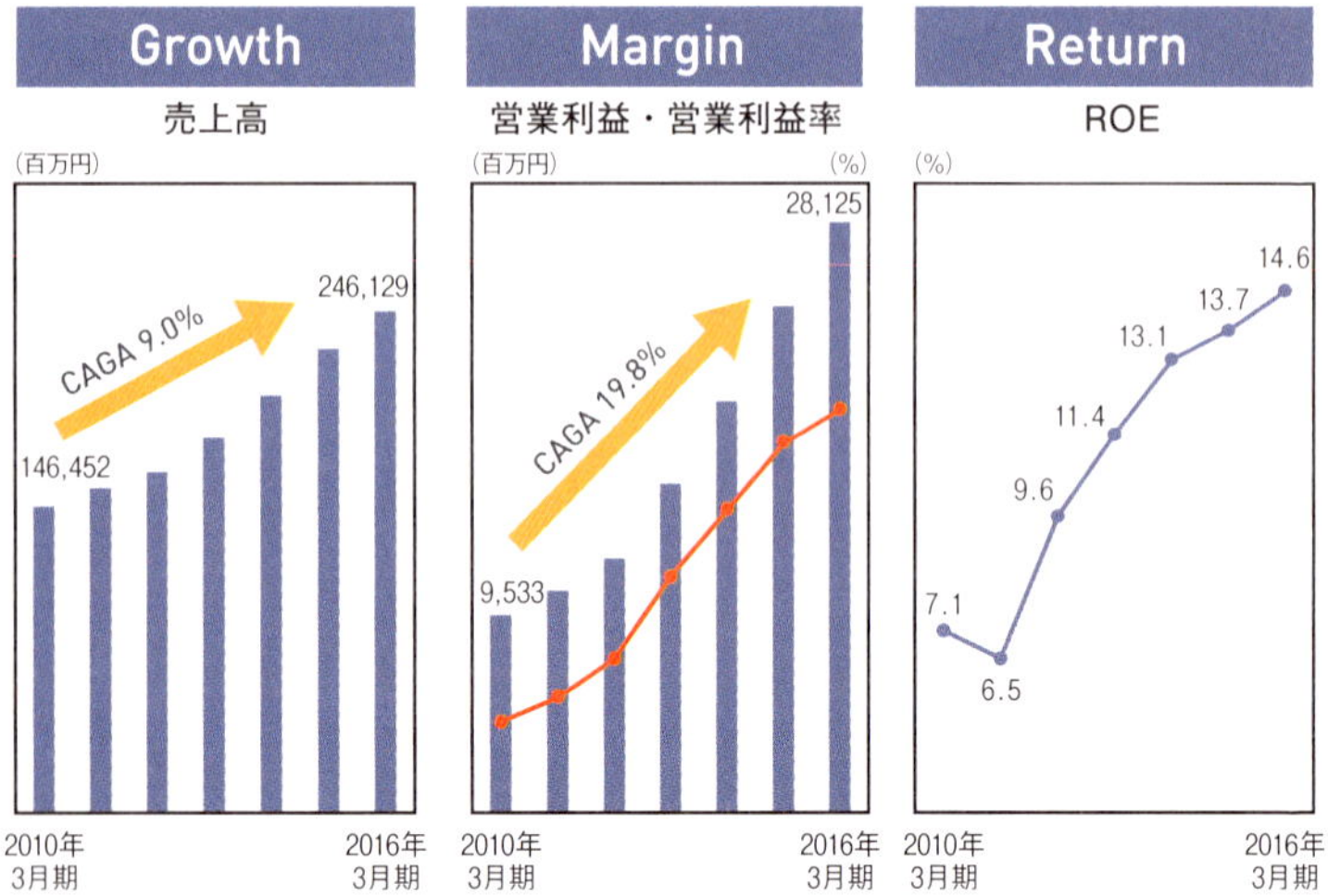

ない分野でした。私が会長になってフルーツグラノーラという商品の名前を「フルグラⓇ」と変え、それが当たったのか知りませんが、今や作っても作っても売り切れになってしまう状態です。

次に商品から離れ、今流行りのROE（自己資本利益率）（注2）についてです。私はあまり好きな指標ではないのですが、投資家や株屋さんは結構好きな数字ですね。日本の平均が六%ぐらいという中で、カルビーは一時期一・五%まで下がっていたらしいのですが、今は一四・六%となっています（図表5－4）。

二〇一一年三月一一日の東日本大震災の朝に、カルビーは東証の一部に上場しました。それまでは、非上場会社だったのです。上場してから一株を四株にスプリット（株式分割）（注3）していますが、株価は最初の四年で一一倍になりました。

しかし、この一年はいくらか不振です。それは会社がそれまでほど成長していないということの裏返しですね。それでも上場したときの価格に比べると、約八倍になっています。

私は、カルビーのオーナーでも大株主でもないので、株価の変動にはあまり興味がないのですが、経営者としては、次のような考え方をもっています。「株価はすべてのステークホルダーズからの通信簿」。したがって、すべてのステークホルダーズからの評価を株価が表していると思っています。そうすると、最初の四年間は割と高い評価をもらいましたが、この一年間は大したことないと思われている、そういうことではないでしょうか。

変革に難しいことは必要ない

カルビーは変革の途上にあります。何のために変革するのかを考えたとき、それはすべて「成果・結果を出すため」です。要するに儲からないことはやりません。もちろん、儲けを上げる前の前提と

(注2) ROE(自己資本利益率)
自己資本利益率。株主資本(株主による資金=自己資本)が、企業の収益にどれだけ繋がったのかを表す。ROEが高いほど株主資本を効率よく使い、利益を上げる経営がなされていることを示している。
(注3) スプリット(株式分割)
企業がすでに発行済みの株式一株をいくつかの株式に分割すること。例えば、一株九〇万円の株を三分割した場合、三〇万円の株が三株になる。一株当たりの株価が安くなることによって、参加できる投資家が増えるため、企業は株式の流動性を上げることができる。

して、「世のため人のため」があります。エシックス（倫理・道徳）はどうしても大事です。インティグリティ（真摯《しんし》さ）ともいいますが、ここから外れたらお話にならない。法律順守なんていうのは当たり前のことで、もっと大事なことがこの倫理観だと思います。そしてそれらの前提に立った上で最大の成果を出すのが会社の経営というものです。

私がカルビーで最初にしたのは、企業文化の見直しです。七年前にカルビーに来たときに驚いたことがありました。朝、出社したばかりの私に「お疲れさま」と声をかけてくる社員がいたのです。朝から疲れているわけないですよね。朝から疲れているのは、一日仕事にならない使えない人です。朝は「おはようございます」、お昼になったら「こんにちは」と、挨拶習慣から変えていきました。

もう一つは、世界のどこの国にもない、日本の一般企業にしかない悪いハビット（習慣）を直すことです。それは、社内で人を呼ぶときにタイトル（肩書）で呼び合うことです。

何とか部長、何とか常務、社長、会長と平気で呼び合っているのは、世界広しといえども恐らく日本だけです。そういう呼び方はやめましょう、ということで、「何とかさん」でいいですよと言いました。親しくなれば「ちゃん」でもいいし、ファーストネームだけでもいいんです。私に対しても「会長と呼ぶな、松本さんでいいんだ」と徹底しました。まあ、晃さんでもいいし、松ちゃんでも何でもＯＫなのですが。そのようなレベルから変革を始めないといけなかったわけです。

私がカルビーに入ったのはちょうどカルビーの還暦の年でした。就任して最初の二日間で社員に創立から六〇年の仕分けをしてもらいました。私は、カルビーの新米ですから口は出しません。

まず、最初の半日は「カルビーのこれまでの六〇年間で良かったことは何だ」ということを棚卸ししました。聴衆の皆さんはまだお若いですが、それでもあると思うんですね。自分の二〇年ほどの人生の中で「これはよかった」ということが。棚卸しというのは、そういうことなんです。カルビーでもいっぱいありました。いっぱいあったからこそ、そこそこの会社になっていたのです。

一日目の後半戦は「良いと思うけれど、できてないこと」は何ですか、でした。私のカルビーでの一日目はこれで終わりました。

二日目の午前中は、「こんなことはやめたほうがいいこと」がテーマでした。民主党政権で蓮舫さんがやった仕分けは「前の政権の自民党がしてきたことはすべて悪い」というところから始まっていたからうまくいかなかったんです。「良いこと」、「良いのだけれど、できてないこと」、「すぐにやめたほうがいいこと」に分けて考えて、ただの時間とお金の無駄遣いになっていることをやめればいいんです。

作業二日目の後半に私が示したのが、中世のモンゴルの官僚である耶律楚材《やりつそざい》の言葉である「興一利不如除一害」です。これは、「一利を興すは一害を除くにしかず」と読み、何か良いこと、新しいことをやるよりも、今ある悪いことをやめよ、今の悪い癖をやめよということを説いています。次に、同じく耶律楚材の言葉である「生一事不如省一事」。「一事を生むは一事を省くにしかず」と読み、何かを生むよりも何かを省くことのほうが重要であるという意味です。これらの言葉は今のカルビーの企業文化となっています。七年前に行なった仕分けですが、その後も年に二回のペースで続けています。

厳しいけれど、あったかい会社

私が来たとき、カルビーはとてもあったかい会社でした。しかし甘い。この甘さは会社を成長させる妨げになります。それで、カルビーという会社を「非常に厳しいけれど、あったかい会社」に変えたわけです。

「厳しい」という言葉の意味は「成果、結果を出せ」ということです。野球の選手でもゴルファーでもそうです。プロ野球の選手が毎年三割を打って、ホームランもそこそこ打っていたら年俸はどんどん上がります。しかし、毎年二割二、三分だったら、年俸が上がらないどころか、シーズンオフになって「あんたもうあかんわ、もう戦力外や」と言われてしまうかもしれません。プロゴルファーも予選落ちしたら経費がかかるだけで、一銭にもなりません。ただ、優勝したら大きな賞金をもらえます。そういうのが「厳しい」世界です。勝負の世界も会社経営の世界も残念ながら厳しいのです。

では、「あったかい」というのは、どういう意味なのかというと、「社員一人ひとりが成果を出すために会社が環境と制度を整えて、仕組みや文化を変えること」です。厳しいことを言っているだけではだめで、ちゃんと環境や制度を整えてあげなければなりません。野球で三割打ったり、ゴルフで優勝したりするのと同じような成果を挙げても報酬が上がらずに他の社員と均等割りだったら誰も一生懸命やりません。環境と制度を整えて、仕組みと文化を変えれば社員の皆さんは成果を出す、こういう意味なのです。

では、仕組みとはどういうことか。カルビーは非常に製造原価の高い会社でした。つまり、儲かっていませんでした。そういう組織は仕組みを変えないとだめなんです。もともとどんな仕組みだったのかというと、カルビーはデータマネジメント会社でした。

販売のデータは、今の時代いくらでも取れます。そのデータを分析して、翌年の販売計画を作り、それをベースに翌年の製造計画を作って、翌年の購入計画を作っていました。この手法は農産物を対象にする会社で多く見られるものですが、カルビーの場合、計画を立てるにあたってとても難しい条件として、スナックの原材料である馬鈴薯があります。馬鈴薯の九〇％以上は国産で、そのうちの八割は北海道産です。北海道の天気が悪かったら馬鈴薯はとれません。品質も悪くなります。天気が良くても高温ではだめです。ちょうどよい日照時間でなくてはなりません。ということで、来年の収穫具合がわからないところに、データをたくさん集めても、結局儲けには繋がっていませんでした。私はここを変えました。

契約農家との契約を、「どんどん作ってください、作ったら全部買います、値段はこうです」という形態に変えたんです。そうすると、馬鈴薯は安定供給されるようになりました。カルビーとしては「原料を買ってきて、すべて商品にしなさい、作ったら、すべて売りなさい」ということで、実に簡単なビジネスモデルになりました。

しかし、いくら簡単とはいっても、どの会社でもできるビジネスモデルではありません。カルビーのもつ強みがあってこそ実現できているのです。強みというのは、カルビーの商品にまずいものは

図表5-5 | カルビーが行なったコスト削減モデル

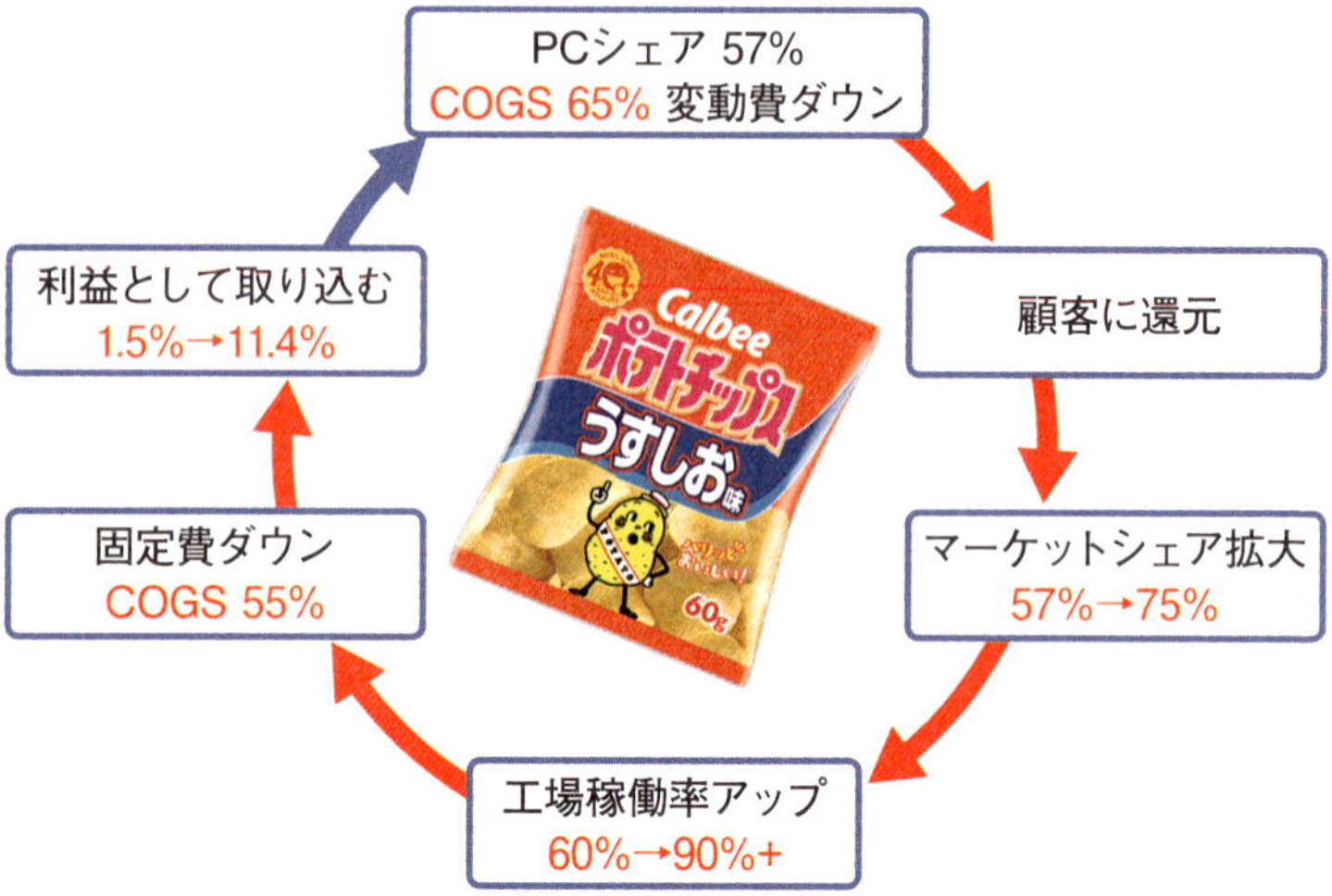

※商品の写真は講演当時（2016年7月）のパッケージです。

めったにないということです。売れにくいものはありますが、売れにくいものは値段を下げれば必ず売れます。したがって、カルビーという会社は、こういうビジネスモデルをつくったら、そのほうがうまくいくのです。

次に、カルビーは、非常にコストの高い会社でした。何で高いのかということにまったく気が付いていませんでした。簡単なことで、工場を造り過ぎたからです。製造会社というのは工場を造るのが大好きなんですね。

今でも工場の数は減らしていないのですが、日本に一七カ所もあります。こんな狭い日本ですから、いいとこ三つか四つぐらいあれば十分なのに、とにかくあちこちにいっぱい造りました。関西では京都府の綾部、滋賀県の湖南、岐阜の各務原にあります。関西に一つでいいですよね。

工場が多過ぎた結果どうなったかというと、稼働率が極端に低くなりました。六〇%でした。六〇%の稼働率というのは、一週間の稼働日である五日のうち、三日しか働いていないという意味です。そして、コストが高いから商品の価格も高かった。いくらいい商品だといっても、値段が他社商品より一五%も二〇%も高かったら絶対に売れない時代です。

この高コストの仕組みを何とかしなければと思って、まずは変動費に手を付けました。いちばん大事なことは、余計なものを買わないことです。それまでは余計なものをいっぱい買って、結局は使われずに廃棄されていました。その無駄を正すとともに、設備投資は一旦、極力控えました。結果的に、変動費は下がっていきました。この下がった変動費をお客さんに全部還元しました。要するに価格を下げたのです。そうすると、すでに消費者の間にカルビーブランドは浸透していますから、値段がほぼ一緒だったらカルビーを選んでもらえます。おかげでポテトチップスのシェアで見ると五七%だったのが、今は七五%ぐらいまで上がってきました。

シェアが上がるということは、工場の稼働率が上がります。六〇%だった稼働率が今は九〇%を超えています。

稼働率が上がるとどうなるか？　固定費が下がります。この固定費が下がった分だけはカルビーのポケットに入れさせてもらいました。かつては、わずか一・五%しかなかったカルビーの営業利益率は、固定費が一〇%下がったことで今は一一・四%にアップしました。こんな簡単なことしかやっていないわけです（図表5－5）。

コストに利益を乗せる時代は終わった

二一世紀というと何か新しいイメージがあるのですが、実は二〇世紀の後半から考え方がまったく変わっています。いちばん変わったのは、生産者主権から消費者主権になったことです。生産者主権とは、コストに利益を乗せて売価を決めることなのですが、その時代は終わりました。

消費者主権というのはどういうことかというと、まず売値が決まり、そこから利益を引いた残りがコストだという考え方です。お客さんが買ってくれる値段が売値です。企業が自分で決めた値段じゃない。お客さんが決めるんです。お客さんが決めた値段から、しかるべき利益を引いた後に残った額がコストです。したがって、そのように計算されたコストで生産ができないなら、販売はしません。だから、いくらいいものでも利益が出ないものはやらない。「顧客のために」という時代は終わりました。テレビコマーシャルで「すべては患者さんのために」というフレーズを決めぜりふにしている企業がありますが、その時代は終わっています。今は、「顧客の立場」に立たないとビジネスはうまくいきません。

次に組織です。私は、カルビーを徹底的に簡素化しました。組織というのは、放っておくとどんどん複雑化してしまいます。日本の多くの会社には複雑な身分制度があります。これをなくしました。本来、課長だったら課長なわけですが、このあたりに課長役という身分があったり、次長とかいう訳のわからない身分もあったりしました。これをすべてなくし、今のカルビーは、本部長がいて部長がいて課長がいる、それで終わりです。中二階はありません。

他にもたくさんのものをなくしました。会社には稟議《りんぎ》書という訳のわからないものがあります。これは、ゼロとまでは言いませんが、ほとんどなくなりました。そして定例会議をなくしました。中期計画、これも私は作成したことがありません。生まれてこのかたやったことがない。あんな意味のないことはやりません。さらに、いろんな手当をすべて廃止しました。日当も廃止です。ケチったのではありません。そんなもの社員の給料にしてしまえ、たくさん払え、ということです。

その次は透明化です。組織というのは、上層部しか知らないという情報が多くあります。情報は上から下へ流せと言いました。一方で、上司は部下に対して情報を求めない、ということも大事です。あれ出せ、これ出せと命令するなということです。情報を出すのはあくまでも上司の仕事です。

カルビーにはインサイダー情報以外に秘密の情報は一つもありません。インサイダーの情報というのは、普段はめったにないんです。したがって、通常は秘密の情報は何もないと言っていいわけです。多くの会社では書類にマル秘のはんこを押す習慣がありますが、それも廃止をしました。マル秘じゃないんです。

一方、会社には世間に見られたら恥ずかしいという情報はたくさんあります。しかし、それはマル恥と書いて、全部見せろと指示しました。

そして、権限委譲。私は権限をすべて委譲しています。会長就任直後に当時の会長兼CEOにあった権限はすべて社長に渡しました。したがって、私はこうしてフラフラとあちこち出歩くことができるんです。私が権限委譲したというのはどういうことかというと、私のところに承認のために回ってくる書類が一枚もないということです。情報は入ってきますが、私の承認が必要なものは一枚もないのです。書類にサインをしたって何も効力はありません。社長は私が委譲した権限をその下にどんどんと委譲しています。したがって、人事権も考課権も何ももっていないという状況です。

権限を委譲されると、人間は元気になります。権限を委譲されると、人間は成長します。権限委譲というのは、人を育てるためにいちばんいいツールなのです。

会社というところは、お金をたくさん使います。そのお金を使おうと思ったら、いちいち上の許可が要ります。これをやめなさいと言いました。その考え方はこういうことです。今、あなたが使おうとしているお金は、投資ですか。将来返ってくる、あるいは返ってくるかもしれない出費を投資といいます。そう思うんだったら勝手に使っていいですよ。しかし、そうではない、返ってこないお金なら、使ってはいけない。そんなこと自分で考えて、自分でやりなさい。失敗したら反省して、次からやめなさい、と実にシンプルな構造です。

私が会長を受けた時の唯一無二の条件はガバナンス（企業統治）でした。給料などはまったく交渉していませんし、大して興味はなかったからです。

皆さんも、恐らくガバナンスということについて、何らかの機会に勉強されていると思います。ガバナンスにはいろんな要素が含まれますが、大事なことは、はっきり言ってこれだけだと思っています。これから述べることをしっかり守っておれば、あとはつけ足しみたいなものです。

会社というのは、どういう構造になっているのかというと、まず、株主がいます。株主というのは、ファミリーカンパニーのときは少ないのですが、どんどん増えていきます。まして上場したら株主の数は毎日変わっていきます。けさ、カルビーの株を買った人が、もうこの時間になったら売っているかもしれません。したがって、株主というのは今や不特定多数です。そして、その不特定多数の株主たちからいちいち経営に口を出されては、とてもやっていけません。

ではどうするかというと、代表選手を選んでくださいということになります。株主の代表選手が取締役ですが、取締役とは何をするのが仕事かというと、「On behalf of shareholders（株主に代わって）」として経営を監視することです。日本の名詞は上手にできています。「取締」という文字からできているのですから、その通りに取り締まるわけです。

しかし、日本の会社の多くは、この取締役会と経営が一体化されています。それではガバナンスとはいえないのです。もともとガバナンスというのは、株主と取締役が一体になって、会社全体の経営をしっかり監視するということです。

現在のカルビーのボードメンバーは七人しかいません。社内が二人で、社外が五人です。私の持論は、社内一人、残りはみんな社外で構成すべきということです。取締役というのはもともと株主の代表ですから、社外であるべきだと思っています。しかし、私は七年前に就任した時にはスナックに関してはまったくの素人でしたから、私と社長の二人がボードメンバーになりました。残りはポートフォリオとダイバーシティ（多様性）を考えて人選し、株主総会で承認をいただいています。

社外取締役の五人は、まず食品会社を代表してキッコーマンの茂木（友三郎）さんです。そして、消費者企業を代表してユニ・チャームの高原（豪久）さんにお願いしております。その他の産業を代表して日立を立て直した川村（隆）さん。あと二人は女性です。一人はキャティー・ラムさんという中国人でペプシコ中国の代表です。もう一人がジャーナリストの福島敦子さんです。

上場することの意味

上場についてお話ししましょう。先ほど少しお話ししましたが、カルビーは二〇一一年三月一一日に上場しました。皆さん、上場というのはどういう意味かわかりますか？　ひと言で言うと、会社を売るという意味です。上場というのは、ＩＰＯ（新規公開株）とか何とかといいますが、本当の意味は「会社を売る」ということです。自分の会社を売ってしまったからには、その会社が誰に買われても文句は言わないというのが本当の考え方だと思います。

つまり、上場というのは「Our Company」もしくは「My Company」が「Your Company」に変わることです。特に東証の上場基準というのは非常に厳しいので、カルビーは上場をきっかけに六〇年間のあかを全部そぎ落とし、非常にきれいな会社になりました。

何をしたかというと、ビジネスに関係のない資産は一切処分したということです。会社というものは、もともと株主のものなんですが、非上場の場合はそのあたりがあやふやです。しかし、上場してしまうと何か一つ買うにしても、そのお金は株主のお金です。勝手に使うわけにはいきません。

どこの会社にもあることでしょうが、上場前のカルビーには、ゴルフの会員権が山ほどありました。絵画が腐るほど出てきました。全部たたき売りました。絵画は、そこそこまともなものが四枚ありました。その四枚は今、会社のミーティングルームに掛けてありますが、それ以外は全部値段に関係なく、売りました。五円でも一〇円でもいい、とにかく売ってこいということです。しかし、利害関係者には絶対に売るなとも言いました。ゴルフの会員権もどこに売ったのか知りませんが、とにかく仕事に何の関係もないということで売却しました。

次に経営層のあり方です。日本の会社は特にそうなんですが、会長と社長、CEOとCOOという二段重ねのところが多くあります。そして、例えばある人物が社長を六年やります。その次には会長を六年やって、その後は取締役、相談役、顧問をやって——と何だかんだと一生、寄生虫のように会社に住み着いてしまうケースが多いのですが、それはよくありません。会長の立場になると、社長がやっていることがとにかく見ていられなくなり、口を出してしまいます。口を出された社長はたまったもんじゃない。しかし、自分に文句ばかり言っていた会長が辞めると、今度は自分が会長になってやはり同じことを繰り返します。そういう不健全なことはやってはいけません。

ということで、カルビーではCEOとCOOの役目をはっきり分けています。CEOは会社の方針・方向を出します。会社の目標・計画は私が作ります。COOの伊藤秀二さんは、その私の立てた方針・方向に従って、目標を達成するために全力投球するという構造です。これがCEOとCOOの役目です。そうしますと、私の立てた方針・方向通りにやったけどもうまくいかなかったときには、社長の責任じゃなくて、会長である私の責任だと明確にわかります。

また、オフィス革命もやっています。東京のことは皆さんあまりご存知ないかもしれませんが、カルビーは東京の赤羽という所に九階建ての自社ビルがありましたが、私はこれを売却しました。オフィスは、特に会社の仕事には関係ありません。なおかつ九階建てというのはよくない。とにかく、フロアの広いオフィスに移って、社員は全部そこにいたほうがいいと思い、引っ越したのです。

理由は、人間というのは縦に動かない動物だからです。横にしか動けない。したがって、高いビルに入っていると七階の人は九階には行きません。一〇階の人は五階までは下りてこない。日立製作所とかNECとか、大きな会社は別です。社員が入り切らないから仕方ないですが、基本的に会社はワンフロアにいたほうが絶対にいい。

社員は朝でも昼でも、出社したらICカードを使ってその日に自分が座る場所を確かめます。今日どこに座るかは、コンピューターしか知りません。カルビーには何とか部というエリアがないのです。個人の席がないのと同じく、役員の個室も一切ありません。会議室もありません。こういうオフィスにして、できるだけ会議なんかやるな、時間の無駄だと訴えています。

次に、私はダイバーシティにむきになって取り組んでいます。力ずくですね。大して自慢になりませんが、この講演の二週間前には総理大臣賞をいただきました。

高度経済成長の時代、企業は、日本人、男、シニア、有名大学卒、そんな人たちだけでやってきま

Diversity is My Lifework

カルビーの女性管理職主要メンバー

した。しかし、冷戦の後も同じことをやっていたからまったくうまくいかなくなった。もうそんな時代じゃないんです。日本人だけ、男だけ、シニアだけ、有名大学を出た人たちだけ、この人たちだけではやっていけないのです。

ダイバーシティへの取り組みは私のライフワークでもあります。

これは、主要なメンバーですが、上段の左の女性は上級執行役員の鎌田由美子といって、ＪＲ東日本に勤めていて、エキナカなどの発想で駅のコンセプトをまったく変えてしまった人です。他の五人はカルビーの執行役員です。

ダイバーシティはいろいろな意味でお金がかかります。しかし、それはコストじゃない、投資なんです。ロング・ターム・インベストメント（長期投資）をケチったら会社というものはうまくいきません。

じゃあ、何でやっているんだ、あなたの趣味か？ と質問されるかもしれません。そんなことではないのです。女性が好きだからとか、そんなことでもない。これは会社を成長させるためのエンジンなんです。エンジンなしに会社は動くはずがありません。男だけでやっていけるはずがないんです。私は、二〇〇一（平成一三）年からずっとダイバーシティに取り組んでいますが、大変力も要るし、辛抱も要る仕事です。ダイバーシティというのはロング・ターム・ジャーニーです。まだまだ先の長い旅です。

日本では、どうしてダイバーシティが進まないんだろうと不思議なのですが、最大の理由は、今までの日本人、男、シニア、それと有名大学を出た人たちがもっていた既得権が奪われることだからなんです。既得権を奪うことは確かに難しい。したがって、一朝一夕にはできません。安倍さんがいくら頑張ったって、他の議員や官僚、関係団体などが既得権を絶対に手放しません。補助金はなくならないし、衆議院議員の頭数も減りません。既得権というのはそういうものです。

したがって、これは我慢してやるしか仕方がないことなんですね。まず、ダイバーシティの意味から理解してもらわなければならない。これはダイバーシティに限りません。難しいことは、このプロセスをやらない限りは絶対うまくいかないのです。

まずは、「Understanding」、理解させることから始まります。その次は「Agreement」、納得する。わかったけどやらない、わかったけど嫌いという人はいっぱいいます。納得してもらうまで、「Patiently」、つまり辛抱強くやらないとうまくいきません。

納得できたらしめたものです。あとは「Implementation」、実行は納得まで来ると何とかなるわけです。カルビーのダイバーシティは日本でナンバーワンといわれていますが、まだまだ十分に浸透していません。松本晃が七年もしつこく言ってるからしょうがない、という面従腹背が多くて、本当に心からやろうと思っている人はまだ少数です。しかし、少数でもそういう人たちは出てきています。結果カルビーは、三年連続で「なでしこ銘柄」に選定されています。なでしこ銘柄とは、経産省と東証が女性活躍推進に優れた上場企業に与える銘柄で、三年連続で選ばれているのは食品会社ではカルビーだけです。

会社でダイバーシティをやろうと思うと、二つのことが必要になります。一つは、トップマネジメントがコミット（責任をもって取り組む）しなければできません。下から上げていくことが難しい領域です。なおかつ、そのコミットメントは、具体的な数字で、いつまでに、どれだけやるのかをコミットしない限りは進みません。

日本企業のダイバーシティというのは、あまり進んでいません。どうしてかというと、ダイバーシティはマネジメントにとってのリスクがあるからです。女性の登用をどんどん進め、外国人の登用を進める。体の一部に障がいのある人たちの登用も進める。その結果として、業績が悪くなったら、ダイバーシティのせいだと非難されます。私が業績に大変こだわっているのは、そう言われないようにという意味もあるのです。

ダイバーシティを実現するためにカルビーでは、様々な取り組みを行なってきました。まず、ダイバーシティ委員会をつくりました。具体的には二年で次の人に交代する仕組みです。委員長は今、四

図表5-6 ｜ カルビーのダイバーシティ宣言

Diversity in Calbee

カルビーダイバーシティ宣言

掘りだそう、多様性。育てよう、私とCalbee。
互いの価値観を認めあい、最大限に活かしあう。
多様性こそCalbee成長のチカラ。
「ライフ」も「ワーク」もやめられない、とまらない。

代目です。各支店、事業所、それぞれで委員を選んで取り組んでいます。

ダイバーシティ宣言というものもつくりました。これは私がつくったんじゃなくて、委員の人たちがつくってくれました。これがカルビーのダイバーシティ宣言です。

掘りだそう、多様性。育てよう、私とCalbee。互いの価値観を認めあい、最大限に活かしあう。多様性こそCalbee成長のチカラ。「ライフ」も「ワーク」もやめられない、とまらない。これがダイバーシティ宣言です。

女性管理職の割合は、やっと二一%まで来ました。もちろん七年前も女性の管理職はいましたが、ほとんど課長に毛が生えたような管理職でした。今は、執行役員から、部長、課長までたくさんいます。しかし、まだまだ少ない。とにかく、

図表5-7 ｜ 女性管理職の人数と割合

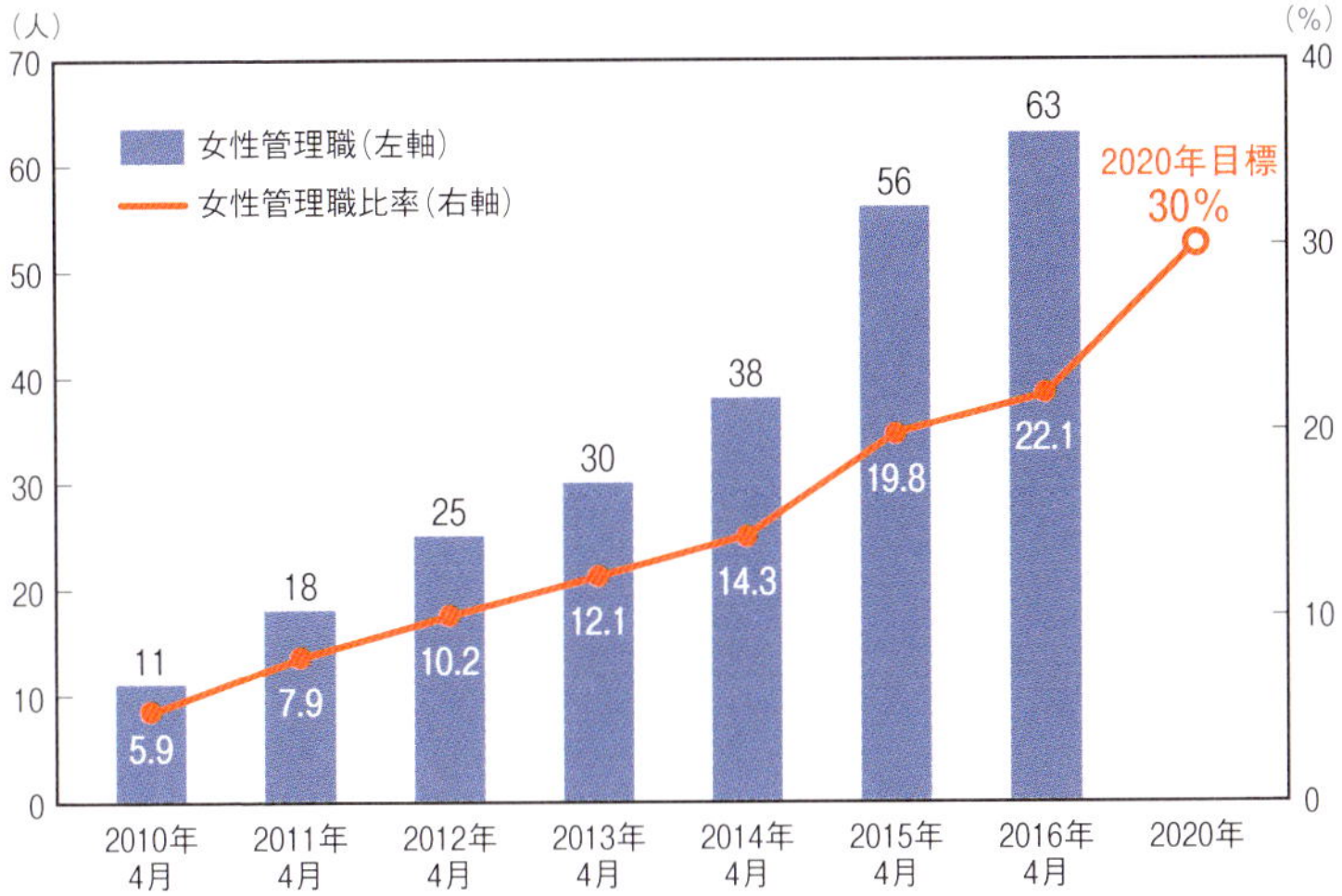

早く三〇%を達成しなければなりません。毎年三%上げろと言っているんですが、それは二〇二〇年までにいち早く三〇%を達成するという意味です。私は、二〇一九年までに達成しろと言っています（図表5-7）。

カルビーは今、全国を四つのカンパニーに分けていますが、中日本カンパニーの社長は現在女性です。彼女は三年前に社長になりました。中日本というのは、東は静岡県から西は兵庫県までがエリアで、工場が三つあります。従業員が約九〇〇人いて、売上が四〇〇億円以上。ちなみに、スナックでは国内ナンバーツーの競合の売上が三〇〇億円少々ですから、彼女はその競合よりももっと大きな会社の社長ということになります。

彼女がこのポジションに就いた時、小学校四年生と一年生の子どもさんがいました。この職に就くときに私は彼女に対して一つの命令をしました。「四時になったら帰れ」と命令したのです。他の条件は一切付けませんでした。唯一の命令で、これを守れなかったら降格するか、辞めてもらうか、どっちかだと告げたのです。

カルビーという会社は、ワークライフじゃなく、ライフワークのバランスを取る会社です。ライフのほうが大事に決まっています。ライフを大事にしない人は、結局、仕事なんかできっこない。

また、ダイバーシティと関係が深い、働き方の改革も進めています。大事なことは「長きをもって貴しとなさない」ということです。長時間労働なんて何の意味もない。長いことは何の自慢にもならんよということです。

会社の求めているのは時間じゃない。成果です。効率よくやりなさい。家庭も大事にしなさいと。

会社はくたびれた人間をつくる所ではない

時間を大切に、効率よく働くために大切なことがあります。前の晩でも、朝に出社したときでもいいから、仕事を三つに分けることです。①やらなくてはいけないこと、②やったほうがいいこと、③やらなくてもいいこと——です。人というものは大体、③から始めて、その次に②に手を付け、そして①は結局やらない。

私が社員に言っているのは、③も②もやめようということです。「やったほうがいいこと」も要りません。やめたほうがいい。そうすると、「やらなくてはいけないこと」だけが残ります。それのみを行ないます。そして、終えたらどうするか。帰るんです。

カルビーはグリコと何の関係もないんですが、あちらのコピーに「一粒で二度おいしい」という、まさに人生はそういうことなんだという傑作があります。とにかく一日は仕事だけじゃない。仕事と私生活と、この両方においておいしい生活を送ってほしいんです。そんな人が魅力的な人間なんです。そんな人が仕事ができる人なんです。二時でも三時でもいいから、仕事が終わったら帰れとしつこく言っています。二時に終わったからといって、毎日パチンコをするような愚か者はいません。時間ができれば新たに何かを始めます。

京都大学にもMBA（経営学修士）になるための講座があるようですが、東京にも多くあります。通ってくるほとんどの方はお仕事をされていて、夜に勉強しています。私も講演をしに行くことがあるのですが、驚くことに最近は慶應、一橋、早稲田、どこの大学に行ってもカルビーの社員が一人、二人います。それを見ると、ああ、この会社は変わってきたんだなという実感が少しだけあります。若者はいろいろな意味で教養を高めなさい。いろいろな意味で文化を学びなさい。もっと元気になりなさい。健康になりなさい。ジムへ行きなさい、テニスをしなさい。子どもと遊んで家庭をもっと大事にしましょう――ということです。そんな人間が魅力的になって、良い仕事ができるようになるんです。会社はくたびれ果てた人間をつくる所ではありません。魅力的な人間をつくる工場なんです。

最近は「会社なんか来なくてもいいですよ」と言っています。ここは京都ですが、東京をイメージしてもらったらわかります。通勤時間の平均は片道九〇分、往復三時間です。特に女性は準備が大変ですから朝の準備に三〇分、一時間と平気で時間がかかります。ということは、そういう時間も含めて三~四時間は一日の時間を無駄にしているんですね。来なくてもいいじゃないの。会社は成果を求めているんだから、家で仕事をやってもいいのです。

私の非常に優秀な秘書は、私が週のうち三、四日は会社に行きませんから、彼女も会社に来ません。私がいても来ない日がたくさんありますが、別に何ということはありません。仕事をやってくれればいいので、どこでやっているかは、まったく関係ない。

No Meeting, No Memo

社員には、もっと現場に出なさいとも言っています。会社で椅子に座っていたって何もいいことはない。「Office is the most comfortable place in the world」オフィスというのは、世界中でもっとも快適な場所です。

一方、「Office is the most dangerous place in the world」です。オフィスというのは、世界中でもっとも危険な場所で、あんな所にいたって何もいいことはないし、危険ですよという意味です。

営業マンには、日本の営業の常識は世界の非常識だと言っています。まず、営業マンにオフィスなんか要りません。どうして営業所が必要なんですか。そんなものは要らない。日本の会社はほとんど営業所を持っていますが、アメリカの会社にはありません。ないのは当たり前で、みんなが遠くに住んでいるから、いちいちオフィスへ通っていたらそれで一日が終わってしまうからです。

営業マンに残業手当は要りません。しかし、カルビーは払っています。どうしてかというと法律に縛られているからです。一応、悪法は悪法でそれに従っていますが、残業手当なんか本当は必要ありません。

なぜかというと、営業というのは出来高払いであるべきだと考えるからです。この出来高払いという方法が好きな人だけ営業をすればいいんです。ところが、日本は出来高払いが好きじゃない上に、営業が不得意な人たちが営業をやっているから営業効率が本当に悪い。

私がなぜオフィスを嫌うかというと、オフィスは部下の時間を奪う所だからです。部下の時間を奪っているのは誰ですか？　上司です。だから上司には、あなたが遊んでいるのは構わないけど、部下の時間を奪うなと口酸っぱく言っています。

私が「あしたの朝九時からかくかくしかじかの件で、こういう人、オフィスのどこそこに集まれ」と言ったら、みんな来ます。私の命令ですから。一方で、私は部下の時間を奪ったことになります。だから、会議はしません。

「No Meeting, No Memo」。これは最近言いだしたことじゃなくて、もう二〇年ぐらいずっと使っている言葉です。会議なんかやめちまえ。会議をなくしたら資料を作らなくてもいい。まあ、実際に会議が完全になくなったかというとそうでもないですが、半分ぐらいにはなったかもしれません。

労働慣行をぶち壊せ

日本企業がよくならない理由の一つに、古い労働慣行があります。これを壊さなければいけません。いつまで終身雇用なんてやっているんだ、いつまで定年制をやっているんだ、いつまで年功序列だ――ということです。裁量労働制でいいと私は思います。営業マンだけではなく他の職種にも残業手当は要りません。そんなものを払う仕組みがあったら欲しがる人がいるに決まっています。そして残業手当などというものがあることによって結局はその人は時間を奪われているだけなのです。

日本には、雇用の岩盤規制があります。この岩盤規制をたたき壊さないと日本経済は回復しないと思います。一旦採用したら雇用契約を解除できないということがいいことなのか、悪いことなのかを真剣に考えるべきです。雇用契約を解除しないから、いつまでも向いていない仕事に就いている人があまりにも多い。営業に向いていているという人は自慢になるかというと、なりません。ただの向き、不向きの問題です。

野球に向いている人がいます。水泳に向いている人がいます。アメフトに向いている人がいます。個人個人の能力があるわけですから、向いている所に動かしてあげるほうがいいと思うんですが、日本の場合はずっと同じ所に置いておく。肩の弱い人、走るのが遅い人、目の悪い人は野球には向きません。もし水泳部に行ったら水を得た魚のように活躍するかもしれないのに、辞めさせないから結局その人は幸福になれません。

雇用規制の大きな問題のもう一つは、労働時間に応じて賃金を払わなければならないということです。戦後はそれでもよかった。戦後はどういう時代だったかというと、時間に対して成果は比例していました。それは、規格大量生産をやっているとそうなります。一時間で車が一台できるとしたら、四時間やったら四台できるんです。八時間やったら八台。長く働かせたほうが安く済んだわけです。つまり、残業をさせたほうがよかった。しかし、そのようなビジネスモデルは、一部の産業を除いて終わりました。状況が変わったのに、制度だけ昔のまま残していてはうまくいくはずがありません。

とにかく古い労働慣行が一人ひとりの人間をだめにしているんです。人間を不幸にしています。そして、会社がどんどんだめになってきたんです。日本の企業は、ほとんどだめになりました。もちろん日本電産とか村田製作所とか立派な会社もあります。しかし、本当にそんなのは少数ですね。それで、結局どうなってしまったかというと、日本という国全体がだめになってしまったんです。

評価も給与もシンプルに

カルビーでは給与体系も変えつつあります。「Commitment & Accountability（約束と結果責任）」。ビジネスは約束から始まります。約束したら必ず結果に対して責任を取れということです。「Commit」したら「Accountable」じゃないとだめだという姿勢を貫いています。「Accountability」というのは説明責任と訳されることがありますが、結果に対しての責任のことです。

私も利益や売上目標などを株主と契約していますが、これも約束です。株主は目の前にはいませんから、取締役会の承認で成立となります。その後に私と社長が契約をします。それが終わると、社長は直属の部下と契約をします。ということで、カルビーにはＡ４一枚の契約書が社員の数だけ存在していて、誰でもイントラで見られるようになっています。一人ひとりに自分の約束したことに対しての結果責任が問われます。

今のカルビーは成果主義です。成果主義を徹底しようと思ったら、評価の基準は公平でなければなりません。公平にするために、評価の基準をできるだけシンプルにしています。それは数字です。複雑怪奇な評価基準はありません。

日本の給与体系は複雑怪奇ですが、カルビーの給与体系は実にシンプルです。まず、生活給である基本給があります。カルビーの社員である限り生活に困ってもらっては困ります。その次に、役職手当を払います。計画を達成して、部下を育成してもらうためにしっかりと支払います。

残りはボーナスです。ボーナスは分け前です。あなたが稼いだもののうち、いくらかはあなたの取り分ですよということです。

実はこれ以外に、インセンティブとか何とか、というものがありますが、グリコのおまけみたいなものです。

「やってみなはれ。部下が会社を潰すことはない」

会社は、人の育成をしないといけません。私たちの仕事は、人がいないとできません。「Our Business is People Business」です。カルビーは六〇年間、創業者経営をしてきたので、創業者がすべてでした。したがって、二〇〇三（平成一五）年に創業者の松尾孝さんが亡くなった途端、何をやっていいのかわからなくなってしまったのです。

どうしたらいいでしょう。一人ひとりが頑張るしか手はないんです。今がその過渡期です。まず、学ぶことを癖にすることです。私と前々社長で創業者の三男の松尾雅彦さん、松・松コンビで「松塾」というのをやっています。先週は札幌でやりました。来月は京都ですね。二人で全国を回っています。これには社員であれば誰でも参加できます。

丸一日かけて何をやっているかというと、とにかく学ぶことは大切だと理解させるのです。会社は業績を上げるために設備投資をします。あなたが今よりもっと成長しようと思ったら、自分に投資するしかありません。その投資は学ぶことから始まります。

カルビーには、何でもかんでもチームづくりから始めるという悪い文化がありました。そこで私は「取りあえずチームをつくる」という発想はやめなさいと社員に言いました。一人でやれと。少数精鋭という言葉がありますが、これは精鋭を少数集めるという意味ではありません。少数精鋭の本当の意味は、少数にしないと一人ひとりが精鋭にならないということです。何でも一人でやってみろ。そうすればいろんなことが学べる。チームづくりと称して、大人数を集めるから、結局何も学べないんです。「やってみなはれ」と社員に言っています。やってみたら失敗した。さあ、どうしよう。「なんていうことはない。あんたたちが失敗したって会社は潰れない」と言っています。会社を潰すのは上です。下は潰せません。下の社員は会社を潰せないんですから、失敗しても失敗から学べばいいんです。「勝ちに不思議の勝ちあり」だけど、「負けに不思議の負けなし」だよと。負けたときは必ず理由があります。その理由を十分に学んで、同じ失敗を繰り返さないようにすればいいんです。

リーダーももちろん大切です。リーダーとは、組織を率い、継続して成果を出し、結果に対して責任を取れる人のことです。ちなみに、「Leadership」の ship って何だかわかりますか？ ship というのは、「Skill」もしくは「Ability」のことをいいます。ですから、リーダーである技能や能力のことをリーダーシップと呼ぶんですね。

リーダーに必要な要素は、一つは圧倒的な実績です。結果を出した人は強い。結果を出していないと、何を言ったって人は聞いてくれません。二つめには理論です。なるほどと思わせる理論があれば部下はついてきます。そして、最後は人徳です。

とはいえこの三つをすべてもっている人は、あまり見たことありません。松下幸之助さんなんかはそういう人だったのかもしれません。

皆さんは、これから社会人になって、当分は部下という立場で仕事をします。しかし、そのうちにリーダー、上司になるかもしれません。リーダーになったときにいちばんに考えるべきは、皆さんの部下は一体何を求めているのかということです。世のため人のために働きたい、豊かになりたい、ワクワクする仕事がしたい、人間として成長がしたい――を求めているんですね。

経営者は社員が求めていることを与えてあげなければなりません。その代わりに会社も社員に対して求めるものがあります。それは成果です。会社が求めているものを社員が出してくれたとき、その社員に対して次の三つをしてあげなければいけません。

一番目は、「Appreciation」。感謝することです。口に出して「ありがとう」と言うことです。二番目は、「Recognition」ですね。成果を称賛することです。それも多くの人の前でしてあげなければ意味がありません。三番目には、「Compensation」。報酬はしっかり払います。経営者としては、この三つを上手に使い分けることが大事だということになります。

夢なき者に成功なし

最後にカルビーの行なっている夢経営について話します。社員に夢のない仕事は一切やらせません。夢がないと思ったら辞めていくでしょう。カルビーでは「Dreams Come True!」というミーティングを年一回、二日間かけて行なっています。

カルビーの昨年度（二〇一五年度）の売上が二四六一億円。多くの日本の会社がやるように中期計画を作ると、七年後の売上はいいところ三五〇〇億円、四〇〇〇億円です。そんな面白くないことを時間と金をかけてやっても意味がない。とにかく、もっと大きな夢をもとう。七年後どうなりたいですか？

カルビーの七年後の夢は、一兆円を売り上げて、二〇〇〇億円の利益を上げることです。これは夢です。しかし、夢は実現します。夢を実現させるためにどうしたらいいかを語り合う、「Dreams Come True！」はそのためのミーティングです。

吉田松陰の言葉に「夢なき者に理想なし、理想なき者に計画なし、計画なき者に実行なし、実行なき者に成功なし」という言葉があります。夢のない人には理想がありません。理想のない人には計画がありません。計画がないから、もちろん実行はしません。実行しないから成功もしない。だから、「故に、夢なき者に成功なし」となるわけです。

カルビーの現在の夢は、七年後一兆円、利益二〇〇〇億円です。しかし、これはあくまでも定量的な夢。定性的には、例えばカルビーは第二のネスレになるという夢もあります。ネスレというのは、世界最大の食品会社です。本社はわずか人口七〇〇万人のスイスにあります。小さな国の会社でも世界トップになれる。日本は人口が減ってきたけれども、まだ一億二六〇〇万人います。第二のネスレという夢があるなら、それに向かってやっていく。これが企業のあり方じゃないかと思います。

会社としては共通の夢が必要です。個人の夢は共通ではありません。もちろん個人の夢の一つひとつは尊重されなければなりません。私は社員に言います。「皆さん、その夢を、会社を上手に使って達成してください」と。それが今のカルビーという会社です。

［質疑応答］

――ライフワークバランスが大事というお話があったんですが、私自身もそう思っています。以前は深夜まで残業が当たり前のようなコンサルティング会社で働いていましたが、ライフワークバランスが大事だと思って育児休暇を一年ぐらい取りました。

カルビーでは、社員から積極的に、特に男性のほうがライフワークバランスを大事にしようというアクションを起こしていますか。

松本氏　男性は一遍には動かないですね。その点、女性は早いですよ。女性は会社に来ない人が多いですね。家で何かやっているんだと思います。男性は来ますね。寂しいから、もしくは家でやることがないんでしょうね。やっぱり女性というのは、早いですね。

最近「イクボス」というのも始めましたし、子どもができたら一カ月ぐらい平気で休暇を取れるんです。全部は取りませんが、ぼちぼちそういう仕組みが始まっていますよね。だから男性も、特に上の人たちは夕方四時か五時には帰りますね。

女性も四時にはほとんど帰ります。特に家庭をもっている人、子どもがある人たちは四時には帰りますね。

しかし、こういうことは一朝一夕に全部一斉というのはなかなか難しい。だから、浸透させるには時間がかかります。

　ダイバーシティにしても結局、ロング・ターム・ジャーニーなんですね。しかし、毎日やかましく言ってますから、だんだん変わっているんじゃないでしょうか。


――講義の中で、温かさと厳しさをもつ会社が伸びるということをおっしゃっていましたが、温かさと厳しさがある企業を見抜くポイントはありますか。


松本氏　結果論かもしれませんね。厳しさを求めているかどうかというのは簡単だと思います。本当に成果を求めているかどうか。

　今日来たときに教授にお話を聞いたら、この講義の最初、日本電産の永守（重信）さんが来られたという話を聞きましたが、永守さんはその典型でしょうね。自分にも厳しいし、社員にも成果を求めています。

　一方、個別の会社が本当に温かみがあって、どのぐらい上手にやっているかということは正直言って、よくわかりません。結局、成果が出ていれば、払うものも払えますし、福利厚生なども厚くできると思うんですね。しかし、そこから後はそれぞれの経営者の考え方だと思います。

　ちなみに永守さんは一年三六五日、お正月の午前中しか休まないというほど仕事が大好きで、こんな面白いことはないと思っている方ですから、社員も、ある程度それについていっているんじゃないでしょうかね。

恐らく土曜日でも日曜日でも平気で会議なんかやっておられると思います。永守さんのやり方が気に食わないからといって辞めていく人もいるだろうし、このやり方はいいんだと思って一生懸命やっている人もいます。

総論としていうと、二一世紀の今、本当にうまくやろうと思えば、皆さんが成果を出せるために、その環境をどう整えるかということを考えて実行していないと、会社ってよくならないと私は思います。


―― 古い労働慣行のところで、残業手当をなくしたらいいというお話でしたけども、僕も賛成なんです。

しかし、残業手当をなくしたとき、最近話題になっているブラック企業みたいに、異常に働かせているのにその分には全然お金は払わないというようになると思うんです。日本全体の企業が残業手当を払わなくてもブラック企業にならないような、仕組みが必要だと思われますか。

松本氏 ブラック企業は永久になくなりません。しかし、ブラック企業に勤めたがる人は減ります。したがって、あんなものはしょせん自然淘汰《とうた》なんです。世の中というのは、どんなことをやったって必ず悪いものが出てきます。

それを最初からゼロにするのは難しい。しかし、そういうものは自然淘汰されてなくなっていきますよ。だから、本当に経営者が自分の会社を長く成功させていこうと思えば、ブラックなことをしたらだめなのです。

ただし、一般的にいわれているのは、第三次産業というのは問題だということです。例えば、一人当たりの収入から言えば第一次産業は極端に低く、第二次産業は高い。第三次産業は低いんです。したがって、第三次産業というのはなかなか割に合わない産業なんですね。ところが、どんどん第二次産業から第三次産業に労働者が流れているわけです。そうすると、一人当たりの分け前は減っていきますよね。

特殊なＩＴ産業などを除くと、第三次産業は一般的に儲からないですよ。だから、牛丼屋をやろうが何をやろうが、人海戦術の商売ですから、人件費はある程度下げなければいけない。下げないんだったら、長く働かせなければいけないという構造的な問題に陥ります。一方で、うまくいっている企業もあります。

例えば、セブン‐イレブンは、とても儲かっています。それは、セブン‐イレブン独特の上手なビジネスモデルをつくっているからです。そのモデルがなかったら、やっぱりしんどいでしょうね。

何が大事かというと、会社をつくったときにどうすればうまくいくかという仕組みづくりをすることです。つい最近お辞めになったセブン‐イレブンの鈴木敏文さんは、実に上手なビジネスモデルをつくられました。しかし、セブン‐イレブンの犠牲者という企業も結構あります。

世の中というのはゼロサムの世界みたいなことが多いですから、結局、頭のいい人が上手にやっていくんだと思いますね。

解説

経営者の主体性

松本会長は二〇〇九年にカルビーの経営を引き受ける際の条件としてガバナンス（企業統治）の徹底を挙げられました。カルビーの取締役会は社内二人（CEO、COO）、社外五人で構成され、取締役会が文字通り執行役員を「取り締まる」もので、これは欧米企業での標準的な形式です。社外取締役には企業経営者（経験者含む）やジャーナリストと広範な見地から経営に示唆を与えられる人物が配されています。

アメリカの著名投資家であるウォーレン・バフェット氏は、自身がCEOを務めるバークシャー・ハサウェイ社の年次報告書の中で毎年株主に対するメッセージを書いています。その所謂「バフェットの手紙」において、バフェット氏はガバナンスについて以下のように記述しています。

〈取締役の三要件〉

①事業に精通していること
②株主本位に行動すること
③企業に心から関心をもっていること

当たり前のことを言っているようにも見えますが、実はそれほど簡単なことではありません。日本では昨今導入されたコーポレートガバナンス・コード（企業統治の指針）によって、上場企業は社外取締役の選任を求められ、ほとんどの上場企業がこの基準をクリアしたようです。詳細な分析をしたわけではありませんが、社外取締役として会計士、弁護士、大学関係者、官僚経験者を選任する企業が多いようです。しかし、バフェット氏が提言する「取締役の三要件」を充足しているのかどうかは疑問が残ります。

そもそも日本の実業界では、取締役は社内昇進の最終ポストであり、「株主から経営を委託されている」という認識が希薄なように感じます。社外取締役については、この認識がもっと希薄かもしれません。より根本的なところでは、上場企業の株主にも「企業のオーナーである」という感覚が希薄なように感じます。恐らく非上場企業の株主であれば普通に感じるオーナーシップ感覚が、流動性がある（＝毎日の株価で売買できる）という理由で希薄になってしまうのでしょう。上場企業においては、所有している株主の方も、委託を受けている経営者の方も「オーナーシップ」概念が希薄化してしまっているのではないでしょうか。

かつてのようにアメリカを手本としながら「より良いモノをより安くより大量に作る」という戦略が機能する時代ではなくなりました。手本がない世界では、試行錯誤しながらも失敗を自らのことと考え、新しいものを生み出していくリーダーシップ、すなわち主体性が経営者には求められます。社内・社外問わずすべての取締役が、株主本位に立って主体的に行動することを担保するためには、自社の株式を有償で取得することも有効であると考えています。実際に、バフェット氏がCEOを務めるバークシャー・ハサウェイ社を含めアメリカ企業の取締役は、自己資産の相応の部分を自社の株式で保有しているケースが多く見られます。このような観点で企業の「ガバナンス」を見てみると、また新たな発見があるのではないでしょうか。

第六章
長期投資の本質……人間にしかできないこと

農林中金バリューインベストメンツ 常務取締役（ＣＩＯ） 奥野一成

はじめに

農林中金バリューインベストメンツ（以下、ＮＶＩＣ）は、機関投資家などに対して株式の長期厳選投資に関するアドバイスを行なう農林中央金庫の子会社です。

私たちの運用スタイルをひと言で表すと「売る必要のない企業の株式しか買わない」というものです。例えば明日、もし東京証券取引所の取引が止まってしまって、株式に対して五年間値段が付かないような状況に陥ったとしても、まったく困らない企業だけを選択し、その株式を保有するのが運用のコンセプトです。中短期の分散投資が隆盛を極めている現在において、このような運用スタイルは株式投資の世界に対して強烈なアンチテーゼを投げ掛けていると自負しています。

京都大学で二〇一四（平成二六）年から開催している特別講義「企業価値創造と評価」は、川北英隆教授（現・名誉教授）とＮＶＩＣがタッグを組んで開始した産学連携の取り組みで、ＮＶＩＣにとっては投資コミュニティへの貢献であると同時に次世代の若者に対する長期投資だと考えています。当社では投資コミュニティへの価値提供として、「価値評価・価値創造に資する人財の開発」に積極的に取り組んでおり、本特別講義への協力はまさにそれを体現した取り組みなのです。

特別講義に協力する中で、投資教育がまだまだ進んでいない日本の現状が見えてきました。本章では、二〇〇七（平成一九）年から取り組みを開始したNVIC独自の長期保有を前提とした投資スタイルを紹介させていただき、株式投資によくある誤解と長期投資のあり方について皆さんと一緒に考えたいと思います。

NVICの投資スタイル

（1）強靱な事業のコングロマリット

NVICの収益の源泉となっているのは、株式を保有する企業の持続的な企業価値増大であり、金利・為替などのマーケット情報や、株価の割高割安に基づく株券の売買ではありません。もちろんバリュエーション（注1）が重要でないというわけではありませんが、長期投資にとってもっとも重要

（注1）バリュエーション
株価が相対的に割高か割安かの判断材料となる企業の利益・資産などの価値評価。

図表6-1 ｜「構造的に強靭な企業」の要件

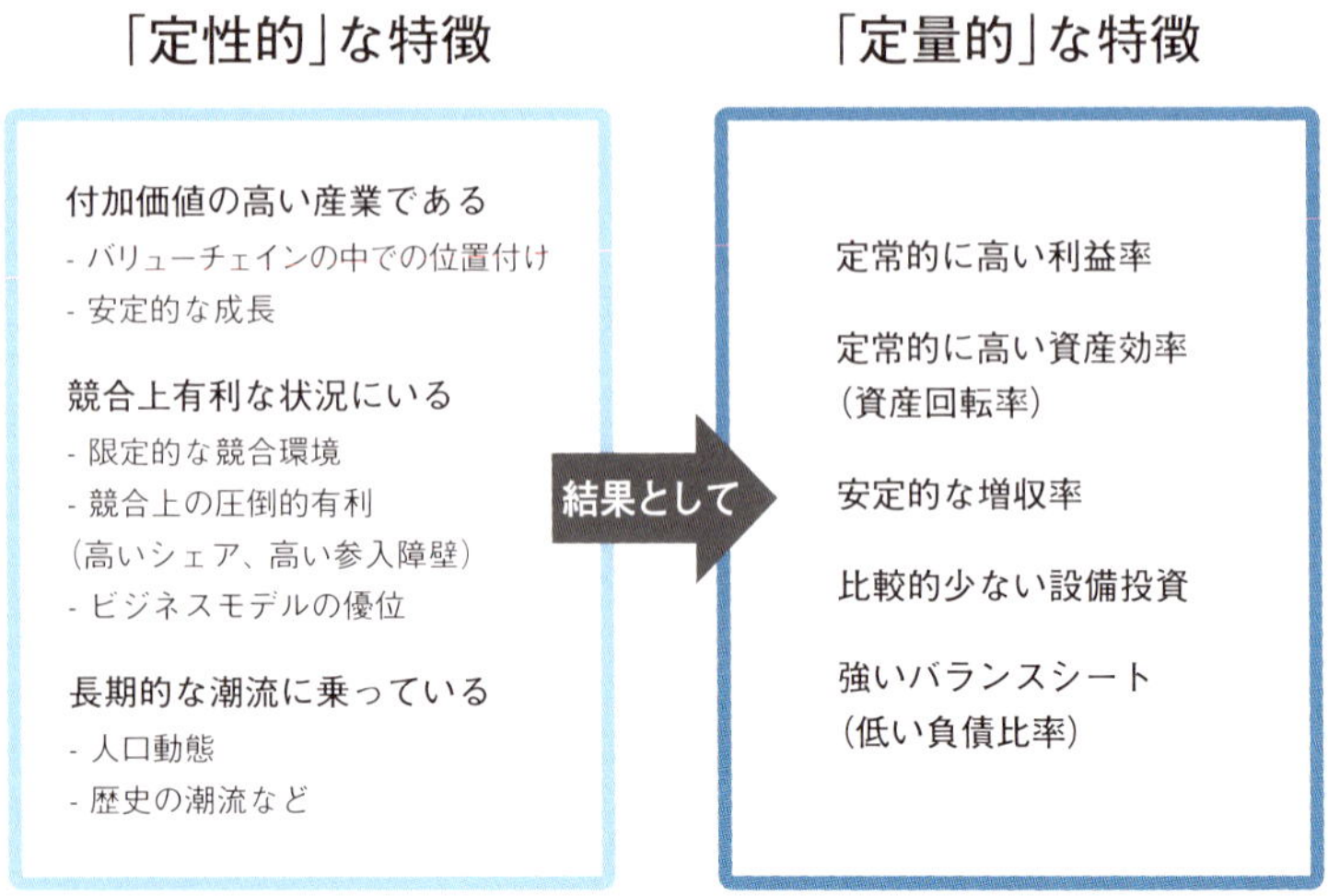
「定性的」な特徴
付加価値の高い産業である
- バリューチェインの中での位置付け
- 安定的な成長
競合上有利な状況にいる
- 限定的な競合環境
- 競合上の圧倒的有利
（高いシェア、高い参入障壁）
- ビジネスモデルの優位
長期的な潮流に乗っている
- 人口動態
- 歴史の潮流など
結果として
「定量的」な特徴
定常的に高い利益率
定常的に高い資産効率
（資産回転率）
安定的な増収率
比較的少ない設備投資
強いバランスシート
（低い負債比率）

なことは「良好な経済性を有する事業を選択する」ことだと考えています。

私たちが考える「良好な経済性を有する事業」とは、「儲ける仕組み」を有している企業です。そしてそれは単に経営者が優秀だとか、ヒット商品があるといったことではありません。

私たちは図表6－1の三つの定性的な要件を満たすかどうかで、長期保有に値する企業か否かの六～七割が決まるという実感をもっています。すなわち、①付加価値の高い産業かどうか、②競争優位（参入障壁）があるかどうか、③長期的な潮流を有しているかどうか、です。私たちはこの要件を満たす企業を「構造的に強靭な企業」と呼んでいます。産業バリューチェイン（注2）内の様々な企業とのミーティング・施設見学などを通じて、これら三つの定性的要件についての仮説を構築し、実際の定量的な特徴と照合して仮説の検証を行なうのです。

私たちにとっての投資とは、このような条件を満たす「良好な経済性を有した事業に対して資本を配分（キャピタルアロケーション）すること」です。いわばNVICのポートフォリオは投資先企業を導管として、真に素晴らしい経済性をもつビジネスを間接的に保有するコングロマリット（複合企業）なのです。日本企業ポートフォリオを例に挙げると現在の株式保有社数は二一社ですが、二〇〇七年に運用を開始して以来、ほとんど入れ替わっていません。一社で複数のビジネスライン（注3）をもっている企業も含まれているので、二一社で三〇程度のビジネスラインを有していることになります。それぞれのビジネスが、圧倒的に高い競争力を背景に非常に付加価値の高い財・サービスの提供を排他的に行なっているので、高い収益性を持続的に確保しています。

私たちは、株式投資を通じてそれらの個別のビジネスの素晴らしい成長性・収益性を間接的に享受しているのです。ですから保有している個別ビジネスの経済性が魅力的である限り、売却する必要などないのです。

（注2）産業バリューチェイン
特定企業の分析のみならず、同社の属する産業全体を川上から川下まで並べてどの段階に位置する企業が特に付加価値を享受しているかを特定するための分析フレームワーク。
（注3）ビジネスライン
一企業内での事業単位のこと。

具体例として、信越化学工業のシリコンウエハー事業について考えてみましょう。シリコンウエハーは半導体等の電子材料の原材料として不可欠であり、信越化学の市場における相対的な競争力は、グローバルトップシェアを背景に開発力・生産技術も含めて極めて高いと思われます。結果として、業界内での相対的な収益性は高く、将来的にも投資機会・収益機会について他の追随を許さない地位にあるとの仮説を私たちはもっています。

もちろん、シリコンウエハーそのものの代替素材が出現する可能性や新規参入者の動向など、産業構造そのものを動態的に把握する必要はありますが、長期的に著しい変化がないことが合理的に判断できるのであれば、信越化学のシリコンウエハー事業は今後も持続的にキャッシュフローを創出することが可能と予測されます。信越化学工業の株式に長期投資することは、単に株券を買うことではなく、構造的な参入障壁に守られた魅力的な経済性をオーナーとして享受することができるということなのです。

（2）投資先企業との対話

〈対話の内容〉

私たちにとって投資先企業は単なる「株券」ではありません。繰り返しになりますが、私たちにとって投資とは「良好な経済性を有した事業に対して資本を配分すること」です。より平易に言うなら、投資先企業は私たちの資金を元手に事業を行なって企業価値を増やしてくれる実態的なパートナーなのです。したがって、投資先企業と対話することは当然のことなのです。

私たちは企業訪問の際、必ず何か自社作成の資料を持ち込むことをモットーとしています。持ち込む情報は、一般的な経済全般の話から企業分析情報の一部までと、その時の先方の出席者やニーズに合ったものを個別に作成しています。これは昔の銀行の融資担当者のアプローチ手法に近いのではないでしょうか。

私たちが投資している企業は、「構造的に強靱」という定義上、キャッシュフローを持続的に創出してきた歴史をもっていることから、実質的に銀行借り入れがない企業も多くあります。このような企業には銀行員は通常出入りしていないので、財務部長は銀行員と疎遠になっています。そこに「リーマンショックとは何だったのか」とか「自社株買いとはアカデミックにはどのような意味をもつのか」などの二〜三枚の自社作成資料を持ち込むと、久しく銀行員が出入りしていないこともあり、財務部長にとっては「面白い銀行員がやって来た」となり、「次の機会には役員にも出席してもらいますね」と話が進んでいきます。

そして数カ月後の再訪問時に「アジア各国のマクロ経済情報」を人口動態からGDP（国内総生産）の特徴まで横串に刺してまとめたページ数のある資料を持っていくと、そのミーティングに出てきた役員が興に乗り、「こないだ中国に行ってきてね……」と話を聞かせてくれるのです。

特に対話が盛り上がるのは、海外企業分析に関する資料を持ち込んだときです。競合企業も含め、同じ産業バリューチェインに属するグローバル企業について、沿革からその収益構造、ビジネスモデルに関する私たちの仮説までを数枚にまとめて説明します。

また、まったく異なる産業に属するグローバル企業であっても、ビジネスモデルなどの切り口から導いた気付きについて議論します。これらの情報は長期投資家としてグローバルに投資をすることから得られた副産物ではあるものの、実際に現地を訪問し、ミーティングや施設見学を通じて得られたNVIC独自の考察・仮説なのです。

このような対話で得られる情報は、短期的に株価を左右するレベルのものではなく、一〇年後の企業の姿を考えるときに必要となる内容です。産業構造や競合環境の話を三〇年以上その事業に携わった人物から本人の経験を交えてきくことができるのは、私たちのように事業経験のない長期投資家にとってまたとない珠玉の機会なのです。

〈対話の目的〉

私たちにとって、こうした対話のいちばんの目的は、事業の経済性に対する洞察を深めること、すなわち前述の三要件（図表6－1参照）に関する理解を深め、私たちが事前に立てた投資仮説を検証することです。

長期的な企業価値に影響を及ぼすこれら三要件について、投資先企業は言うまでもなく、事業それぞれの産業バリューチェインに属する川上・川下企業も含めて、決算説明会やミーティング、工場見学、事業説明会などのあらゆる機会を捉えて、自らの立てた仮説の蓋然《がいぜん》性を検証していきます。

図表6-2 ｜ 企業訪問時にNVICが持ち込む資料の例（アジア諸国のマクロ経済上の特徴）

概況			シンガポール共和国		マレーシア		タイ王国		インドネシア共和国	
国旗							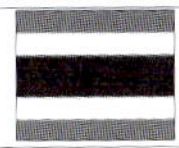		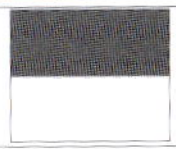	
面積（日本=100%）			716km²（0.2%）		329,735km²（87%）		513,115km²（136%）		1,922,570km²（509%）	
首都			シンガポール		クアラルンプール（人口：166万人）		バンコク（人口：572万人）		ジャカルタ（人口：959万人）	
S＆P外貨建長期債務格付け（出所：Bloomberg）			AAA（stable）		A-（stable）		BBB+（stable）		BB+（positive）	
人口動態（注2）	西暦		2015年	2025年	2015年	2025年	2015年	2025年	2015年	2025年
	人口（日本=100%）		560万人（注1）	623万人	3,033万人	3,433万人	6,795万人	6,864万人	25,756万人	28,450万人
	世帯数		109万戸		705万戸		2,191万戸		6,604万戸	
	平均世帯人数		3.5人		4.3人		3.1人		3.9人	
	人口ピラミッド（2010年）		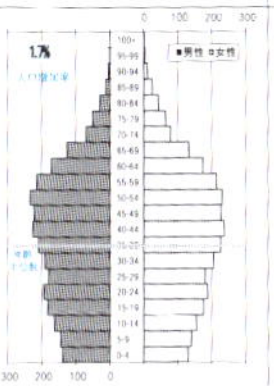		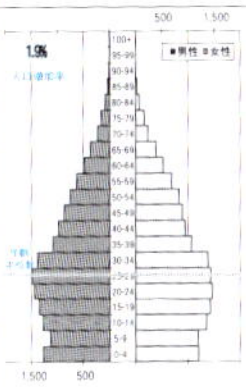		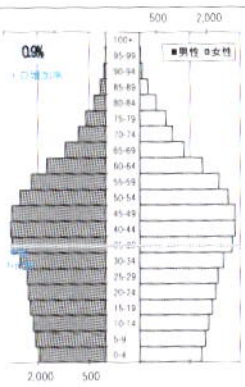		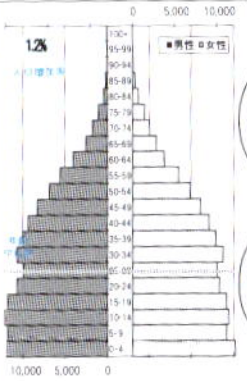	
	年齢中位数（2010年）		40.0歳		28.5歳		38.0歳		28.4歳	
	西暦		2015年	2025年	2015年	2025年	2015年	2025年	2015年	2025年
	年齢別人口構成	若年人口（0～14歳）	15.5%	13.4%	24.5%	22.5%	17.7%	15.1%	27.7%	25.2%
		生産年齢人口（15～64歳）	72.8%	67.4%	69.6%	69.1%	71.8%	68.8%	67.1%	67.8%
		老齢人口（65歳～）	11.7%	19.3%	5.9%	8.4%	10.5%	16.1%	5.2%	7.0%
	人口ボーナス期終了時期（国連予想）		2015年		2035年		2015年		2030年	
	人口増加率		1.7%		1.9%		0.9%		1.2%	
公用語			英語、中国語、マレー語、タミール語		マレー語		タイ語		インドネシア語	
国語			マレー語		マレー語、英語、中国語、タミール語		タイ語		インドネシア語	
識字率			男性：97.5%、女性：92.0%		男性：94.6%、女性：90.3%		男性：95.6%、女性：91.5%		男性：95.4%、女性：89.1%	
法人実効税率（地方税も含む）			17.0%		25.0%		20.0%		25.0%	
宗教			仏教、イスラム教、ヒンズー教、道教、キリスト教など		イスラム教、仏教、ヒンズー教、キリスト教など		仏教、イスラム教、キリスト教など		イスラム教、ヒンズー教、キリスト教など	
民族構成			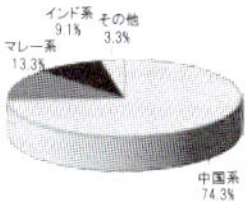		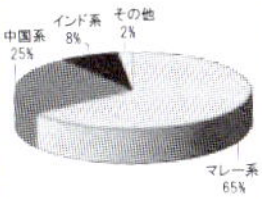		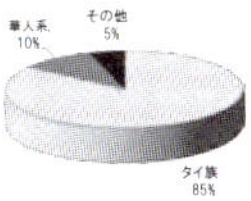		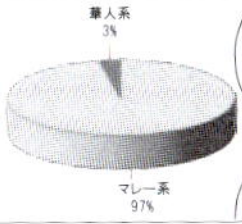	

図表6-3 | 企業訪問時にNVICが持ち込む資料の例(アメリカの主要食品会社の収益構造)

企業名	ハーシー	ゼネラルミルズ	ケロッグ	モンデリーズ
Ticker	HSY US Equity	GIS US Equity	K US Equity	MDLZ US Equity
創業	1894年	1866年	1906年	1903年
決算期	2015/12/31	2015/5/31	2015/1/3	2015/12/31
時価総額 (直近決算期、Mドル)	19,356	33,617	23,311	60,420
事業概要 (売上構成他)	・菓子類:100% ・うちチョコレートが約8割を占める。	・製粉業を起源にもつ食品会社。 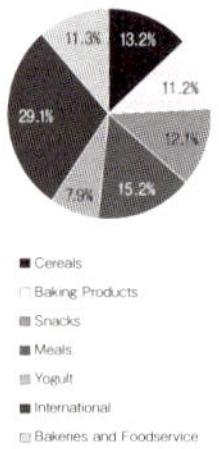	・シリアル製造が起源。 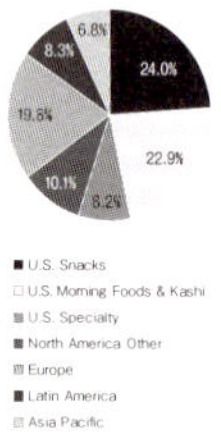	・チーズ販売を起源にもつ世界屈指の規模を誇る食品会社。 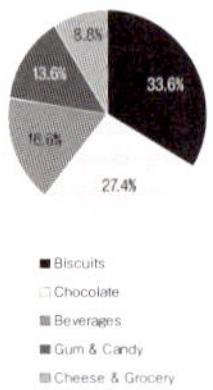
売上高	7,387	17,630	14,583	29,636
国内売上比率	87.6%	59.6%	55.1%	20.3%
営業利益(EBIT)	1,481	2,800	1,365	3,788
ROA	27.7%	12.7%	9.0%	5.7%
OPM	20.1%	15.9%	9.4%	12.8%
総資産回転率	1.38	0.80	0.96	0.44
従業員数	19,060	39,000	33,577	99,000
1人当たり売上高 (Mドル)	0.39	0.45	0.43	0.30

そして、仮説の重要な部分について疑義が生じたときにはフラグを立てて買い増しを停止するとともに、慌てることなくより深く検証を継続的に行ない、仮説が間違っていたと証明された場合には売却を開始します。直近で最終売却に至ったあるポートフォリオ企業の実例では、フラグを立ててから、最終的に全売却するまで二年以上の期間を費やしました。

私たちの対話は、長期的な企業価値の形成にもっとも影響があると思われる経営資源——ヒト、モノ、カネ、情報——などの適切な配分に関することに集中しています。経営資源の配分に関して、前述の通りグローバルな競合企業やビジネスモデルに類似性のある企業の実例を挙げた資料を個別に作成して経営者と議論するようにしています。企業との対話は極めて個別的でなければならず、横並びに増配を要求したり、独立社外取締役の導入を促したりするものではないと考えています。また、対話を通じて自らの投資仮説の蓋然性を確認すると同時に、経営者にも間接的に何らかの気付きを提供することができれば、と考えています。

私たちは、ポートフォリオ企業のオーナーとしてその経営者・従業員と「同じ舟」に乗り込んでいる以上、グローバル競争という過酷な海を、より速く、より安全に航海できるように一緒に考えるパートナーなのです。つまり、私たちが企業と行なう対話は、投資仮説の検証作業であると同時に長期的には企業価値を増大させる広義のエンゲージメント（注4）でもあるのです。

（注4）エンゲージメント
投資家と投資先企業が、中長期的な企業価値向上に資するような目的をもった対話を行なうこと。

（3）「企業全体を買う」という発想

　ここまで述べたように私たちは長期的に良好な経済性を有した事業かどうかを見極めるために、対象企業のみならず、その産業バリューチェインに関係する企業を訪問し、ミーティングや施設見学などを継続的に行なっています。そのような地道な企業調査の中で絶え間なく企業価値に関する仮説の構築・検証作業を繰り返しているのです。そして対象の企業が将来的にどの程度のキャッシュフローを創出するのかをいくつかの前提を置きながら予想し、そこから「企業全体を買う」とするとどの程度の価格が適切なのかを推定します。

　この「企業全体を買う」というアプローチは、典型的な上場株式マネージャーとは異なります。一般的に株式のアクティブマネージャーの分析対象は、政治経済ニュース、個別企業のヘッドラインニュース、中短期の一株当たり純利益、株式の需給、金利、為替などの外部環境など、実に多岐にわたりますが、主要な分析対象は企業というより株式市場なのです。これらの株式マネージャーの保有期間は一秒から数カ月と幅はあるものの、何らかの根拠に基づいて、安く買って、高く売ることを収益の源泉としていることに大きな違いはありません。保有企業の企業価値増大を収益の源泉としている私たちのようなスタイルとは、そもそも発想が異なるのです。

　むしろ私たちのような企業価値評価アプローチは、一般の事業会社が行なうM&A（企業買収）と類似しています。もちろん私たちが保有する企業は前述の信越化学工業のように数兆円の時価総額を有していることから、実際に保有しているのは当該企業の発行済み株式の数%未満にすぎません。しかしながら、ウォーレン・バフェット氏が言う通り、「ありきたりな企業を一〇〇%保有するより、素晴らしい企業の数%を保有するほうがよっぽど良い」のです。

私たちのようなアプローチは投資先企業を完全にコントロールできない代わりに、様々な企業・ビジネスを同じ投資対象というテーブルの上に載せて、その魅力度やリスクを相対的に評価することができます。一方、事業会社が行なう企業買収は、買収企業の事業領域から大きく離れたビジネスを対象にできない反面、被買収企業をコントロールすることにより、事業そのものに働き掛け改善することができます。どちらも一長一短がありますが、企業価値全体を評価して、被買収企業が生み出す価値を享受するという点において変わりはありません。

重要なポイントは対象企業が営む事業の経済性をどのように見極めるのかという点なのです。このことは、頻繁に買収を繰り返す米国企業との面談の中でも痛感するところです。３Ｍ、エマソン、イリノイ・ツール・ワークス、チャーチ・アンド・ドワイトなど、輝かしい買収成功の歴史をもっている企業経営者が考えている思考方法は、私たちが長期投資の質を改善する上で大いなる示唆を与えてくれていることは言うまでもありません。

株式投資に対する誤解とあるべき姿

(1) 投資とは脳みそに汗をかく労働である

大学時代の友人と話していると「奥野って最近株やってるんだって? マージャン好きだったしね」と言われることがよくあります。この「株をやる」という表現は、株式投資があたかも賭け事であるかのような語感をもっています。この場合の株式投資とは、時々刻々と変わる株価を追い掛けて、株券を中短期で売買することを指しているのでしょう。また、書店に並ぶ「この株を買えば儲かる」系の書物も同じ意味を含んでいます。

上場株式への投資の場合、時々刻々と株価が変動するので、株券の売買で儲けることこそが株式投資と考える風潮が非常に強いのですが、元来、株式投資とは投資対象である企業が創出する価値の増加を享受するものだということを忘れてはなりません。農地に投資する場合にもっとも重要なことは、その農地からどれだけの収穫物が取れるのかということであって、今日買った農地が明日幾らで売れるのかということではないのです。

本来的な意味での株式への投資とは、持続的な価値を創造することができる企業を見極め、お金を預けることで、自らの代わりに継続的に価値を増やしてもらうという資本家・オーナーとしての発想であり、この発想は資本主義の根幹を成すものです。資本主義は貧富の差の拡大、環境問題などいくつかの問題を抱えながらも、私たちの文明をより効率的かつダイナミックに前進させてきましたし、今後もそうであり続けることに異論のある人はいないと思います。

しかし、日本ではこの資本主義の根本原則の一つである資本家・オーナーとしての発想を、学校教育を含めた一般的な教育で教えてきませんでした。その結果、いまだに投資と短期的に利ざやを稼ぐ投機が混同されたままなのです。

この背景には戦後の日本が置かれた状況があると考えています。敗戦後の困窮した日本においてもっとも効率的に復興を果たすために必要なことは、アメリカをはじめとする先進国の企業が作り出す財を、豊富で安価な労働力を動員してより効率的に組み立てることだったのです。国内の資本は当然に枯渇しているので、「資本家（オーナー）的発想」は一部の人以外には生まれようがありませんでしたし、教育する必要もなかったというわけです。

「アメリカに追いつけ追い越せ」を掛け声に、とにかく額に汗して働いた結果、世界経済史上稀に見る大成功を収めた我が国は、八〇年代には「Ｊａｐａｎ ａｓ Ｎｏ．１」というところまで上り詰めました。この成功体験の中で「モノ作り」信仰が生まれ、資本家・オーナーとしての発想はともすると「カネでカネを稼ぐ」という言い方をされ、意図的に避けられてきたのではないかと考えています。

今や日本は世界第三位の経済規模をもち、世界最大の債権国の一つでもあります。世界的な富裕国家の国民が資本家的発想をもたず、一七〇〇兆円を超える家計金融資産の半分以上が銀行預金となっていることは、日本人の個人資産、ひいては日本の国富にとって重大な損失です。これだけの金融資産を有する国民が自国の通貨が安くなったことを喜んでいるさまは国際社会からすれば異様であり、アベノミクスによってほとんどの日本人の金融資産がグローバルな評価で強制的に三割も目減りしたのに暴動が起こらないのは不思議ですらあります。資本家的発想をもっていれば、円高こそ世界中の素晴らしい資産に投資するチャンスだったのではないでしょうか。

日本が将来において再び輝きを取り戻すには、資本家的発想を身に付ける必要があると考えています。別にモノ作りの重要性を軽視しているわけではありませんが、本来的には「脳みそに汗をかいて」リスクを取る資本家的発想も「額に汗して何かを生産する」ことと同等に尊いものなのです。先進国の国民たる日本人に必要なのは小手先の「資産運用」、「フィナンシャル・リテラシー」などではなく、投資の根源を成す資本家的発想、つまり事業を所有するという本質的な発想の転換なのです。ですから、京都大学での私の講義では、必ず最初に「投資というのは単に株を売ったり買ったりすることではない」と伝えることにしています。

(2) どの国に上場しているのかは関係ない

株式の長期投資とは、良好な経済性を有した企業を長期間保有し、その持続的企業価値増大を享受することです。自分の子どもや孫に残す資産として、どの企業を保有することがもっとも適切なのかを考えると具体的にイメージできるのではないでしょうか。

このような観点で長期投資できる企業を選ぼうとした場合、根本的に重要なことは前述した通り、

図表6-4 | コルゲート社の株価推移（1993年12月末＝100）

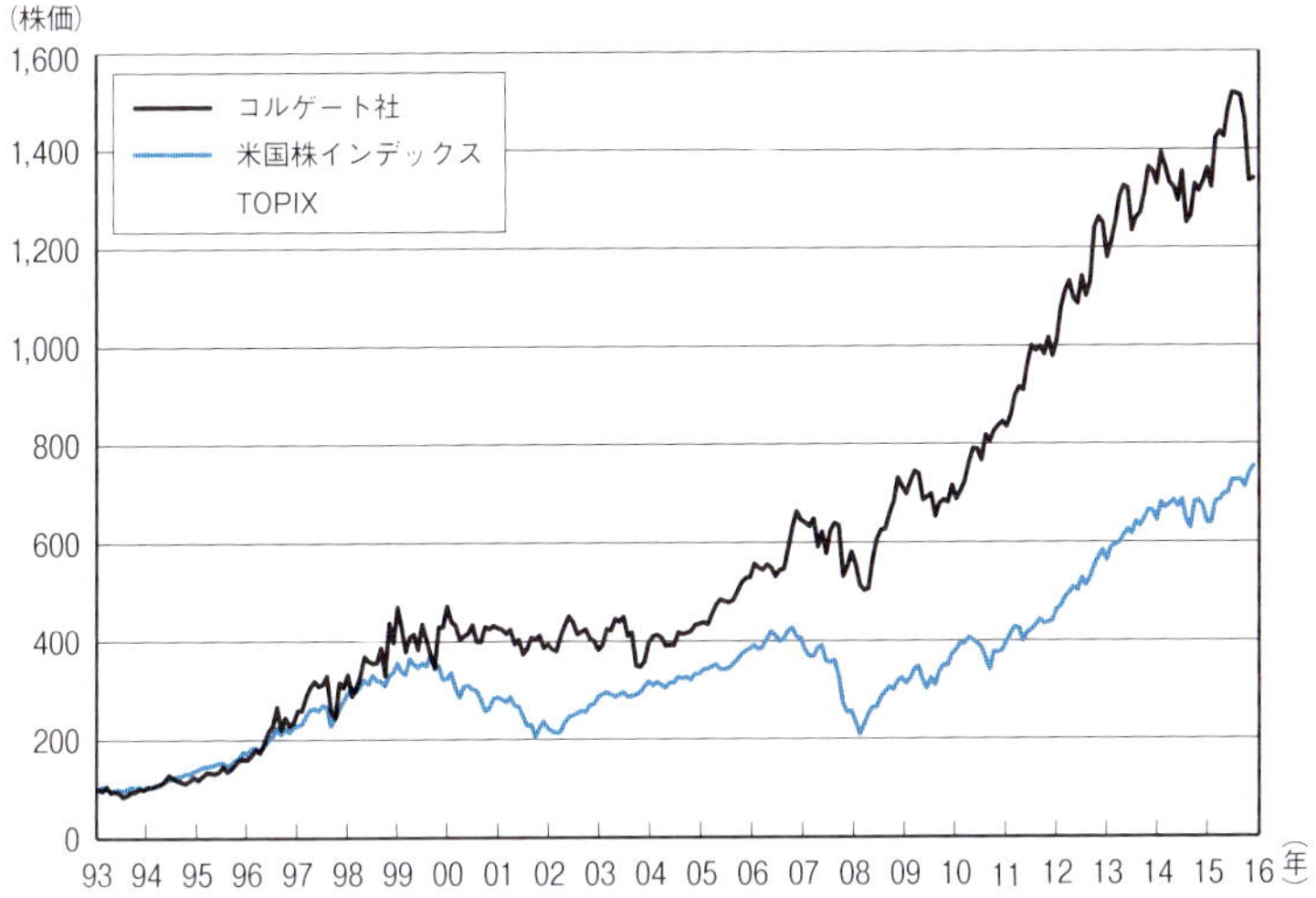

①産業付加価値の有無、②競争優位の有無、③長期的潮流の有無です。したがって、どの国、地域でビジネスを行なっているのかは重要ですが、どの国に上場しているのかはほとんど関係がありません。要は、魅力的な市場で圧倒的な競争優位を有している企業が富を創出し、その結果として長期投資家が報われるのであって、その企業が日本企業なのか、アメリカ企業なのかなどはさまつな話なのです。

では、そのような企業は具体的にはどのような企業なのでしょうか？　例えば「歯磨き粉」のトップ企業であるアメリカのコルゲート社を見てみましょう。歯磨き粉というニッチな製品において世界一四〇カ国以上で圧倒的なシェアを有する当社は、過去五年間の平均営業利益率二〇・八％、ROA二六・九％と同業他社と比べても圧倒的に高い収益性を誇ります。現在七〇億人の世界人口

図表6-5 ｜ 日本株と米国株インデックスの累積リターンと1株当たり純資産（BPS）の推移
（1993年12月～2016年12月）

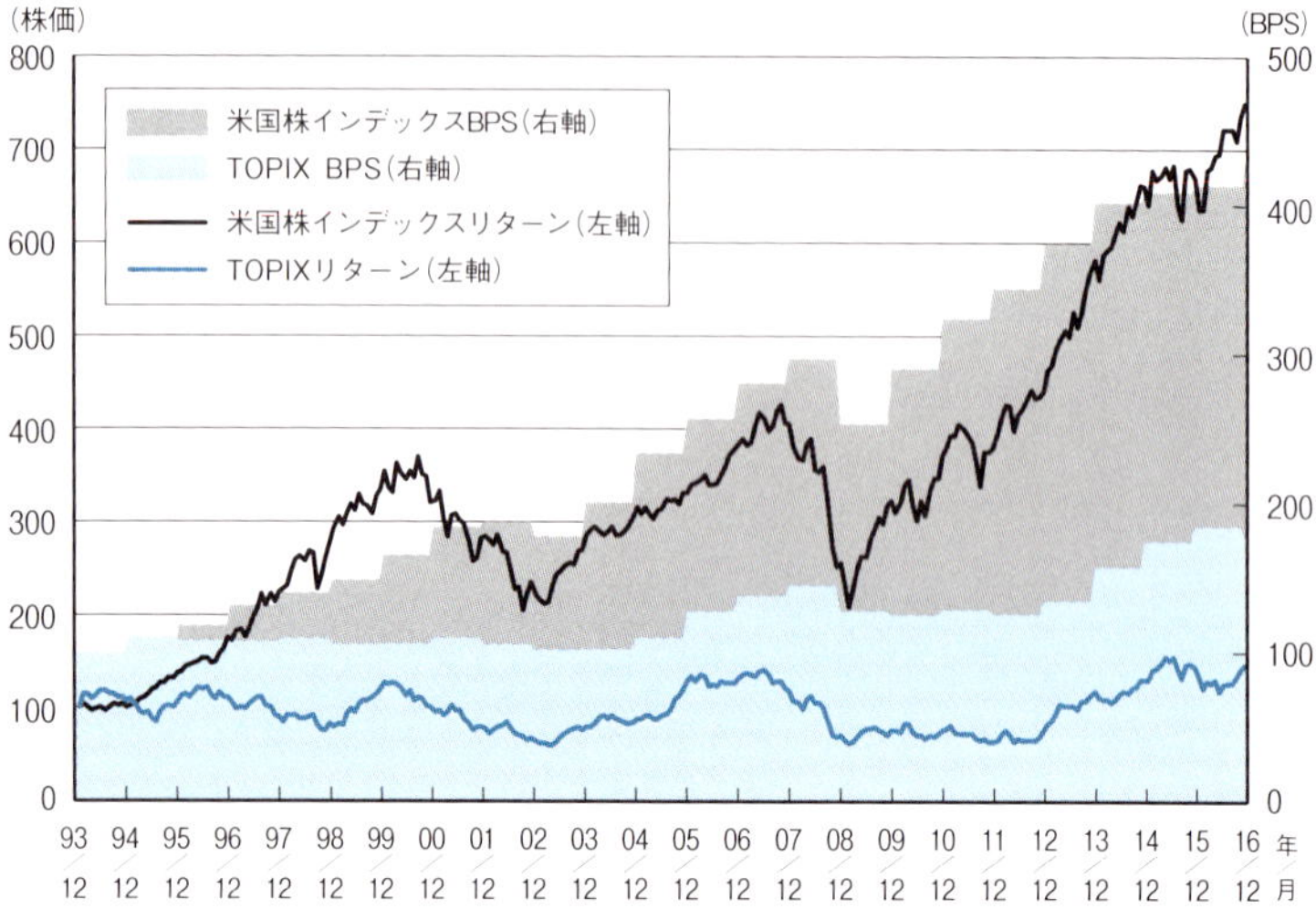

は二〇三〇年には八五億人に増加すると予想されています。その人口増加に加え、中間階級の比率増加という持続的な市場成長を圧倒的なシェアを武器に収益化していく当社などは、とてもわかりやすい例といえます。

結果として図表6－4のように過去二〇年以上の株価の上昇は目を見張るものがあります。一九九三年を起点とすると、米国株インデックスが七・五倍であったのに対して、コルゲート社は実に一三・四倍になっているのです。為替は同期間で五円程度円安になっているので、その分増加するのですが、一九九三年に一〇万円投資していたとすると、現在は一四〇万円になっているのです（そのうち為替の影響は四％程度にとどまります）。

そして、もしこの経営環境が将来も継続するとの仮説をもつことができるなら、今後も持続的に企業価値を増大し、結果として株価の上昇も期待できるのではないでしょうか？

アメリカには三億二〇〇〇万人以上の人口と巨大な市場が存在し、そこで培ったブランドを全世界七〇億人に対して訴求できる競争力を有した企業が多数存在しています。身の回りを見渡してみると、ナイキ、ディズニー、コカコーラ、グーグル、アマゾン、スターバックスなど枚挙にいとまがないほどです。日本にもトヨタ自動車やファナックなどグローバルに浸透している強い企業が存在しますが、社数や規模などで見る限り、米国企業群に軍配が上がりそうです。

その結果、日本企業の中にも個別に見れば互角に戦うだけの競争力をもっている企業も存在しているものの、総体としての日本株インデックスと、米国株インデックスとの比較では図表6－5のように、一株当たり純資産（BPS）の蓄積の推移や、その結果としての株価パフォーマンスには歴然とした差があると言わざるを得ません。総体として見たときの米国企業の相対的な力強さを考えるとインデックスに長期投資するのであれば、アメリカの株式インデックスが良さそうです。

（3）自由な投資を妨げるもの

長期投資・長期保有に適した圧倒的に強い企業を選択しようとすると米国企業が多くなる、ということはアメリカの経済規模や米国企業のグローバルでのプレゼンスの大きさを考えれば、ある意味当然だと思うのですが、そのような事実を前にしても、日本人で米国企業を中心に長期投資している人

図表6-6 | 日米為替レートの推移(1993年12月～2016年12月)

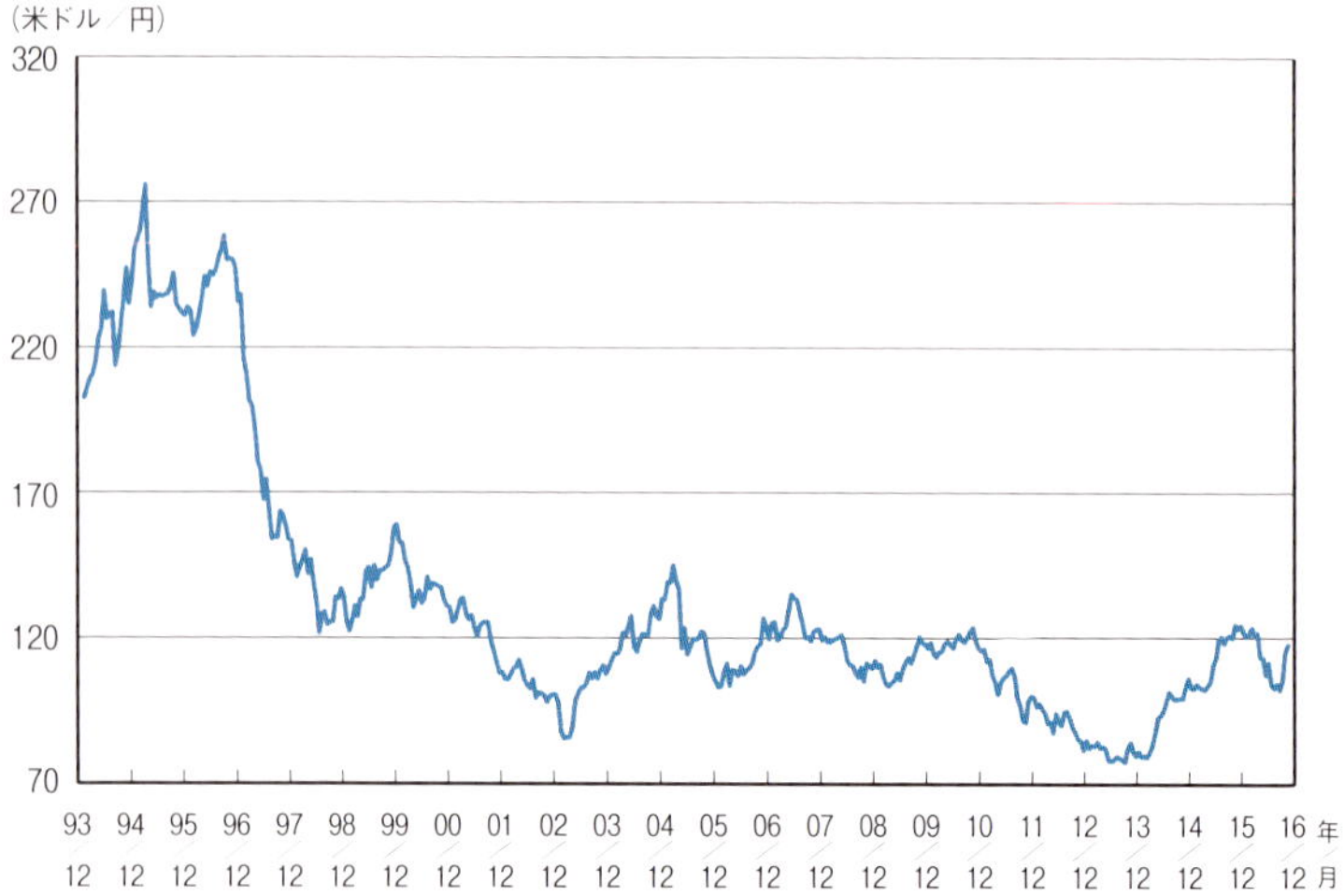

をあまり見たことがありません。それには以下のような物理的・心理的な障壁が関係しています。

〈為替〉

まず、ほとんどの人が為替リスクについて不安に思うようです。為替ヘッジをせずに米国株式を買うと「円高が進んだら大きく損するのではないか」ということです。日本人が為替に敏感なのは、日本が敗戦から立ち上がり、発展途上国から先進国の仲間入りをする中で、急激な円高を経験したことと無縁ではないと思われます。

しかしながら少なくとも一旦先進国の仲間入りをしてしまった後においては、長期的には、ある先進国の通貨が基軸通貨である米ドルに対して一方向にだけ強くなったり、弱くなったりする状況は考えにくいと思います。確かに三～五年程度の中期的には円高が続き、時には年一〇％以上動くこともあるかもしれませんが、一〇年単位でみてみれば基本的にレンジ内での変動にとどまるはずであり、実際に過去もそのように推移しています。

なぜなら、為替は長期的には購買力に不均衡が起こらないように調整されるからです（購買力平価）。生活水準自体が似通った先進国間で同じような財・サービスは同じような効用をもたらすように為替が調整されるのです。

もし米ドルに対して一方的に円高になるとすると、そのときにはアメリカが先進国から滑り落ちて、著しくアメリカ国民の購買力が低下している状況でなければなりませんが、現実的にはその可能性は低そうです。むしろ日本が先進国から滑り落ちて、円安が進んでいくリスクのほうがどちらかといえば高いのかもしれません。いずれにしても為替は単なる通貨の交換比率であり、根本的に価値を決める要因ではありません。実際に、二〇年以上の期間を取ってみると、為替は円高、円安を繰り返しながら推移し、米国株インデックスを一九九三年に買った投資家は為替で四・六％得をしたことになります。

一方で、同期間の米国株インデックスのリターンは七・五倍になっているので（図表6－5）、為替の影響など無視できるレベルです。つまり、先進国間の為替変動は中短期的には激しく感じますが、長期的にはレンジ内で動くため、本質的には企業価値を増大させることのできる企業を選ぶことのほうがより重要なことなのです。

それでも為替リスクは嫌だから日本株に投資することを選択する人もいます。しかし、そもそも日本企業の業績が為替リスクにさらされていることを考えると、日本株投資であっても望むと望まざるとにかかわらず、既に為替リスクを取っているのです。為替リスクにさらされているのはトヨタ自動車のような輸出企業だけではありません。輸入企業も含め、海外と取引関係を有しているすべての企業が、為替の変動によって円建ての業績が変動するのです。

株券ではなく、事業そのものを長期で保有するという立場に立てば、その事業を現地通貨ベースで実質的に判断することのほうが重要で、為替という枝葉にとらわれるのは間違いです。もっとも発展途上国の為替リスクについては、事業リスクの一つとして認識する必要がありますが。

〈海外企業はリスクが高い〉

「海外企業は時差や言語の壁があるため、海外の株式投資はちょっと…」という方がいます。確かに四半期業績やヘッドラインニュースを追い掛けるタイプの中短期投資を行なう場合は、時差と言語の壁は大きな問題かもしれません。しかし、長期的な事業の経済性を判断して、資本を配分するという立場に立てば、それらの障壁は本質的な問題ではありません。長期投資の前提となる事業の経済性に関する仮説を構築・検証する際に本当に必要なのは、「たくさんのことを知っていること」ではなく「自らの頭で考えること」であり、情報に関して重要なのは「集めること」ではなく本当に必要な情報以外を「捨てること」なのです。

このように考えると、長期投資（キャピタルアロケーション）に国境などないのです。もし日本にいることがハンディとなって、グローバル企業、とりわけ最低限信頼できる情報が得られる先進国企業に長期投資できないと考えるなら、そもそも、日本企業にすら長期投資をすることができないでしょう。極論すれば、米国企業に投資する場合、むしろ日本にいるほうが、ニューヨークのウォールストリート（証券街）から溢れ出す証券市場の雑音（ノイズ）が入らない分、「良い企業」を見極める上では望ましいとすら考えています。これはアメリカ・ネブラスカ州のオマハにいて年次報告書とにらめっこしているウォーレン・バフェット氏も指摘していることです。

（4）長期投資の本来の姿

繰り返しになりますが、オーナーとして事業を保有し、保有企業の収益の一部をリターンの源泉とする長期投資家の視点に立てば、対象企業が営む事業の経済性を見極めること以上に重要なことはありません。金融市場では、Ｂｒｅｘｉｔ（ブリグジット）やトランプ氏の大統領就任などを材料に株価、為替、金利が乱高下し、これらをテーマに様々な金融商品を宣伝する証券会社や運用会社が溢れています。

しかしどれだけ金融市場が動揺しようと、普通の人々の日常生活はそれほど大きく変わりません。たまたまＢｒｅｘｉｔが決まった時に出張でロンドンにいたのですが、完全に普段通りで、逆にこちらが拍子抜けしたものです。金融の世界にいて、激しく動く「価格」を見ていると、何か世の中がひっくり返ることが起きたのではないかというような錯覚を覚えるものですが、金融界の喧騒とは関係なく、人々の日常生活は普段通り繰り返されていきます。つまりどんな状況においても、人の生活にとって価値のあるものは、価格と関係なく価値があるのです。その意味で価値を生み出すことのできるビジネスやそれを営む企業は尊いと考えています。

そのような企業の営みには国境はありません。現に私たちの身の回りにあるもののほとんどが、何らかの形でグローバルに活躍している企業の財・サービスの恩恵に浴しています。インターネットで世界中の情報がほぼ無料で瞬時に入手できる現在において、グローバルな企業を分析することの障壁はかなり低くなりました。インターネット証券でこれぞと思うグローバル企業の株式を買うことも実に簡単になりました。

日本の中だけを見ていた視点を広く世界に向け、私たちの生活に有意義な価値をもたらす企業や事業を見極めて、その企業のオーナーになることができるのです。保有企業があなたの見込み通りなら、その企業の顧客である私たちの生活はより豊かになり、結果としてあなた個人の資産も増えている。こうした知的生産こそが文明を進歩させる原動力としての資本主義であり、そして長期投資の本来の姿なのです。

株式投資の未来・投資家の役割

最近、ＡＩ（人工知能）が様々な産業で存在感を増しつつあります。ＩＢＭの開発した人工知能ワトソンは、医療従事者が読むのに一カ月半もかかる膨大な量の文献を、二〇分たらずで読むことができるといいます。過去の膨大な事例・論文を学習し、画像認識技術と組み合わせることで、医師が見逃しかねない病変を正確に認識し、治療に役立てているケースもあると聞きます。客観性が求められる医療現場でＡＩの活躍領域はますます拡大しているのです。以下ではＡＩが金融、とりわけ投資・運用業界において及ぼす潜在的なインパクトについて考えてみたいと思います。

（1）技術革新は人間でなくてもできることを代替してきた

人間はその歴史の中で、様々な道具・機械を発明することで労働生産性を改善してきました。例えば農機具の発明によって、農業における労働生産性は飛躍的に改善し、結果として先進国における農業従事者の比率は過去に比べて大きく低下しました。生産性改善により余った人的リソースは、相応の時間を費やしはするものの、他の産業に配分され新たな発展の礎を形成していくのです。これこそが社会・産業のダイナミズムです。

ウォーレン・バフェット氏の二〇一五年の株主への手紙の中でも、以下のような記述があります。

「一九〇〇年時点で、アメリカ労働力人口の二八〇〇万人のうち、農業従事者は四〇％にあたる一一〇〇万人でした。今では全労働力人口一億五八〇〇万人のうち、二％に当たる三〇〇万人が農業に従事しているだけです。それにもかかわらず、とうもろこしの一エーカー当たりの生産量は約五倍になっています」。

つまり、トラクターの導入などに始まる技術進歩が、劇的な生産性向上をもたらしたのです。そればかりか「人的リソースの再配分を通じて、数千万人に上る労働者がその才能や努力を他の分野に振り向けることを可能にし、現在のアメリカの繁栄をもたらした」と同氏は分析しています。

このように人間でなくてもできることを機械が代替する潮流はもともと存在するものであり、AIもその流れの一事例にすぎません。ただ今回は、医療、金融業、弁護士業、公認会計士業などの所謂ホワイトカラーといわれる職種にまで機械による代替が進みつつあるという点で過去と異なります。いずれにしても、代替されるのか、されないかのポイントは「人間でなくてもできるのかどうか」だということです。

（2）中短期運用というゼロサムゲームはAIに代替される

株式を含む証券運用はその保有期間が短くなればなるほどゼロサムゲームの様相を呈してきます。つまり「誰かが勝てば、他の誰かが負けて」いて、勝敗の総量は短期的にはゼロということです。この中短期売買というゼロサムゲームで勝つためにもっとも重要なことは「安く買って高く売る」タイミングの選択です。そのために市場での需給や中短期的な割安・割高の判断が必要になり、そのスキルは経験や努力によってある程度は向上します。

しかし、ゼロサムゲームという性質上、どんなにスキルが向上しても持続的に勝ち続けることは本質的に困難です。そしてそれ以上に、その勝敗の要因を合理的・客観的に顧客投資家に説明することはもっと困難です。この説明力にこそ、自らの資金ではなく、他人のお金を預かって運用する機関投資家・運用会社にとっての本当の難しさがあります。簡単に言うと「勝つか負けるか」と同等か、それ以上に合理的・客観的に「顧客に説明できるかどうか」がなりわいとしての運用業には求められるのです。

この顧客を納得させる客観的な説明力・納得性の点において、AIは人間に対して相対的な優位性を有します。中短期証券運用がゼロサムゲームであるとするならば、どんなに素晴らしいAIが開発されたとしても、その長期的な勝率は人間が運用する場合と根本的な違いはなく、持続的に勝ち続けることはあり得ません。しかしその説明力の合理性・客観性の違いから、顧客が感じる納得感はAIのほうが高くなる可能性があります。自らの年収、家族構成、リスク許容度などをインプットして出てきた客観的なモデルポートフォリオは、運用パフォーマンスのいかんにかかわらず、人間の恣意《しい》性が入り込む余地がない分、銀行や証券会社の店頭で初対面のテラー（窓口業務）に薦められる商品よりも納得感が高いのです。

しかもそれをAIは人間よりも低コストでこなすことができます。一旦アルゴリズムを組んでしまえば、規模の経済が機能するので、顧客数・運用金額が増えれば増えるほど、単位当たりのコストが逓減していく性質をもっています。このコスト構造特性は、金融商品を提供する側のみならず、最終顧客である個人を含めた投資家にもメリットがあることなのです。

このように、AIは中短期証券運用という業務において、説明力とコストの面で、今後ますます存在感を増していくものと予想されます。これは何もAIが証券運用のリターンそのものについて人間よりも能力的に優れているからではありません。中短期証券運用という付加価値の低いゼロサムゲームは、そもそも「人間でなくてもできる」領域だからなのです。

（3）中短期アクティブ運用の淘汰

株式運用という範疇《はんちゅう》においては、中短期運用の中核的なスタイルである中短期アクティブ運用は、ＡＩの存在感が増す中で淘汰を余儀なくされるのではないかと考えています。そしてこのアクティブ運用弱体化の流れは、日銀によるＥＴＦ（上場投資信託）への投資増も相まって高まりつつある「株式運用のパッシブ化」を一層進展させることになるでしょう。

株式のパッシブ運用とは、そもそも銘柄選択などは考えず、市場全体を買うという運用スタイルであり、多くの銘柄を含んだインデックス投資（日本ではＴＯＰＩＸが多い）を意味します。市場の価格発見機能が適切に機能しているという前提の下では、低コストを武器とした合理的な投資戦略といえます。

また効率的市場仮説に立脚する近代ファイナンス理論の合理的帰結として高い説明力をもつことから、機関投資家にとって採用しやすいものでもあります。アクティブ運用を含む他の市場参加者がコストを払って担保している市場の価格発見機能に「タダ乗り」しているとの批判もありますが、目的地にちゃんと連れていってくれる運転手がいる限りにおいて、説明力のある「タダ乗り」はもっとも合理的なやり方なのです。

ただし、現在進行しているアクティブ運用の弱体化、パッシブ運用比率の増大によって、市場の価格発見機能の低下が余儀なくされる中、パッシブ運用は将来のどこかの時点で、合理的な運用形態としての説明力を欠くこととなるのかもしれません。とりわけ日本のインデックス（TOPIX）は、構造上、東証1部に上場しているすべての企業を含むために、適切なダイナミズムが機能しない（生存者バイアスが機能しない）上、流動性が低い銘柄が多数含まれているために高い取引コストが発生する問題を抱えています。したがって、TOPIXへのパッシブ投資によって最終的に受益者が享受する投資リターンも、これまで以上に悲惨なものになると見通さざるを得ません。

（4）原則への回帰……まとめ

このような市場環境下において、価格発見機能を果たし得る最後のとりでとして想定されるのが、事業会社が行なうM&A（買収）です。事業会社は、日々のリアルなビジネス現場を通じて、自身が提供する財・サービスの性質、属する産業の歴史、競争環境、業界潮流といった様々な側面から得た確かな洞察を基に買収候補先企業の本質的価値をまさに長期目線で評価している当事者といえますが、このスタンスは私たちの長期厳選投資とその哲学、手法を同じくするものです。

つまり、ビジネスオーナーの目線なのです。このオーナーとしての長期事業投資においては、個別企業の定性的な非財務情報と定量情報を有機的に結び付けて理解し、将来における事業の付加価値、競争優位を合理的な仮説によって導く洞察力・想像力が不可欠です。そしてリアルなビジネスを理解するには、頭を使う能力ばかりではなく、現場に実際に足を運ぶ行動力、様々な人物との対話力、

図表6-7 ｜ AI時代に有効な投資手段とは

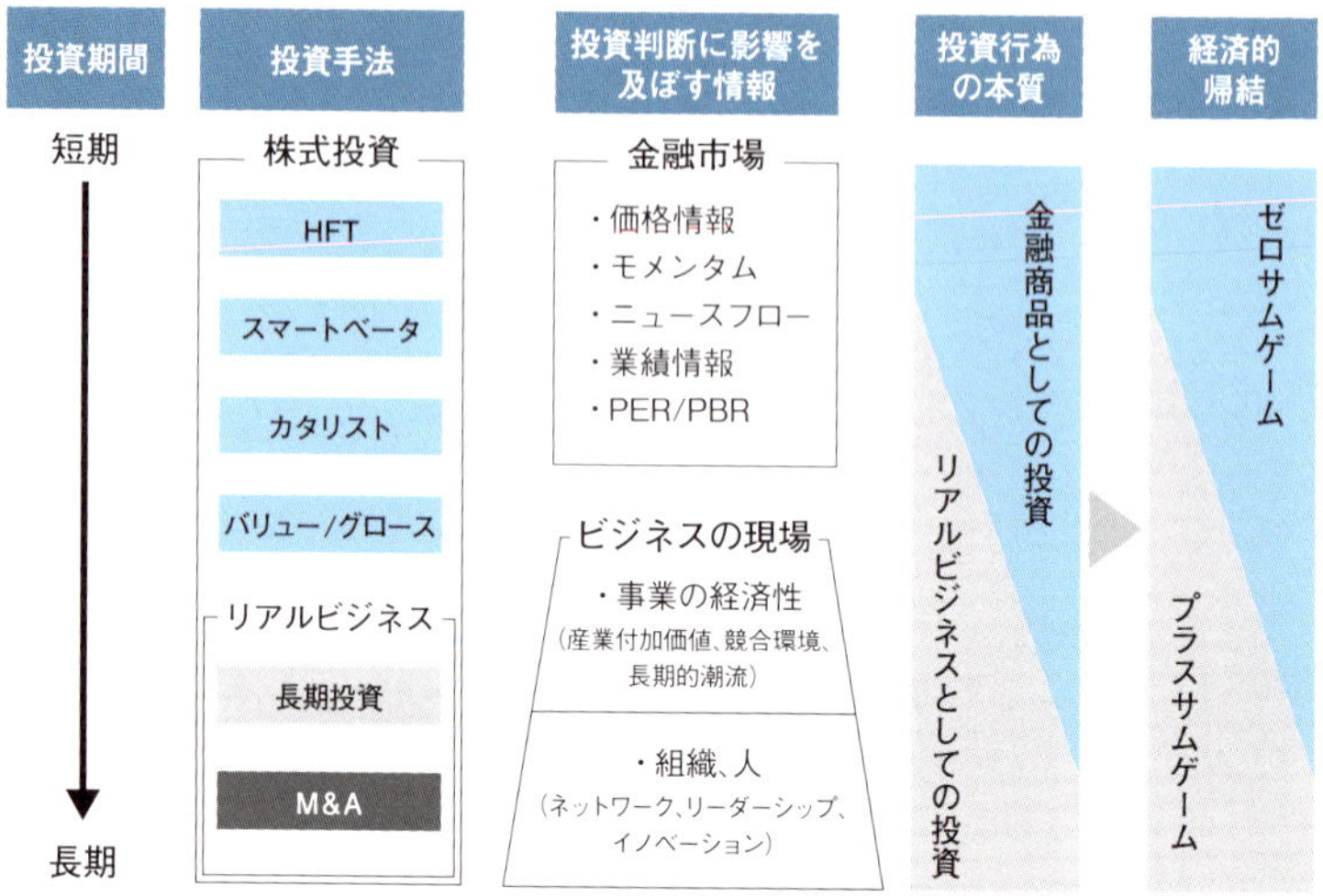

ネットワーク力が必要になります。

どんなに素晴らしいコンピューターで過去の価格推移、定量情報を精緻に分析したところで、これらすべての能力を総動員して初めて得ることのできる包括的な企業・事業の理解へは、到底達することはできません。その意味で、これこそが「人間にしかできないこと」であり、AIに代替できない知的生産なのです。したがって従来型の中短期アクティブ運用がAIやパッシブ投資に代替されていく環境の下では、逆に長期目線でリアルビジネスの価値評価を丹念に行なう長期事業投資は、その重要性の増大とともに、より魅力的なチャンスが広がっていくと考えています。

以上のように、AIの浸透は、冷徹に人間がやるべきことと人間以外がやるべきことを峻別《しゅんべつ》し、産業構造革新を誘発することになるでしょう。しかしその潮流の中にあっても、ビジネスオーナーとして長期的に事業を評価しリスクを取るという知的生産は、今までもそうであったように、これからも資本主義の根幹として「人間にしかできないこと」であり続けるでしょう。

そしてその知的生産の対価として、適切にリスクを取ったオーナーが相応のリターンを得ることもまた、時代が移り変わっても決して変わることのない資本主義社会の原則だと考えます。投資リターンの源泉は、金融市場という閉じた空間で金融商品の価格を追い掛けることではなく、リアルな企業活動を地道に見極め、ビジネスオーナーとして適切にリスクを取ることから持続的に湧き出るものなのです。逆に言うと、保有している事業が生み出す富、企業価値の増大以上にリターンが膨れ上がることはあり得ないのです。

だからこそ私たちのような長期投資家は持続的に企業価値を増大させることのできる企業のみを選択する必要があります。長期投資家は時に冷徹な目で企業を選択し、持続的に価値を生まない企業には近づいてはいけません。これは自らの身を守るために不可欠であると同時に、価値を生まない企業・事業の淘汰を促し、価値の毀損《きそん》から長期的に社会を守ることにも繋がるのです。

例えばリーマンショックは世界中の投資家がその本分を忘れ、持続性のないビジネスに資本を注ぎ込んだ結果が招いた大惨事だと理解しています。冷徹な目をもって企業を峻別することは、投資家に与えられた権利であるとともに、資本主義社会の一員として担わなければならない責任なのです。

第七章 企業を選別して調査、対話する

京都大学名誉教授 投資研究教育ユニット代表・客員教授　川北英隆

京都大学経済学部では毎年、一般事業会社のトップ経営者五人にお願いをして、それぞれの会社の沿革、事業や経営の特徴、今後の方針などを学生向けに講義をしてもらっている。この講義は二〇一四（平成二六）年度以降三年間、続いている。この本が出版される頃には、四年目に登壇いただく企業も決まっているだろう。

本稿は、これまで登壇いただいたトップ経営者一五人の話に多くの間接的啓発を受け、書いた。また、講義に登壇いただいた金融機関や官公庁の方々の話にも触発された。

問題意識：企業を知ることが重要

大学に企業経営者に来ていただくことにした理由がどこにあるのか。

表向きの理由は学生に経営者の生の顔と姿を見せ、生の話を聞かせること、時には質問できる機会

をつくることだろう。経営者を数多く知ることにより、いろんなタイプがあるとわかる。同時に、優れた経営者には共通項があると、何となく気付くはずである。

残念ながら、社会人になってしまえば、トップ経営者と直接話す機会が乏しくなる。日本は年齢序列型の身分社会だからである。そうであるなら、学生時代にできるだけ多くの機会を与えたいものだ。学生向け以外の、裏の理由もある。講義を支えてきてもらった農林中金バリューインベストメンツ(NVIC)には実務家としての理由があるだろう。また、大学内での事務手続きを行なってきた筆者自身にも、一介の研究者としての理由がある。

実務家の立場からすると、経営者の本音や人となりを知り、企業のバックボーンを確認することだろう。データを集め、資料を読み、それらを相互に照らし合わせれば、どのような企業なのか、ある程度の推察は可能である。しかし、経営者の言葉は「現時点で企業が向かう方向そのもの」であり、さらに企業の底流に流れている企業文化を知る上で最重要だと考えていい。

研究者の立場から重要なのは、企業の相互比較やグルーピングに基づく分析である。定量的な部分は開示された数値データに基づいて比較可能なものの、定性部分の比較には手間暇がかかる。その上、特に日本においては大学と企業の間には距離があるため、ますます難度が高い。この点、トップ経営者から直接話を聞けるのなら、相互比較やグルーピングに関する企業分析の難度が下がる。

これらが京都大学経済学部での講義を企業経営者にお願いしている理由である。

さらに言えば、実務家の立場と研究者の立場は互いに独立していない。それぞれが得た印象と、進行しつつある分析や研究を付き合わせれば、思いがけない事実が浮かび上がることさえある。

この京都大学での講義の進行と並行するように、二〇一四年に日本版スチュワードシップ・コード（「責任ある機関投資家」の諸原則）（注1）、二〇一五（平成二七）年に日本版コーポレートガバナンス・コード（企業統治の指針）（注2）が制定された。「なぜ、今なのか」、「なぜ、官主導なのか」と思わなくもないが、それだけ、日本の平均的な株式投資家が、それもプロの投資家が、また企業経営者が稚拙だったのだろう。少なくとも二つのコードを推進した政府の目にはそう映っていたと考えていい。

とはいえ、政府や関係機関のスタンスが全面的に正しいとは思えない。プロの投資家や企業経営者の肩を持つわけではない。政府やその関係機関の見方には偏りがあると思っているからである。

ここに、「スチュワードシップ・コードとコーポレートガバナンス・コードを批判的に捉えたい」、「いかにして企業と投資家が向かい合い、議論し、互いを知るべきなのか、その本来のあり方を考えたい」との、いわば反発心的な意欲が生じてくる。

この反発心が本稿の直接の動機である。『川北・奥野（二〇一五年）』第1章で紹介した京都の風土が筆者に乗り移ったのかもしれない（以下、巻末の参考文献を参照）。

少しだけ本稿を先取りすれば、日本には少数の良い企業と多くの良くない企業が活動している。この事実を知った上で、株式に対する中長期投資を考えるべきである。

良い企業に投資するのか、良くない企業に投資して良い企業になるのを待つのか、どちらかである。当然、後者を選択した場合、前者と比較して多くのコストがかかることを念頭に置かなければならない。

本稿は、中長期的な投資家の立場からの記述である（注3）。まず、投資とは何なのか、何をどのように信じるべきなのか、もう一度考えることから書き始めたい。その上で、スチュワードシップ・コードとコーポレートガバナンス・コードを位置付ける。最後に、投資先企業を選別する投資の事例を示したい。

ポートフォリオ理論は理想郷

株式に投資する意味とは何なのか。もちろん、投資をして儲けることに目的がある。この投資の目的を社会的な意義の観点から言い換えておく。

社会資源としての資本（資金）をもっとも有効に使うため、株式市場を活用して企業に投資をし、その投資先企業の活動成果の一部を投資収益として分配してもらうこと、これが投資の社会的意義で

（注1）日本版スチュワードシップ・コード（「責任ある機関投資家」の諸原則）
日本株に投資している国内外の機関投資家が負うべき受託者責任。中長期的な投資リターンの拡大を図ることを目的としたもので、企業との建設的な対話を通じて、当該企業の企業価値の向上や持続的成長を促すことなど、七つの原則が定められている。
（注2）日本版コーポレートガバナンス・コード（企業統治の指針）
政府が成長戦略として掲げた「日本産業再興プラン」の具体施策「コーポレートガバナンス（企業統治）」に関する規範。株主の権利・平等性の確保、適切な情報開示と透明性の確保、取締役会の責務など、五つの基本原則で構成され、上場企業に適用される。
（注3）短期投資、中長期的な投資などの区分と特徴に関しては、『川北・奥野（二〇一六年）』第8章を参照されたい。

である。所謂「Win-Win」の関係である。

投資収益については、税制を無視すると、インカムゲイン（株式での配当）でも、キャピタルゲイン（値上がり益）でも、どちらでもらってもいい。配当で現金をもらったとしても、投資家はそれを再投資する。取りあえずは含み益という形のキャピタルゲインであっても、市場で売却して現金にできる。

こうした投資の社会的意義はともかくとして、より要領よく、つまり効率的に儲けるには何を、どのようにすればいいのか。このために工夫されたのがCAPM（Capital Asset Pricing Model／資本資産価格モデル）に代表されるポートフォリオ理論（注4）である。ポートフォリオ理論はノーベル経済学賞の対象ともなった。

とはいえ現実に投資するには、ポートフォリオ理論がどこまで有効なのかを慎重に吟味することが求められる。学問でも実社会でも、疑わない者に成果はない。疑いは創造の母である。

（1）投資家と企業の非合理性

少なくとも、ポートフォリオ理論が生まれたアメリカと、我われが投資している日本とでは、投資環境がいろいろと異なる。事例を挙げておきたい。

日本の株式市場を彩ってきた株式持ち合い（上場企業同士が経営への反対勢力を排除する目的でお互いに株主となる状態のことであり、戦後の日本で自然発生した実務的な工夫）（注5）はアメリカにはない。ほぼ同じだが、銀行が上場企業の大株主になることは日本では常識に近かったのだが（注6）、アメリカでは原則として禁じられている。

上場企業の経営者にも大きな問題がある。利益の内部留保を含めた株式での資金調達には高いコストが必要だとの認識に欠けていた。詳細は後述するが、現時点でも、この認識がどの程度浸透しているのか、怪しい部分がある。

理由として、投資理論はもちろん、金融に関する教育が不足している。これらの知識が不十分なまま入社し、耳学問による生半可な知識だけで経営トップに上がる事例が多いこともある。

株式に関するコストの誤認は、一九八〇年代後半に典型的に見られた。「増資によって調達した資金のコストはほぼゼロ、たかだか時価に対する配当のコストだけ」と信じられていた。当時、時価に対する配当利回りは一%に満たなかった。国債金利が六%あった時代である。

今でも、利益を内部留保した場合、そのコストはゼロだと信じている経営者が相当数いるのではないだろうか。増資も内部留保も、ともに株式による資金調達であることに変わりがなく、その調達コストは借り入れや社債よりも高い（注7）。

少し説明を加えておく。投資家からすれば、例えば社債なら、投資先が倒産しない限り投資収益

（注4）ポートフォリオ理論
企業や個人が有する金融資産の組み合わせをどのようにするか、どのように分散して運用すべきかを経済学的に分析した理論。
（注5）株式持ち合いについては『川北（一九九五年）』を参照されたい。
（注6）現在、日本のメガバンク三行は、銀行規制がもたらす間接的な影響から、株式持ち合いの解消を進めようとしている。
（注7）詳しくはコーポレートファイナンスの教科書を参照されたい。

（金利）は確実に得られる。これに対して株式の場合、配当は不確実だし、値下がり損の可能性もある。つまり株式投資は社債に比べ投資リスクが高い。とすれば、「社債よりもより高い投資収益が得られる」とのインセンティブが与えられない限り、普通の投資家なら株式に投資したくない。この意味でのインセンティブが必要な分だけ、企業側とすれば、株式のコストが高くなる。このインセンティブに相当する投資収益がリスクに対して求められる超過収益、つまりリスクプレミアムである。

代表的なポートフォリオ理論の前提は、企業も投資家も経済性を優先した合理的な行動をしている（する）というものである。しかし、現実社会において、この前提は多かれ少なかれ成立していない。純粋な株式投資の観点からすると、株式持ち合いを合理的な行動だと認めることは不可能である。また、経営者が株式での資金調達コストが高いと認識していなかったことは、経済的、経営的に非合理的である。

このような状態であるから、ポートフォリオ理論の成り立つ前提が整っているわけがない。つまり、投資理論に基づいてポートフォリオを作り上げたとしても、理論の通り投資成果が得られるかどうか、極めて怪しい。

（2）上場制度は理論と整合的か

もう一つ、強調しておかなければならないのは、株式市場つまり上場制度に関する疑いである。ポートフォリオ理論においては、市場（マーケット）が効率的であるとされる。投資家も企業も合理的に行動するので、例えば株式市場において、すべての情報が広く知られているものとして折り込まれ、価格を決めているとの想定である。

企業と投資家が合理的に行動するのなら、理論上のマーケットにおいて投資対象となるのは、投資家が要求する利益を計上できる企業だけ（かつ、そのすべて）だろう。それに満たない利益しか計上できない、つまり業績が低迷している企業は投資家による資金供給の対象とならない（むしろ投資した資金を引き上げられる）から、潰《つい》えてしまい、マーケットに残らないと考えられる。

現実社会において、理論が想定するマーケットを何にするのかは非常に悩ましい。投資家が投資対象にできるのは、大抵は取引所が提供する市場（上場市場）である（注8）。そうであるから、投資家としては上場市場の質、つまり理論が想定するマーケットと上場市場との実際的な違いを把握しておかなければならないだろう（注9）。

日本の上場基準を振り返ると、かつては非常に厳しかった。その基準をクリアして上場できた企業は、その瞬間、間違いなく一流企業だった。

一方、上場廃止基準は緩かった。何年にもわたり赤字を続けたとしても、なかなか上場廃止にならな

（注8）プライベート・エクイティやベンチャー企業の株式など、非上場企業を投資対象とすることも可能である。とはいえ、これらの投資市場で投資行動を行なうには、流動性をはじめとして限界が大きい。
（注9）本稿では、簡略化のために日本の上場市場を事例として取り上げている。本来はグローバルな視点から上場市場を考える必要がある。
（注10）筆者がよく挙げる事例として、山水電気とシルバー精工がある。両社とも優良企業であったものの、経営の転換に失敗したために赤字経営が長年続き、最後に上場廃止となった。

図表7-1 ｜ 投資における理想と現実

	理想	現実にみられる事例
企業	経済合理的な経営。調達資本に必要十分な利益をもたらす。	様々な非合理的経営。調達した資本に対する必要十分な利益を意識しない。
投資家	すべての情報を分析。その結果を投資行動に反映、合理的な価格を形成に活かす。	不十分な情報、不十分な分析。合理的でない判断や行動を起こしうる。
投資市場	合理的な経営を行なっている企業のみが生き残り、生き残った企業のすべてが投資対象となる市場。	取引所が提供する上場市場。上場規程があるため、本来、投資対象とならない企業が取引対象として残りうる。

なかった（注10）。上場廃止を回避する手段もいくつもあった。例えば、保有資産の売却であり、第三者割当増資である。

そこまで極端ではなくても、赤字にならない程度の利益を（とはいえ投資家にとって不十分な利益を）上げることさえできれば、過去に獲得した上場企業としての地位を失うことはない。視点を変えて言うのなら、上場市場には多くの「投資対象とならない」さらに「投資対象とすべきでない」企業が見つかるだろう。実際のところを、本稿「優良企業とダメ企業の格差は続く」で検証してみたい。

以上の合理的でない現実を図表7－1にまとめておく。なお、図表での投資家に関する説明は、本稿全体のテーマである。

スチュワードシップ・コードと コーポレートガバナンス・コードをどう考えるか

本稿『ポートフォリオ理論は理想郷』において、日本の投資家と企業の非合理的な行動を指摘した。

政府もこの非合理性に気付き、問題意識を高めていたのだろう。この非合理性を是正するため、日本版スチュワードシップ・コードと日本版コーポレートガバナンス・コードが相次いで制定されたと考えていい（注11）。

これを受け、上場企業と機関投資家（以下、プロ投資家）の多くはコードへの当面の対応を行なっている。一方、金融庁と東京証券取引所がフォローアップ会議を設置し、二つのコードの定着とアップデート（ヴァージョンアップと詳細化）を図ろうとしている。今後、上場企業とプロ投資家は対応の強化に迫られるだろう。

なぜ、これらのコードが必要なのか。現在、日本が直面する経済環境の影響もあろう。日本の経済成長率が高齢化と人口減少によってピークアウトし、他の先進各国の名目経済成長率も日本ほどではないにしても低下していることと、新興国の経済発展が不安定であり、しかも信頼性に欠如していることを指摘しておきたい。日本の政策担当者として、投資行動を律することで、プロ投資家の評価を手助けとしつつ、経済全体の活動レベルを上げる必要に迫られている（注12）。

（注11）この節の〈コーポレートガバナンスへの影響〉までは、主に『川北（二〇一六年a）』に基づく。

（注12）スチュワードシップ・コードの副題に「企業の持続的成長」とあり、同じくコーポレートガバナンス・コードに「会社の持続的な成長と中長期的な企業価値の向上」とあることに政策担当者の意図が示されている。また、イギリスでスチュワードシップ・コードが制定された直接的な背景はリーマンショックだった。

もちろん、これだけで経済活動全体が盛り上がる保証はない。とはいえ、非合理性を是正することが、経済政策の一つであることには間違いないだろう。

プロ投資家としては、厳しい投資環境は認識しているだろうが、同時に、一般投資家から請け負った投資成果を獲得しようとするのなら、従来以上の努力が必要なことも十分意識すべきである。結論的には、投資対象、投資先企業の選別や、選別した後の運用方法に大きな変革が求められている。

当然、プロ投資家が本気で動けば、企業も動かざるを得ない。

この節では、最初に二つのコードの位置付けを整理しておきたい。

その上で、年金ファンド運用を念頭に、二つのコードの精神から考えて、年金ファンド及びその年金ファンドから投資を委託されたプロ投資家の行動にどのような影響が生じるのかを考えたい。

年金ファンドを取り上げるのは、この運用には株式への中長期的な投資が期待されるからである。また、中長期的な投資を行なうには、企業の評価が重要になるからである。

最後に、投資家行動が企業経営に及ぼす影響を簡単にまとめておく。

(1) スチュワードシップ・コード

スチュワードシップ・コードの対象となるプロ投資家とは、一般投資家から資金の委託を受け、その一般投資家の勘定(一般投資家への損益の帰属)に基づき、資産運用する投資家である。このプロ投資家には受託者責任(投資家としてのスチュワードシップ責任)が課せられる。

では、プロ投資家の範囲は具体的にはどこまでなのか。

代表的にはアセットマネジメント会社（金融商品取引法やコード（注13）において資産運用者と名付けられた投資家）がプロ投資家であるのは当然である。

同時に年金ファンドの管理者（コード（注14）において資産保有者と名付けられた投資家）もプロ投資家として位置付けられる。この投資家はアセットオーナーとも呼ばれ、投資のための資産を実質的に管理、保有している。

アセットオーナーとしての年金ファンドの管理者も、アセットマネジメント会社と同様、広義の意味で一般投資家（この場合は年金制度の加入者）の委託を受け、資産運用に関与している。この関与の巧拙がファンドの運用パフォーマンスを大きく左右する。ただし日本において、公的年金以外の年金ファンドの管理者の間では、スチュワードシップ・コードへの認識が極めて低い（注15）。

プロ投資家の役割は大きく二つに分けられるだろう。一つは、アセットクラス（注16）を定義し、

（注13）日本版スチュワードシップ・コードに関する有識者検討会（二〇一四年）p.3。
（注14）注13と同じ。
（注15）公的年金、金融機関系年金を除くと、スチュワードシップ・コードを受け入れた日本の年金ファンドは一社にとどまる（二〇一六年九月二日現在、金融庁調べ）。
（注16）アセットクラス
資産運用においては、同じような動きをする投資対象を一つの集合体として認識、分析する。この集合体をアセットクラスと定義している。株式、債券という集合体が代表的であり、さらにそれを国内と海外に分けることが多い。

そのアセットクラスを用いてポートフォリオを企画、調整することである。もう一つは、各アセットクラス内での実際の投資の実行であり、端的に言えば、株式や債券の売買である。

プロ投資家は、この一連の投資行動（直接的には資金の供給行動）に基づき、特定の証券市場や個別企業に対し、意識するかしないかは別にして、影響力をもっている。理論的には、この影響力が「資本」という社会資源の最適配分をもたらす。

なお、プロ投資家の投資行動には「資金供給しない行動」や「資金を引き上げる行動」も含まれる。この点についてはコーポレートガバナンス・コードの項でまとめて議論する。

プロ投資家が委託を受ける具体的な内容は千差万別である。委託されたのがポートフォリオの策定なのか投資の実行なのか。運用対象にするべきアセットクラスは何か。ベンチマーク（評価や投資の基準となる指標）を何にするのか。運用期間は。運用方法がパッシブ（インデックスの模倣（注17））かアクティブ（投資企業の選択に重点を置く投資）か。これらに代表される様々な要素によって、委託内容が具体的に決定されていく。

この千差万別の委託内容が、スチュワードシップ責任の具体的なあり方を変化させる。例えば、委託内容そのものがプロ投資家の行動を規定していることがあろう。あるいは、委託内容をより効率的に達成するため、投資家が自らより具体的な行動指針を策定しなければならないこともあろう。

公表されたスチュワードシップ・コードの個々の文言には法的な拘束力がなく、「Comply or Explain（コンプライ・オア・エクスプレイン）」、つまり、各原則に「従うか、従わないのならその理由を説明するか」に大きな特徴があるとされる。

言い換えれば、スチュワードシップ責任をどのように具体化し、基本的な行動指針として対外的に表明し、実際の行動に移すのかがプロ投資家の真骨頂だといえる。スチュワードシップ責任とは、手短に表現するのなら、委託者の意図と利益にかなうよう、プロ投資家がプロとしての能力を存分に用い、責務を果たすことに尽きる。

(2) コーポレートガバナンス・コード

コーポレートガバナンスとは、企業を統制し、監視する仕組みのことであり、それは企業としての組織のあり方である。企業には多くのステークホルダー(利害関係者)が存在する。製品やサービスの利用者、納入業者、従業員、負債の提供者(代表的には銀行)、株主などであり、これらのステークホルダーが企業組織を形成している。

コーポレートガバナンス・コードでは、これらのステークホルダーの存在を前提としつつも、株主に焦点を当てている。日本において、ステークホルダーとしての株主の影が薄かったからだろう。

コードが意識しているのは、すべての株主や株式投資家ではない。もう少し言えば、短期的な投資

(注17) インデックスの模倣
市場全体の値動きに追随し、市場の平均的収益を得ることを目的とした投資。

家ではなく、中長期的な投資家を強く意識している。これは、「本コード（原案）は、市場における短期主義的な投資行動の強まりを懸念する声が聞かれる中、中長期の投資を促す効果をもたらすことをも期待している」と書かれていることにも明らかである（注18）。

中長期的な投資家にとって重要なのは、中長期的な企業価値の向上である。このためコードは、株主利益のみを追求して組織としての企業にダメージを与えることは回避すべきという立場にあると推察される。他のステークホルダーの利益にも配慮しつつ、共存共栄を図って初めて、組織としての企業の存続と発展があり得るとの考えだろう。この点は「然り」である。

では、企業経営もしくは株主以外のステークホルダーから見て、株主とは何なのか。先に、中長期的な企業の存続と発展に関して、株主として他のステークホルダーの利益に配慮することが重要だと述べた。これは、他のステークホルダーからしても同じである。株主の利益を無視したのでは企業の発展がない。

株主は、もしも企業が破産した際には最劣後の債権者となる。株主がこのような立場から資金を企業に供給しているから、企業は事業リスクを取れ、利益獲得のチャンスを活用できる。ある企業が、株主に十分なリターンをもたらそうとしなかった場合、合理的に行動する株主であれば、その企業を見限り、資金を引き上げるだろう。その結果、株価が下落し、企業は買収の危機にさらされる。もしくは、信用力が大きく低下する。そうなれば、企業としての存続が危うくなる。

このような株主からのコーポレートガバナンスとは何か。

一般には、企業が危機的状態に陥る前に株主としての権利（株式の売却や株主総会での議決権）を行使し、時には他のステークホルダーと協力することにより、企業の中長期的な存続と発展に資することだと理解されている。

しかし、この方法だけが株主からのコーポレートガバナンスではない。潜在的に良くなさそうな企業をふるい落とし、株式を買わない行動も、立派なコーポレートガバナンスである。

日常の買い物をイメージすれば、この「買わない」という行動の選択が常識なのは、一目瞭然である。買ってから製造元や販売店に「品質が悪い」、「すぐに壊れる」と文句を送りつけても、効果が得られるまでにコストと時間がかかるし、効果がないことも多い。それよりも、品質評価を事前に行ない、買わないという対処をすることが賢明な行動となる。

この点、日本版コーポレートガバナンス・コードには暗黙の前提があるようにうかがえる。すでに株主となっている投資家を中心に据えたコードだということである。現時点において株主ではない投資家、表現を変えると、潜在的な投資家を含めた視点から捉え直してみると、その規定には、不足感が否めない。

同じ点は、日本版スチュワードシップ・コードにおいてより明確である。「本コードは、保有株式を売却することが顧客・受益者の利益にかなうと考えられる場合に売却を行なうことを否定するもの

（注18）東京証券取引所（二〇一五年）p.28。

ではない」としており（注19）、株式の保有がスチュワードシップ・コードのための橋頭堡《きょうとうほ》と位置付けられているようだ。

この認識に基づき、投資家も企業も両コードから一線を画しつつ、コードの本来の意図を十分に考えて、コードが指す「対話」を図ることが望ましい。投資家としては、株主の立場と、将来株主となる可能性としての立場の両面を有している。企業としては、現在の株主への対処と、潜在的な株主への対処が重要となる。

それでは、コードでいう「対話」とは、本来的には、具体的に何をイメージすればいいのか。この点について、本稿〈コードにある「対話」とは〉で述べたい。

あらかじめ要点だけを示しておけば、本来の「対話」は簡単なものではない。周到な事前準備が必要であり、対話の現場はある意味で真剣勝負であり、終わってからは次の行動への準備が求められる。当然、対話に必要なコストは（対話の経験のない者が想像する以上に）極めて大きい。

（3）二つのコードがもたらす影響

日本においてスチュワードシップ・コードとコーポレートガバナンス・コードが制定されたことにより、プロ投資家、特に年金の資産運用に何が生じ得るのか。その方向性を示したい。

結論的になるが、この方向性に関して主に二つの軸がある。

一つは、経済と金融環境の変化を的確に把握しつつ、資産運用の実行に努めることである。

もう一つは、柔軟な発想である。制度ありき、過去の経験ありき、既存の投資理論ありきで資産運用をしていたのでは、プロ投資家として適切でない。経済や金融環境の変化が非常に速い中にあって、かたくなな発想は不適切だろう。

他方、プロ投資家の中で特に規模の大きな年金ファンドの運用が変化していくことは、コーポレートガバナンスにおける主要なステークホルダーの行動の変化を意味する。このため、企業活動に影響を与えるのは必然である。

〈低成長下に投資対象を選別する責任〉

最初に、プロ投資家としてスチュワードシップ責任を果たすため、経済と金融環境の変化を十分認識しつつ投資対象を見極める必要性について考えたい。

本節の冒頭で指摘したように、先進各国の名目経済成長率が低下している。これを受け、政策金利はもちろん、市場の金利水準も著しく低水準にある。経済理論にいう資本の希少性（注20）が低下していると考えていい。

（注19）日本版スチュワードシップ・コードに関する有識者検討会（二〇一四年）p. 2の注2。
（注20）資本の希少性
資本という財（資源）は需要に比較し常に希少であるという経済成長における原則。

日本を例にとると、政策金利が一部マイナスになり、企業の調達金利水準がゼロ近辺にある。それにもかかわらず、新たに資金を調達し、日本国内で投資をする気が企業側に乏しい。市場に資金は溢れているのだが、十分な利益の得られる事業機会が乏しい。だから企業は資金調達意欲に乏しい。もっとも、これは日本だけの現象ではない。多かれ少なかれ先進国に共通である。

事業機会が少ない重要な要因として指摘すべきは人口問題である。日本は高齢化と人口減少の段階にある。欧州もアメリカも、日本ほど深刻ではないものの、移民の流入を除外すれば、やはり人口問題を抱えている。

経済活動の観点から、これらの人口問題が意味するところは、一つは供給力の増強に必要な労働力の限界である。もう一つは需要の頭打ちである。

BRICs（注21）や発展途上国が、供給と需要の両面において日米欧を代替してくれるのなら、人口問題を解決する糸口が比較的簡単に見つかるだろう。

現実は、そこまで単純ではない。中国や韓国やタイに代表されるように、日米欧以外の国にも人口問題が忍び寄っている。人口が急増している国も多数あるとはいうものの、これら国々の多くは、政治的な、ひいては経済的な安定性において難がある。欧米では、難民はもちろんのこと、移民の受け入れに対する拒否意識が高まっている（注22）。

以上からすると、当面のところ、世界経済の成長率が中長期的に低位であり、加えて不安定だと考えていい。株式であれ、債券であれ、これらの投資収益率の平均値は経済成長率を反映したものになる。とするのなら、グローバルな投資収益率が低位にあり、他方でリスクも大きいことが示唆される。

ここまでは平均的な投資収益率に関する議論である。しかし、経済成長率が低位にあることの影響はこれだけにとどまらない。低成長は企業間格差を拡大させる要因である。

経済成長率が高い場合、人並みの経営さえ行なっていれば、それなりの業績が得られるだろう。しかし、経済成長率が低くなってしまうと、優れた経営を行なわない限り、業績が低迷する。

好例がある。日本でもアメリカでも企業間の業績格差が拡大している（注23）。

企業間格差が拡大しているのは、少ない投資機会を巡り、熾烈《しれつ》な競争が行なわれていることを要因とする。また、投資機会をグローバルに探し出す必要性があり、これには高い難度とリスクが伴う点も指摘できる。

投資家もまた、企業と同じ立場に置かれている。企業間格差が拡大していることは、投資先として、優れた経営に支えられた企業を独自に探し出す必要性を高める。さもなければ、投資収益率が低迷し、加えてリスクも増大してしまう。

さらに、プロ投資家に要請される行動は、単純に優れた企業を探し出すだけにとどまらない。既存

（注21）ＢＲＩＣｓ　ブラジル、ロシア、インド、中国。二〇〇〇年以降、著しい経済発展を遂げている新興国として総称する。

（注22）情報技術やそれを応用したロボットの発展が人口問題を解決してくれるとの見解もある。しかし、解決してくれたとしても労働力不足の問題だけである。需要不足の解決になるのかどうかは不透明である。

（注23）『川北（二〇一三年）』pp. 21－22。

のアセットクラスの見直し、再編、再定義にまで影響が及ぶ。この点については次のスチュワードシップ責任に関連して述べたい。

〈年金ファンド管理者のスチュワードシップ責任〉

年金ファンド運用におけるスチュワードシップ責任とは、具体的にはどういうものだろうか。

最初に三つの視点を指摘しておきたい。これらは主に、年金ファンドの管理者からの視点である。

第一に、グローバルな経済成長率の低さと不安定さを前提とするのなら、既存のアセットクラスに対する基準配分比率（所謂基本ポートフォリオ）の再検討が求められる。

多くの年金では、日本の債券と株式を合わせると、その配分比率が非常に高い。所謂ホームカントリー・バイアス（自国資産に偏った投資をすること）が極めて高いことになる。世界経済における各国の相対的地位からすれば、日本を特別扱いしている（日本に非常に厚く資産を配分している）ことでもある。この是非を定期的に検討することが責任ある投資行動だろう。

もう少し言えば、日本の経済成長率が相対的に高く、かつ安定的であるのなら、ホームカントリー・バイアスが高いこともある程度容認できる。では、高齢化と人口減少のトップランナーである日本の今後の経済成長率がどうなのか。この問いに誠実に答えなければならない。

第二に、ポートフォリオを構成するアセットクラスについて、既存のもので十分なのかどうかの再検討である。

例えばアセットクラスとして、国内株式と海外株式の二つを設定することの是非である。日本企業がグローバルに活動している現状において、本店所在地と上場している市場の地理的位置だけを基準として、アセットクラスを定義して適切なのかという問題でもある。

ちなみに、東証第一部に上場している製造業の場合、海外売上高（輸出と現地生産）の比率は五〇％を超している（注24）。言い換えれば、日本の製造業はグローバル企業と化しつつあるから、日本経済の影響というよりも、世界経済の影響を強く受けつつある。

オルタナティブ（注25）への投資が注目を集めていることも、アセットクラスの再検討の一環である。「今、オルタナティブか」どうかはともかくとして（注26）、オルタナティブへの投資は、年金ファンドの独自性、すなわち長期投資が可能なファンドであるという性質を活用し、投資家間の競争の少ない領域を狙うことで、相対的に高い投資収益率をめざすための選択肢だと位置付けておきたい。

第三に、既存のアセットクラスの再定義である。ポートフォリオ理論での市場（マーケット）とは何なのかを検討し、具体的な市場もしくは投資対象とするユニバース（運用を委託されたファンドが参照する市場の範囲）を定義し直す作業である。

（注24）本稿図表7－3を参照のこと。
（注25）オルタナティブ
代替投資と訳される。不動産、森林、金や原油などの商品、ヘッジファンドなどが代表的である。
（注26）一種のブームが起きているため、高値水準で投資してしまう危険性が気になる。

国内株式であれば、現在、多くのプロ投資家は東証第一部市場が投資理論でいうマーケットだと位置付け、そのマーケット価格をＴＯＰＩＸ（東証株価指数）だとしている。この点については「上場制度は理論と整合的か」で少し論じた。また、これまで日本の常識とされてきた定義が、現実において適切なのかどうか、本稿「優良企業とダメ企業の格差は続く」で再度検討を加えたい。

アセットクラスを再定義する上での問題点は、再定義によって、東証第一部市場に上場されている（つまりＴＯＰＩＸを構成している）にもかかわらず、その企業の株式が投資対象とならない可能性である（注27）。このことをどのように考えるかである。この問題については次のように考えればいいだろう。

第一に、「上場制度は理論と整合的か」で論じたように、上場制度が必ずしもポートフォリオ理論に基づいているわけではないという事実である。そうであるから、既存の上場市場と、その市場を構成する企業を絶対視する必要性はどこにもない。

ポートフォリオ理論を信奉する投資家からは、「理論でいう十分な分散投資が重要であり、このことからすると、上場している企業を故意に外して分散投資効果を薄める投資行動は不適切」という見解があり得る。

しかし、投資対象から外す企業が、合理的な経営を行なっていないとすればどうだろうか。投資対象から外さなければ、投資収益率が下がるだけである。分散効果よりも平均的に期待できる投資収益率の水準のほうが重要だと考えるのは理にかなっている。表現を変えれば、現実の市場の状態（理論に即しているのかどうか）を最初に評価、判断することによって平均的に得られる投資収益率の水準を上げ、その後で分散を図るのが筋である。

加えて、投資対象企業数がある程度大きくなれば（例えば一〇〇社のオーダーになれば）、それ以上企業数を増やしたとしても分散効果は目立って上がらない。

第二に、合理的に行動していない企業との関係である。特定のプロ投資家がアセットクラスを再定義したときに、ある企業がその新しいアセットクラスを構成しなかったとしよう。典型的には、五〇〇社とか二〇〇〇社で国内株式というアセットクラス（注28）を定義した場合である。東証第一部市場の上場企業数だけでも二〇〇〇社に達しているから、この事例では大多数の企業が新しいアセットクラスを構成しないことになる。

特定のプロ投資家が定義するアセットクラスから漏れた企業であれば、市場価格が変化しても、その投資家の投資対象とはなり得ない。これは、そのプロ投資家からの資金供給がないことを意味しており、企業経営上、好ましくない。

一方で、投資対象として漏れた企業が潜在的に有望な経営を行なおうとしているのであれば、投資家に対する魅力度を上げ、アセットクラスに入るように努力するだろう。結果として、投資家との間でコードが想定する「対話」がなされ、合理的な企業行動が促される。

（注27）極論すれば、トヨタ自動車や新日鉄住金が投資対象にならないことである。
（注28）グローバル株式というアセットクラスでもいいのだが、ここでは簡便のため、国内株式というアセットクラスにしている。

以上をまとめると、どのような経営を行なっているかにかかわらず、TOPIXを構成しているからという理由だけでプロ投資家の投資対象となってしまう現状と比較して、アセットクラスを再定義する投資家の行動は、日本経済全体に対して好ましい影響をもたらすのではないだろうか。

国内債券に関しても、満期一〇年超のゾーンまで国債金利水準がマイナスになっているのに（二〇一六年一〇月末現在）、そのマイナス金利部分まで含めて計算している大手証券会社が提供する日本債券インデックス（ボンド・パフォーマンス・インデックス（注29））をマーケット価格と見なすことが望ましいのだろうかという問題もある。この問題は、スチュワードシップ責任とは関係するものの、コーポレートガバナンス・コードとの関連性が薄いので、本稿では論じない。

〈プロ投資家のスチュワードシップ責任〉

アセットクラスの定義を再考した場合、東証第一部市場が投資理論でいうマーケットとしてふさわしく、そのマーケット価格がTOPIXだと再度結論されることもあるだろう。それとは異なり、潜在的に投資対象となり得る企業群を別途具体的に選定し、それを新しくマーケットとして位置付けることもあるだろう。

年金ファンドの管理者であれば、この新たなアセットクラスの定義に基づき、資産運用者として金融商品取引法で規定されるプロ投資家に特定のアセットクラス内での実際の投資を委託する。これが日本では一般的である。

一方、投資を受託した資産運用者はプロ投資家としての責任を負い、行動する。日本版スチュワードシップ・コードでは、主にこの資産運用者の行動に焦点を当てている。

冒頭でも説明したように、日本版スチュワードシップ・コードとは、日本株に投資している国内外のプロ投資家が負うべき受託者責任のことである。建設的な対話を通じて、当該企業の企業価値の向上や持続的成長を促すことで、中長期的な投資リターンの拡大を図ることを目的としたものである。七つの原則が定められている。

では、資産運用者のスチュワードシップ責任をどのように考えればいいのか。この項では、資産運用者であるプロ投資家に焦点を当て、そのスチュワードシップ責任を考えたい。

この責任は、多くの場合、資産運用における次の要素によって決まってくるだろう。

一つは、ファンドの運用方法がアクティブ運用、つまり積極的に投資対象企業を選別するか、パッシブ運用、市場を信じて市場を模倣するか、である。もう一つはユニバースの企業数である。さらに、委託者から支払われる手数料である。

これら三つの要素の組み合わせすべてについて検討するのは紙面の無駄である。代表的な場合を述べておきたい。

ユニバースの企業数が少なければ、プロ投資家として、ユニバース内のすべての企業を調査、分析

（注29）ボンド・パフォーマンス・インデックスの本来の目的は、プロ投資家に債券投資の目安、すなわちベンチマークを与えることにある。

し、適切なタイミングを見計らって企業を訪問する。企業訪問時に、プロ投資家は中長期投資の観点から企業との対話を行なう。ファンドの種類によっては投資家から企業経営に関して積極的な提案もなされよう（注30）。

これに加え、ユニバースに入らなかった企業に対しても広義の意味で、プロ投資家としての意思が伝えられることは、すでに述べた。また、このうちの重要な企業に対しては企業訪問がなされることも十分にある。

これに対して、ユニバースの企業数が多くなれば、企業との対話は限定的とならざるを得ない。アクティブ運用であっても、多くのファンドにおいて、事前に設定したユニバースとの対比でパフォーマンスの計測が行なわれる。このため、実際のポートフォリオをユニバースから大きく乖離させることは（すなわち、ユニバースに入っている企業に投資しないことは）、プロ投資家自身の経営の観点から望ましくない状況が予期される。結果として、ユニバースに入った企業のうち、実際に投資されない企業は限定的であり、数多くの企業に投資されることになる。

一方、多数の投資先企業と対話することはコストがかかる。そこで、ユニバースの中から特定の企業だけを選び、重点的に調査、分析、対話がなされることが多いだろう。見方を変えると、重要でない投資先企業との対話はなされない可能性が高い。

結局のところ、ユニバースに入っている企業数が多いか少ないかにかかわらず、プロ投資家が重点的に調査対象とする企業数は大きく変わらないかもしれない。

パッシブ運用であれば、調査、分析、対話はもっと限定的である。そもそも極論すれば「何もしない」のがパッシブ運用だといえる。ＴＯＰＩＸと連動するパッシブの本質は、市場が効率的であり、価格形成も流布している情報からすれば正しいと信じることにある。この前提に基づいてアナリスト的な活動を省き、資産運用のコストを極力省くことにパッシブ運用のそもそもの意図があるのだから、当然だろう。

パッシブ運用において問題となるのは、コードにおいて重視されている株主総会での議決権行使である。「パッシブ運用は中長期的な保有になるから、議決権行使が重要」という見解もある（注31）。

この見解は、現実の株式市場の合理性（効率性）は疑わしい（言い換えれば、投資理論の通りマーケットが形成されていない）、だから企業経営への関与が必要だと主張しているのに等しい。それなら、「なぜ、どういう根拠でパッシブ運用をしているのか」、「現実に行なっているパッシブ運用の基準は何なのか」との疑問が生じる。

いずれにせよ、パッシブ運用での議決権行使については、パッシブの基本理念をどこまで貫いているかに依存すると考えていい。

（注30）このとき、投資家として、インサイダー取引にならない注意が求められる。
（注31）「スチュワードシップ・コード及びコーポレートガバナンス・コードのフォローアップ会議」（第六回）における年金積立金管理運用独立行政法人（ＧＰＩＦ）最高投資責任者・水野弘道氏の資料と発言、同じく（第八回）Asian Corporate Governance Association の資料を参照されたい。

できるだけユニバースを広くして分散を図り、究極のパッシブ運用を行なうのであれば、市場価格がアクティブな投資家によって合理的に形成されているとの前提に立つ限りにおいて（当然、企業と投資家との対話もアクティブな投資家が行なっている）、パッシブな投資家は何も行なう必要がない。

そうではなく、ユニバースを限定する中でパッシブ運用を行ない、かつユニバースの見直しを年金ファンドの管理者かプロ投資家、もしくはユニバース決定に関する投資のプロが定期的に行なうのであれば、パッシブ運用といえども、企業とのコストをかけた対話が必要になる。対話の結果の一部分は、ユニバースの見直しにおいても利用される。この意味でのパッシブ運用におけるユニバースの限定は、広義の意味でのアクティブな投資行動である。

思うに、アメリカと日本ではパッシブ運用の定義が異なっている。アメリカにおいてはＴＯＰＩＸのような上場企業全体を対象にしたパッシブ運用がない（あったとしても珍しい）。そうだとすれば、日本のパッシブ運用においても、マーケットの定義そのものから見直す必要がある。

追い打ち的に述べれば、プロ投資家にとっての議決権行使は、企業との対話における一つの結論である。日頃の企業との対話を鑑みない議決権行使はあり得ない。

プロ投資家が議決権行使を対話と独立させ、かつ低コストで行なうとすれば、それは不十分な理解に基づく間違った情報を企業経営に伝えることになりかねない。企業経営に対するノイズ（雑音）である。ノイズなら「ないほうがまし」でさえある（注32）。

〈コーポレートガバナンスへの影響〉

スチュワードシップ責任が企業のコーポレートガバナンス行動に与える影響について、簡単にまとめておく。

二つのコードを同時に考える場合、コーポレートガバナンスはスチュワードシップ責任の裏面である。プロ投資家がスチュワードシップ責任を果たそうとしたとき、企業がそれに対応しなければどうなるのか。プロ投資家は投資意思決定に必要な情報を十分に集められないかもしれない。この結果、プロ投資家は、その企業への投資に消極的になってしまいかねない。

企業として積極的に投資家を募るためには、対話の実施をはじめとして、投資家への情報提供に積極的になるべきである。情報提供の対象とすべき投資家は中長期のプロ投資家であり、そこには潜在的な投資家も含まれる。

逆に、短期的に売買している投資家は重視する必要がない。対話してもコストだけがかかり、意味や成果は何もないと判断して十分である。短期の投資家としても、コードでいう企業との対話は意識していないはずであるし、そんなことを意識しているとすれば、短期の投資家としてのプロではない。

つまり、企業として、投資家を選別することが重要である。

（注32）複数の上場企業の最高財務責任者（ＣＦＯ）も同様の感想を述べている。

〈コードにある「対話」とは〉

二つのコードとの関係で確認しておかなければならないのは、コードがいう「対話」とは何なのかである(注33)。実のところ、「対話」という用語は誤解を招きかねないと思われるし、そういう意見がいくつかある。というのも、一般的な用語としての「対話」には、ゴルフやサッカー談義的なものも含まれるのではないだろうか。

この点を二つのコードも意識したのだろう。コードでは「目的を持った対話」、「建設的な対話」という表現も使われている。では、具体的にどうすれば「目的を持った対話」や「建設的な対話」になるのか。

それは四半期ごとの決算の数値を根掘り葉掘り問い詰めることではない。中長期的な投資家にとってもっとも重要なのは、企業がどの方向と高みをめざして経営しているのかであり、その目標感の達成度合いが現時点においてどの程度なのか、もしくは、その目標感の修正が必要となっているのかどうかだろう。

これらを企業と議論し、その議論の結果を分析する。このことにより、投資家として行動することがあるのか(中長期的な投資方針の変更の有無)を判断しなければならない。最終的には、行動、すなわち議決権行使や売買の実行の是非である(注34)。

同時に、企業とプロ投資家の対話に定まった形式はない。プロの投資家ごとに投資スタイルが異なっているからである。その投資スタイルに応じて対話の細部の内容が異なってくる(注35)。

一方で対話には共通項があろう。事前の十分な準備（対話のメインテーマの一次的決定、そのテーマに沿ったデータや経営者の過去の発言などの収集と分析、分析結果に基づくテーマの修正）、対話から帰ってからの再度の分析、対話から得られた示唆のまとめは必須である。

少し付け加えるなら、企業側からは、日本のアナリストに対する苦言が聞こえてくる。例えば、複数の有力な経営者からは、海外でのＩＲ（インベスター・リレーションズ）の場における質疑は大いに参考になり、企業経営に有意義だが、国内でのＩＲは時間の無駄に近いとの感想を聞いた（注36）。言い換えれば、経営者からすれば、日本においてのそれは対話ではなく、ある意味、尋問に近いのだろう。この感想の背景には、国内アナリストの力不足があろう。

コードでいう対話がなされている状態とは、表面的には淡々とした相互の意見交換なのだが、水面下では火花が飛び散っているはずだと思える。真剣勝負である。

双方にとって、「今日の話し合いでこの点が参考になった」、「この点が確認できた」、「少し考え直さないといけない」といった収穫もしくは宿題がないとすれば、少なくともどちらかにとって「時間

（注33）この項の記述は川北（二〇一六年ｂ）をベースとしている。
（注34）対話において、企業も投資家も、インサイダー情報に注意することはもちろん、日本において新たに制定されるフェアディスクロージャー・ルールへの留意も必要である。
（注35）日本証券アナリスト協会『証券アナリストジャーナル』二〇一六年一〇月号から二〇一七年三月号まで、実際の対話がどうなのかを広く知ってもらうために「企業と証券アナリストの対話の実例シリーズ」を掲載している。
（注36）公平を期すために書いておくと、国内アナリストの意見が参考になるという企業の声もある。

図表7-2 | プロ投資家から見た投資対象先企業との関係(例示)

	対企業 (長期的存続可能)	対企業 (長期的存続困難)
短期投資家から	(コードの対象ではない) 対話は不要 投資対象として、短期的業績情報が重要	(コードの対象ではない) 対話は不要 投資対象として、短期的業績情報が重要
中長期の投資家(既存)から	(投資家としてコードの主要な対象) 対話が重要 短期的業績情報は最低限必要なだけ	(投資家としてコードの主要な対象) 投資対象とならない
中長期の投資家(潜在)から	(コードの対象かどうか明記されない) 対話が重要 短期的業績情報は最低限のみ	(コードの対象かどうか明記されない) 投資対象とならない

注:コードにおける各投資家の位置付けを( )書きで示した。

の無駄」だったことになる。「対話」とは、「忙しかったけれど、時間を割いて良かった」と、お互いに満足できるものだろうし、それしかない。

最後に、スチュワードシップ・コードにおけるプロ投資家の位置付けと、その投資家から見た投資対象先企業との関係を、図表7-2によってまとめておく。

日本市場における株式投資

これまで理念的なことを中心に、プロ投資家の投資のあり方や、スチュワードシップ・コードとコーポレートガバナンス・コードの位置付けを述べてきた。とはいえ、ポートフォリオ理論に象徴的なように、理念と投資における成功とは別物である。

そこで、本稿で述べてきた理念がどの程度、現実の日本経済や企業活動と合致しているのか、二つの実例を示しておきたい。

一つは、『川北・奥野（二〇一五年）』第1章で示した状況のアップデートではあるが、優れた企業群があるという事実である。具体的には京都企業の事例を示す。

もう一つは、東証第一部に上場している企業のうち、資本効率性の悪い企業を観察すると、資本効率性が一時的に悪くなったのではなく、もともと悪いのではないかと疑われる分析結果である。

結論は、『川北（二〇一三年）』以降、一貫して「目的をもって分析している」ように、最初に企業を選ぶのが望ましいということである。東証第一部の上場企業といえども玉石混交、中長期の観点からは投資すべきでない企業、すなわちダメ企業が数多く混じっている。

こう書くと、「その多くのダメ企業に投資し、対話を行ない、優良企業にしていけばどうか」という意見も出てくるだろう。その努力の方向を否定するものではない。

とはいえ、努力するとして、それだけのコストを誰が支払うのか。そんなことに力を注ぐ時間的余裕が今の日本経済にあるのか。このことを問い直す必要がある。理想論ではなく、この現実をまず直視して行動することが重要である。

（1）京都企業への投資の事例（注37）

京都企業の特徴は、かつての都としての工芸技術に端を発した製造業が多いこと、独自技術を重視

（注37）『川北・奥野（二〇一五年）』第1章をアップデートしたものである。

して物真似を軽蔑すること、東京ではなく世界を強く意識した経営を行なっていることなどだった。

この結果、京都に本社を置く上場企業は製造業が多く、利益率の高い製品を扱い、グローバルに事業展開していた。ただし、ベンチャー企業だった時代の経験から、自己資本比率の高い企業が多い。

製造業のみを対象に、「京都企業（東証第一部上場）」（注38）と「京都企業を除く製造業（東証第一部上場）」（注39）を比較すると、次の結果が得られる。まず、京都企業が利益率の高い製品を扱っていることからROA（総資産利益率：営業利益／資産合計）は高い。一方で京都企業の自己資本比率が高いため、ROE（自己資本利益率：当期純利益／自己資本）は京都企業を除く製造業（以下、他の製造業という）と大差ないか、多少劣っている（注40）。もっとも、自己資本比率が高いので、リーマンショックのような経済環境の急激な悪化には抵抗力がある。

以上の京都企業の特徴について、図表を使って確認しておく。

図表7－3は海外売上高比率の比較である。京都企業の海外売上高比率は三分の二に達している一方、他の製造業はようやく二分の一を超したところである。京都企業の製品は独自性から競争力があり、またグローバル市場の流れを読んでいるから、海外展開が進んでいる。もっとも、京都企業は家電や自動車のようなマス製品を作っていないため、著名な大企業がない。

グローバルに事業を展開してきたことは成長率にも差をもたらす。二〇〇一（平成一三）年度以降、二〇一五年度までの売上高の成長率を計算すると、京都企業は年率四・〇％、他の製造業は二・九％

である。京都企業のほうが日本経済の停滞の影響を免れ、世界経済全体の成長を捉えてきたことが確認できる。

図表7−4はROAの比較である。京都企業のほうがほとんどの年度において他の製造業を上回っている。

実のところ、京都企業は製品の独自性から、売上高営業利益率は他の製造業よりもはるかに高いのだが、資産のうち、現金・現金同等物（注41）が多く、これらの資産が事業に使われていないため、ROAを低くしている（注42）。もっとも、日本電産に代表されるように、京都企業は手持ちの現金・現金同等物を使って企業買収のチャンスを活かしてきた。

（注38）二〇一六年九月末現在、京都府内に本店を置き東証第一部市場に上場している製造業のうち、分析対象期間において継続してデータが入手でき、決算期の変更がない企業とした。二六社が財務分析の対象となった。

（注39）二〇一六年九月末現在、東証第一部市場に上場している製造業のうち、分析対象期間において継続してデータが入手でき、決算期の変更がない企業であり、ここから注38の京都企業を除いた。

（注40）営業利益以外の損益がないとすると、ROE＝営業利益×（1−税率）／自己資本＝（1−税率）×（営業利益／資産合計）×（資産合計／自己資本）＝（1−税率）×ROA×（1／自己資本比率）となる。この関係から、ROEが高くなるには、ROAが高いか、自己資本比率が低いかのどちらかが必要になる。

（注41）現金同等物
現金化するのが容易で価格変動の少ない定期預金、譲渡性預金、コマーシャル・ペーパー、売り戻し条件付現先、公社債投資信託などを指す。

（注42）京都企業の資産の回転率が低いということである。ROA＝営業利益／資産合計＝（営業利益／売上高）×（売上高／資産合計）＝（売上高営業利益率）×（資産回転率）であるから、資産回転率が低いとROAが低くなる。

図表7-3 | 京都企業と他の製造業の海外売上高比率の比較(%)

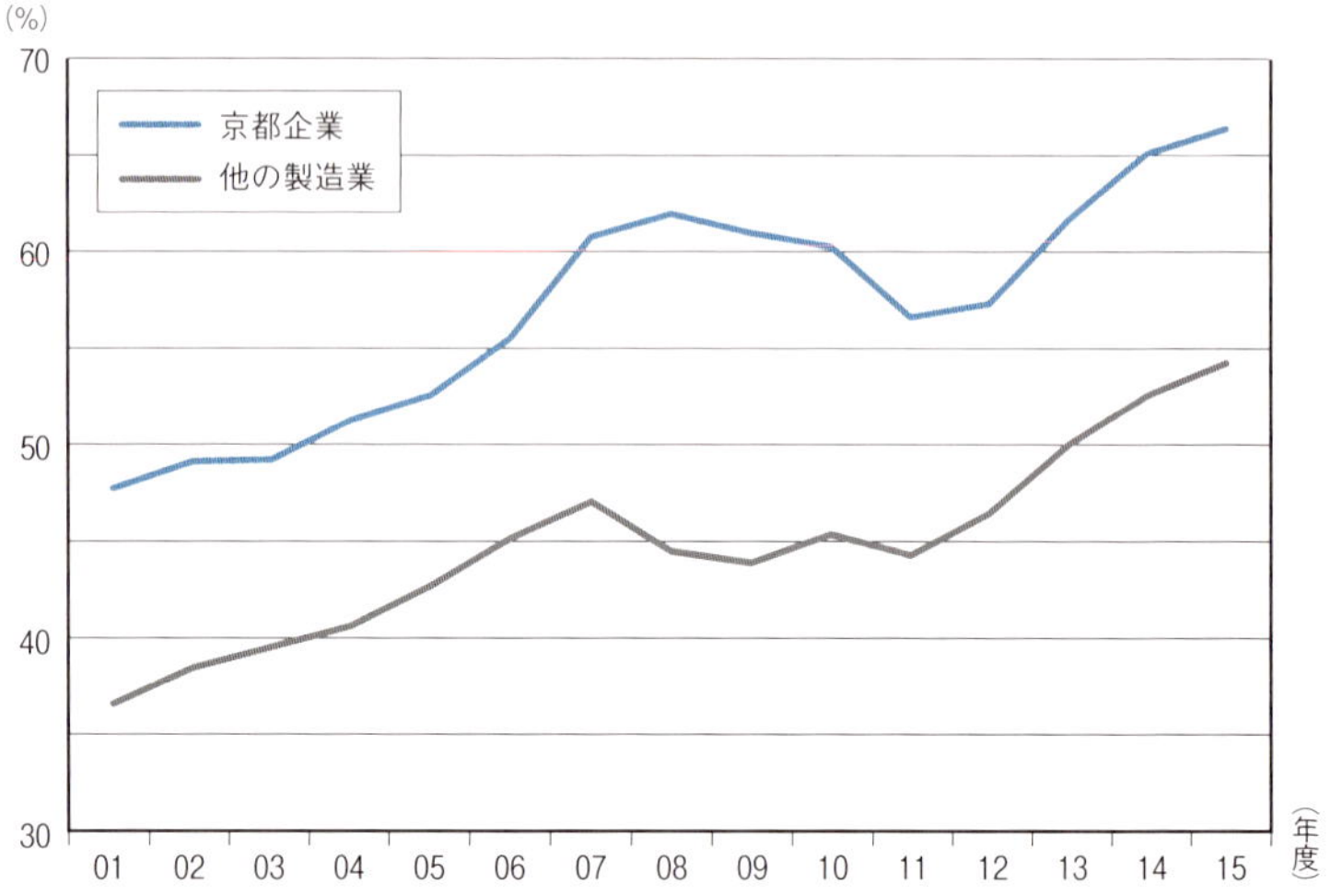

資料：日経NEEDS財務データDVD版を用いて作成。

図表7-4 | 京都企業と他の製造業のROAの比較(%)

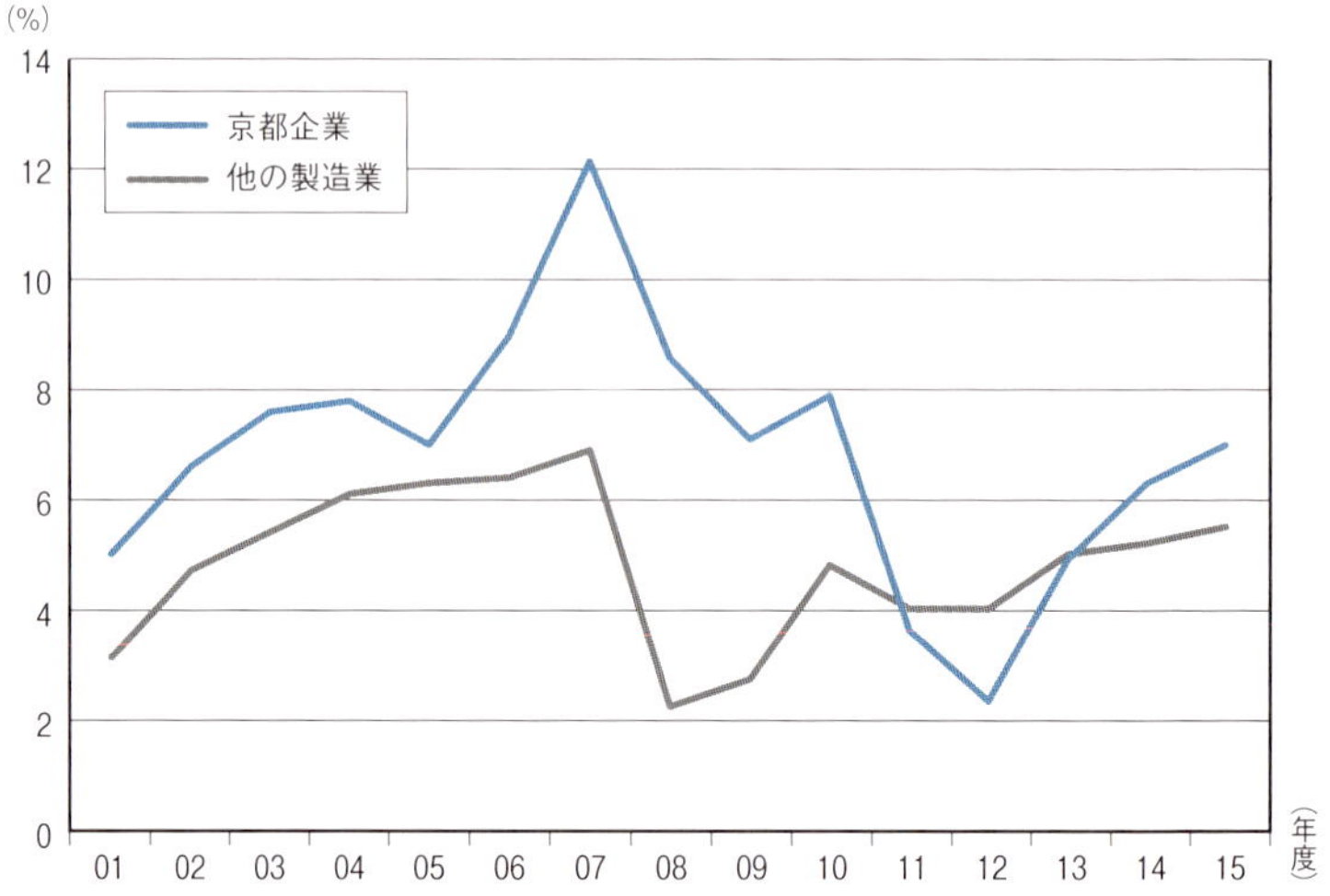

資料：日経NEEDS財務データDVD版を用いて作成。

一般的に言えば、手持ちの現金・現金同等物が多いから問題なのではなく、それを事業展開のために積極的に使う能力が経営にないから大きな問題になる。もう少し言えば、表面的な数字にこだわるのではなく、その数字の裏側を読むことが重要となる。

図表7－5は自己資本比率、図表7－6はROEの比較である。

京都企業の自己資本比率が極めて高いこと、ROEが他の製造業よりも多少低いことがわかる。ただし、二〇〇一年度の日本の金融システム不安と、二〇〇八（平成二〇）年度のリーマンショックの時に、京都企業のROEは比較的安定して推移している。製品の競争力もさることながら、自己資本が手厚く、金融的に安定していることも経営を安定させる効果をもたらした。

ついでに書くと、ROEを高めることが重要だと世間では騒がれている。ROEを高めるには、売上高利益率を高める方法と、自己資本比率を低くする方法がある（注43）。しかし、後者の場合、京都企業とは逆に、ショック時に経営が不安定になりやすい。このことからしても、ROEを高める王道はあくまでも利益率を高めることにある。

それでは、以上の特徴を有した京都企業の株式に投資することはどうなのか。『川北・奥野（二〇一五年）』第1章で行なった分析では、京都企業への投資収益率は安定的ではあるが、水準的に他の製造業

（注43）後者の典型は借金をする方法である。社債を発行してもいい。当然、自己資本比率は低くなる。この方法について「レバレッジを高める」との表現が用いられる。

図表7-5 ｜ 京都企業と他の製造業の自己資本比率の比較（%）

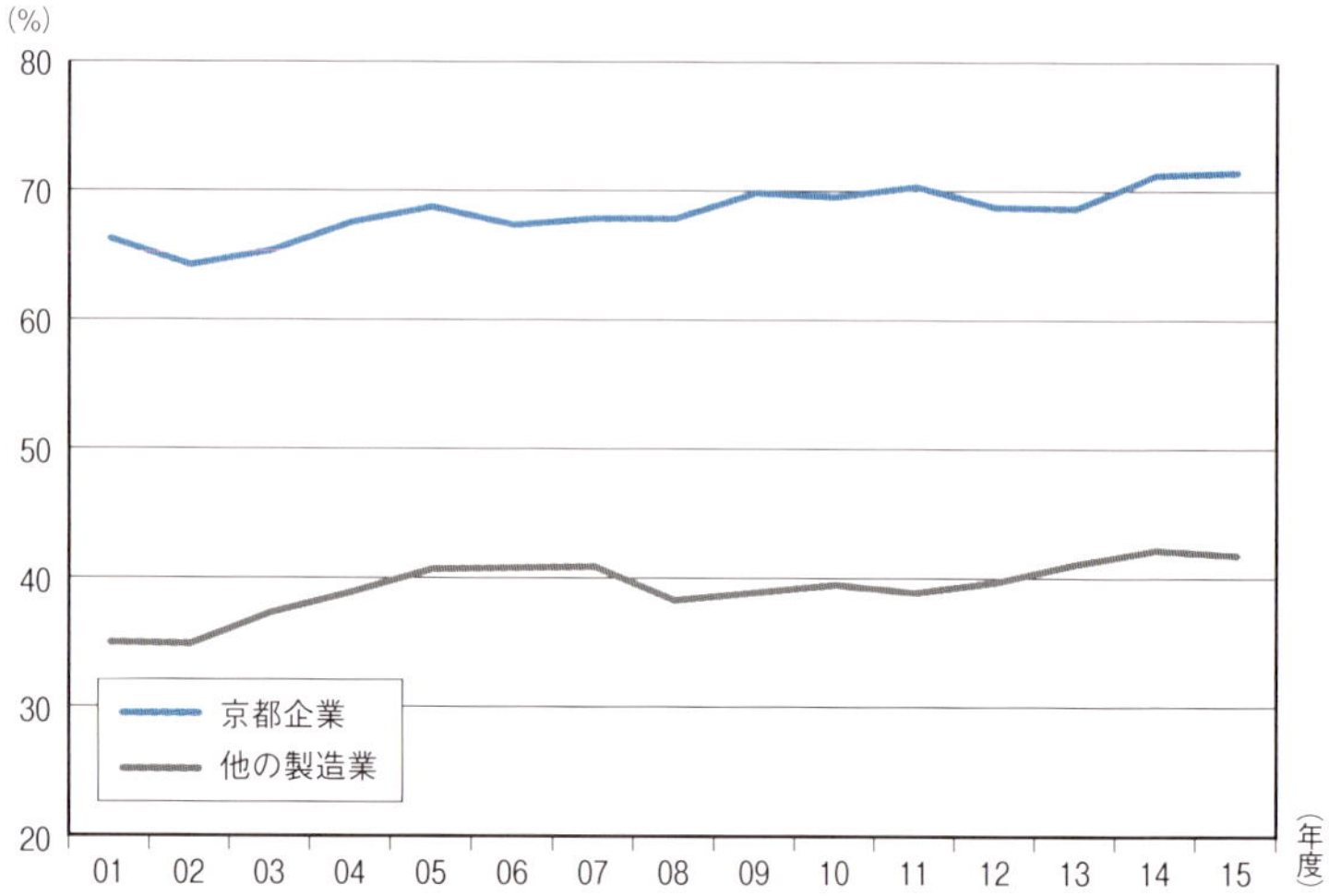

資料：日経NEEDS財務データDVD版を用いて作成。

図表7-6 ｜ 京都企業と他の製造業のROEの比較（%）

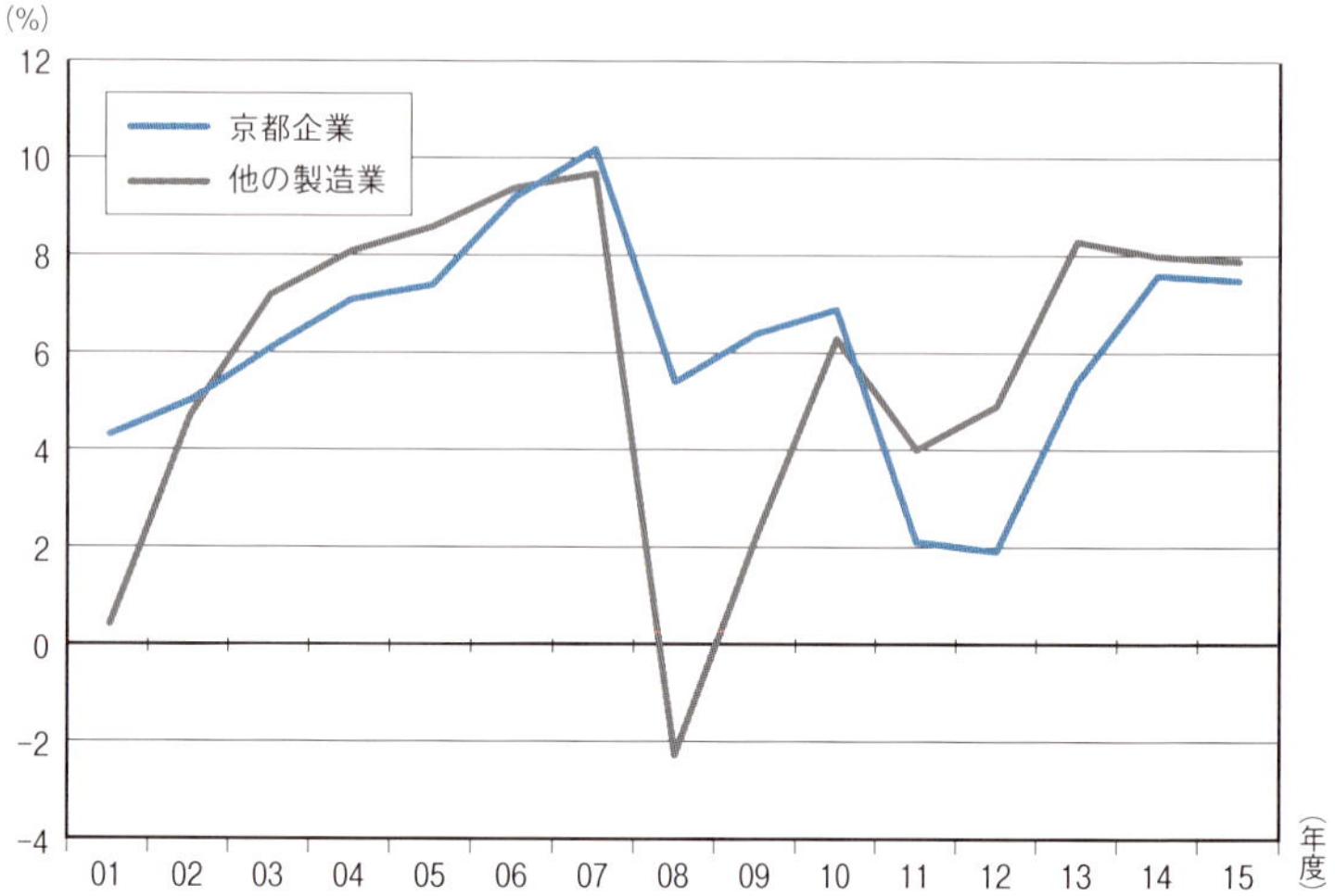

資料：日経NEEDS財務データDVD版を用いて作成。

に少し劣るというものだった。そこで今回は、その後に加わったデータ（二〇一六年九月末まで）を用い、最近一〇年間と五年間の投資収益率（年率）を新たに計算してみた（注44）。

結果は次の通りである。京都企業への投資が、ＴＯＰＩＸ（すなわち東証一部上場の全企業への投資）や他の製造業への投資と比較して、明らかに良好な投資収益率をもたらしている。

ＴＯＰＩＸの投資収益率（一〇年間／五年間）
〇・〇％／一四・〇％
京都企業の投資収益率（同）
単純平均　五・三％／一九・九％
時価加重平均（当初）　三・五％／一八・一％
他の製造業の投資収益率（同）
単純平均　二・七％／一五・三％
時価加重平均（当初）　一・二％／一三・九％

なお、時価加重平均の後ろに括弧書きした「当初」とは、「投資のスタート時点である一〇年前も

（注44）配当を含めた投資収益率である。データはAstra Manager（ＱＵＩＣＫ）から得た。

しくは五年前における投資対象企業の時価総額を用いた」ことを意味している。

（2）優良企業とダメ企業の格差は続く

本稿「京都企業への投資の事例」では、上場企業の中から「京都の製造業」のように特定の企業を選び出して投資すれば、良好な投資収益率が得られることを示した。この良好な投資収益率の背景には優れた経営（京都の製造業の場合であれば、独自の製品の提供に基づく高い利益率）がある。また、それが長期間にわたって続いていると推察できる。

本稿の全体を通じた主要な論旨は、東証第一部上場企業といえども玉石混交だというものである。この玉と石ころをより分け、京都の製造業のような玉を見つけるのがプロ投資家である。その能力に誰もが期待している。

しかし、玉石混交の中から玉を拾い出す作業は難しいとの議論もある。言い換えれば、プロ投資家が血眼になっても玉を見つけ出せるとは限らない。

だから、アクティブな運用、つまり投資先企業を積極的に選び出して投資をしても、インデックス（日本の株式市場ではＴＯＰＩＸが代表的）を模倣するパッシブ運用の投資収益率を上回ることは難しい。このように多くの分析は結論している。

分析対象となったそのアクティブなファンドが本当のプロ投資家によって運用されているのかどうか、投資委託資金の流出入の影響が分析において十分排除されているのかといった疑問はあるものの、玉を簡単に見つけ出せれば、苦労がないのも確かである。

それでは、逆に石ころを取り除く方法はどうだろうか。上場企業から明らかに石ころと考えられる企業、つまりダメな企業を選び出し、排除すれば、残った企業群から玉を拾い出せる確率が上昇する。投資収益率も高くなるだろう。

筆者の経験からすると、ダメ企業はダメ企業のままでいることが多い。たとえ一時的に高い利益を得たとしても、それは外部環境が追い風になっただけであり、その追い風がやむと利益水準は元の木阿弥《もくあみ》になる。

そこで、以下、東証第一部上場企業を取りあえず優良企業とダメ企業に分類し、ダメ企業がダメ企業のままでいるのかどうか分析してみることにした。

まず、本稿でのダメ企業の定義を「長期的にROAが低い企業」とする。

ROAを用いた理由は簡単である。京都企業の分析で述べたように企業の収益力の重要な指標となるからである。

例えば、世間が注目するROEの水準の決定要因としては、ROAと自己資本比率が挙げられる(注45)。このうちの自己資本比率の高い低いは「長年の経営の結果」であり、後付けという色彩が強い。これに対し、ROAは事業内容そのものであり、自己資本比率よりもはるかに重要である。

(注45) 注40を参照されたい。

図表7-7 ｜ ROA（%）の推移（平均値からの乖離幅、%ポイント）・製造業

分位	過去10年間	直近10年間	直近5年間
1（優良）	7.0	3.4	2.2
2	3.1	1.5	0.9
3	1.5	1.0	1.2
4	0.5	0.1	0.2
5	-0.3	0.0	-0.3
6	-0.9	-0.2	0.0
7	-1.5	-1.0	-0.9
8	-1.5	-1.0	-0.9
9	-2.8	-0.9	-0.7
10（ダメ）	-4.7	-2.6	-1.7
全対象企業の平均値	4.9	5.0	5.1

資料：日経NEEDS財務データDVD版を用いて作成。

図表7-8 ｜ ROA（%）の推移（平均値からの乖離幅、%ポイント）・非製造業

分位	過去10年間	直近10年間	直近5年間
1（優良）	10.5	6.1	5.0
2	8.2	4.1	3.4
3	1.7	0.6	0.3
4	0.1	0.3	0.5
5	-0.9	-1.1	-1.0
6	-1.8	-1.0	-0.8
7	-2.5	-1.5	-1.2
8	-3.1	-2.2	-2.0
9	-3.7	-2.6	-2.4
10（ダメ）	-4.5	-2.3	-1.8
全対象企業の平均値	5.8	5.7	5.8

資料：日経NEEDS財務データDVD版を用いて作成。

具体的な分析方法は次の通りである。

まず、二〇一六（平成二八）年九月末現在、東証第一部に上場している企業のうちから、過去二〇年間のデータ取得が可能で決算期の変更のない企業を選び出し、それを製造業と非製造業に分け、各年度のROAを計算した（注46）。このROAを最初の一〇年間（一九九六〜二〇〇五年度）について、企業ごとに平均した後、その平均値の大きさに基づいて対象企業を一〇等分して、1から10までの数値をラベルとして付与した。この数値により、ROAが高い分位（最高は第1分位）に入った企業を優良企業、低い分位（最低は第10分位）に入った企業をダメ企業と名付ける（注47）。

次に、その後の一〇年間（二〇〇六〜二〇一五年度）もしくは直近の五年間（二〇一一〜二〇一五年度）の各企業のROAの平均値を計算して、最初に付与したラベルとの関係を観察した。

図表7－7と図表7－8は、「それぞれの分位の数値でラベリングされた企業のROAの平均値」が、その後の一〇年間もしくは直近の五年間でどのように変化したのかを示している。各分位の箇所に入っている数値は、全対象企業の平均ROA（各図表の最下段に示されている）からの乖離幅（％）を表す。なお、図表7－7は製造業、図表7－8は非製造業の数値である。

（注46）選ばれた対象企業数は、製造業七二七社、非製造業五八〇社である。
（注47）ROAの過去平均値だけで優良企業とダメ企業を区分けするのはラフなきらいはあるが、本文で述べたように企業経営能力の重要な部分は計測できるだろう。

この図表によれば、次の点が明らかになる。

一つは、優良企業もダメ企業も全体として、徐々に平均値に回帰している（平均値に引き寄せられている）ことである。

つまり、優良度合いもダメ度合いも薄れていく。この回帰の速度は、製造業が速く、非製造業が遅い。

もう一つは、優良企業からダメ企業にかけての序列に大きな変動がないことである。

少し説明しておくと、製造業も非製造業も、もっとも優良だとしてラベリングされた企業は、平均的に（注48）、その後ももっとも優良な企業群を形成している。

もっともダメとして分位された企業は、製造業の場合、平均的に、その後ももっともダメな企業群を形成している。

非製造業のダメ企業は、8分位から10分位にかけて、その順番が入れ替わっている。とはいえ、この三つのどの分位においても、平均値からの乖離幅は比較的大きい数字が続いている。

このことは、非製造業の場合、ダメ企業に分類され続ける数が多いことになる。この背景を解釈しておくと、非製造業の事業は、ソフト開発に代表的なように陳腐化が激しく、ダメ企業の割合が製造業よりも大きいのだろう。

以上の優良企業とダメ企業の推移を確認するために、過去一〇年間のROAによって1（優良）から10（ダメ）の分位にラベリングされた企業に対して、直近の五年間のROAに基づいてラベルを付け直し、この直近の各企業のラベルを平均すると何番目の分位になっているのか計測してみた。結果は次の通りだった。

製造業

第1分位→平均分位3・8

第2分位→平均分位4・7

・・・・・

第9分位→平均分位6・3

第10分位→平均分位7・2

非製造業

第1分位→平均分位2・7

（注48）「平均的に」とは、優良企業であれば落ちこぼれる企業が少しはあること、ダメ企業であれば上昇する企業が少しはあることを意味している。当然の現実だろう。

第2分位→平均分位3・0

・・・・

第9分位→平均分位7・4

第10分位→平均分位7・1

この分位の変化と、図表7－7及び図表7－8を見比べれば、次の事実が確認できる。

製造業の場合、優良企業において平均値への回帰が比較的速い。これに対し、ダメ企業では平均値への回帰がそれほど速くない。

非製造業の場合、優良企業もダメ企業も平均値への回帰が速くない。特にダメ企業の回帰は相対的に遅く、同時にダメ企業に分類される範囲は広範なようだ。

以上の説明に付け加えれば、ダメ企業に分類されたROAの水準自身、非常に低いといえる。さらに、製造業や非製造業のROAの平均値も投資家として十分満足できる高さではなく、平均的な企業でさえ投資対象としては適格かどうか怪しい。図表7－6で示した製造業の平均ROEの水準が低いことを改めて確認してもらいたい（注49）。

以上から、優良企業、つまり玉を見分けるよりも、ダメ企業、つまり石ころをより分ける方が容易なように判断できる。いずれにせよ、日本企業の平均的な利益率水準の低さ、つまり平均的な企業でさえ投資対象として適格かどうか怪しいという現実から判断するのなら、企業を選別する必要性は極めて高い。

まとめ

本稿の表題を「企業を選別して調査、対話する」とした。この意図は、株式投資を行なうには、最初に企業の選別を行なう必要があるというものである。

優良だと思う企業を選んでもいい。ダメだと思える企業を排除してもいい。いずれかの結果に基づき、適切な投資ユニバースを定め、その後、より詳細に企業を調査し、これはと狙いを定めた企業と対話することが望ましい。

逆に、何千社という上場企業のすべてと対話することは、もちろん理想ではあるものの、現実には不可能であるし、時間と資源の無駄である。

(注49) 利益率として何%が必要なのかを定めるのは難しい。(現状とは異なる) 通常の経済状態において予想される長期的な長期国債の利子率が三%、株式投資に対するリスクプレミアムを五%とすれば、投資家として株式投資に対して要求する平均的な利回り(自己資本＝株主資本当たりの利益率、すなわちROE)は、一般的に主張されているように、八%(三%＋五%)となる。営業利益以外の損益がなく、自己資本比率が四〇%、税率が(減税後の水準として)三〇%とすれば、注40で示したようにROE＝(1－税率)×ROA×(1／自己資本比率)であるから、ROEが八%となるには、投資家が要求するROAは四・六%と計算できる。

幸か不幸か、事業内容や過去の利益率関連の指標などから判断して、何千社という上場企業のうちで投資対象となり得る企業は、残念ながら少ないのが現状である。

金銭的なコスト、時間的なコストを考慮するのなら、「企業を選別して調査、対話する」ことがプロ投資家として賢明だと結論しておきたい。

◇参考文献

金融庁ホームページ
http://www.fsa.go.jp/singi/follow-up/
http://www.fsa.go.jp/news/27/sonota/20160315-1/list_01.pdf
東京証券取引所（二〇一五年六月）「コーポレートガバナンス・コード」
日本版スチュワードシップ・コードに関する有識者検討会（二〇一四年二月）「『責任ある機関投資家』の諸原則」
川北英隆（一九九五年）『日本型株式市場の構造変化』東洋経済新報社
川北英隆編著（二〇一三年）『「市場」ではなく「企業」を買う株式投資』金融財政事情研究会
川北英隆・奥野一成（二〇一五年）『京都企業が世界を変える―企業価値創造と株式投資』金融財政事情研究会
川北英隆・奥野一成（二〇一六年）『京都大学で学ぶ企業経営と株式投資―一流経営者とプロ投資家によるリレー講義録』金融財政事情研究会
川北英隆（二〇一六年ａ）「年金資金におけるスチュワードシップ責任」：『年金と経済 Ｖｏｌ．35 №２』年金シニアプラン総合研究機構
川北英隆（二〇一六年ｂ）「企業と証券アナリストの対話の実例シリーズ・新シリーズ掲載の狙い」：『証券アナリストジャーナル第54巻第10号』日本証券アナリスト協会
Berkshire Hathaway INC.「Shareholder Letters」
http://www.berkshirehathaway.com/letters/letters.html
ローレンス・A・カニンガム（二〇一六年八月）『バフェットからの手紙 第四版』

農林中金バリューインベストメンツ株式会社はお客様を特定投資家に限定させていただいており、一般投資家の方には助言サービスをご提供しておりません。

【編著】

川北英隆（かわきた・ひでたか）

京都大学名誉教授 投資研究教育ユニット代表・客員教授

財政制度等審議会委員、日本価値創造ERM学会理事、日本ファイナンス学会理事、みずほ証券取締役（社外）、日本取引所自主規制法人理事（外部）など。

京都大学経済学部卒業、博士（経済学）。日本生命保険相互会社（資金証券部長、取締役財務企画部長など）、中央大学教授、同志社大学教授、京都大学経営管理研究部教授を経て、現在に至る。

著書として、『株式・債券投資の実証的分析』（中央経済社、2008）、『証券化—新たな使命とリスクの検証』（金融財政事情研究会、2012）、『「市場」ではなく「企業」を買う株式投資』（金融財政事情研究会、2013）、『京都企業が世界を変える—企業価値創造と株式投資』（金融財政事情研究会、2015）他。

奥野一成（おくの・かずしげ）

農林中金バリューインベストメンツ 常務取締役（CIO）

京都大学法学部卒業、ロンドンビジネススクール、ファイナンス学修士（Master in Finance）修了。公益社団法人日本証券アナリスト協会検定会員。

1992年日本長期信用銀行入行、事業法人融資、長銀証券・UBS証券にて債券トレーディング業務（東京・ロンドン）に従事。2003年に農林中央金庫へ転籍しオルタナティブ投資を担当した後、2007年より現在の原形となる「長期集中投資自己運用ファンド」を開始。2009年、農中信託銀行にプロジェクトを移管し、年金基金等外部投資家向けファンドの運用助言業務に従事（2012年より同行企業投資部長兼CIO）。2014年、より投資業務に特化した体制構築を企図し設立された農林中金バリューインベストメンツに移籍し、現在に至る。

京都大学の経営学講義 いま日本を代表する経営者が考えていること

2017年2月16日　第1刷発行

編著 ―――― 川北英隆・奥野一成

発行 ―――― ダイヤモンド・ビジネス企画

〒104-0028

東京都中央区八重洲2-3-1 住友信託銀行八重洲ビル9階

http://www.diamond-biz.co.jp/

電話 03-6880-2640（代表）

発売 ―――― ダイヤモンド社

〒150-8409　東京都渋谷区神宮前6-12-17

http://www.diamond.co.jp/

電話 03-5778-7240（販売）

編集制作 ―――― 岡田晴彦

編集協力 ―――― 西条泰・小林麻子

制作進行 ―――― 水早將

装丁・本文ﾃﾞｻﾞｲﾝ ―― 上田英司・水上英子（シルシ）

DTP ―――― 齋藤恭弘

印刷進行 ―――― 駒宮綾子

印刷・製本 ―――― 中央精版印刷

ISBN 978-4-478-08412-0